法藏知津

七 編

杜 潔 祥 主編

第 3 冊

蕅益智旭《靈峰宗論》研究（中）

黃 家 樺 著

花木蘭文化事業有限公司

國家圖書館出版品預行編目資料

蕅益智旭《靈峰宗論》研究(中)／黃家樺 著 -- 初版 -- 新北市：
花木蘭文化事業有限公司，2021〔民 110〕
目 8+200 面；19×26 公分
（法藏知津七編 第 3 冊）
ISBN 978-986-518-442-1（精裝）
1.（明）釋智旭 2.淨土宗
030.8   110000658

ISBN-978-986-518-442-1

9 789865 184421

法藏知津七編
第 三 冊   ISBN：978-986-518-442-1

蕅益智旭《靈峰宗論》研究(中)

作　　者　黃家樺
主　　編　杜潔祥
副總編輯　楊嘉樂
編　　輯　許郁翎、張雅淋　美術編輯　陳逸婷
出　　版　花木蘭文化事業有限公司
發 行 人　高小娟
聯絡地址　235 新北市中和區中安街七二號十三樓
　　　　　電話：02-2923-1455／傳真：02-2923-1452
網　　址　http://www.huamulan.tw 信箱 service@huamulans.com
印　　刷　普羅文化出版廣告事業
初　　版　2021 年 3 月
定　　價　七編 29 冊（精裝）新台幣 86,000 元

蕅益智旭《靈峰宗論》研究(中)

黃家樺　著

目次

上　冊

第壹章　緒　論 ……………………………………………… 1

第一節　前人研究成果及研究問題的提出 …………… 5

一、前人研究成果 ……………………………………… 5

二、研究問題的提出 …………………………………… 7

第二節　研究材料和範圍 ……………………………… 12

第三節　研究方法及架構 ……………………………… 14

一、研究方法 …………………………………………… 14

二、各章節安排和論文大綱 …………………………… 21

第貳章　智旭與《靈峰宗論》 …………………………… 23

第一節　智旭略傳 ……………………………………… 23

第二節　《靈峰宗論》之輯成 ………………………… 30

一、有關《宗論》所集七部稿集 ……………………… 32

二、《西有寱餘》等文集是否成書及成書時間

推論 …………………………………………………… 33

第三節　《靈峰宗論》與《淨信堂初集》、《絕餘編》

…………………………………………………………… 41

一、有關成時所輯《靈峰宗論》之刪改問題 ·· 41

二、歷來研究對《宗論》刪改的論點 ………… 44

三、《宗論》與《淨信堂初集》、《絕餘編》之

對照比較 ………………………………………… 45

第四節　靈峰寺與《靈峰宗論》 ·················71
　一、智旭與靈峰山：靈峰一片石，信可矢千秋 72
　二、《靈峰宗論》之架構及補遺 ·············87
第叁章　智旭《靈峰宗論》之思想 ·············107
　第一節　智旭「儒釋道三教融會」思想 ·········109
　　一、明末三大高僧相關論點 ·············110
　　二、明末第四大高僧：蕅益智旭論點 ········126
　　三、超越三教的「根本源頭」 ·············134
　第二節　智旭對禪淨修行法門之思想 ·········139
　　一、是否反對「參究念佛」及論「禪淨」之
　　　　目的 ·····························139
　　二、對參禪、念佛之獨特見解 ············144
　　三、智旭之禪、淨論點及兩則史料補充 ·····153
　第三節　智旭發明之「介爾一念」 ···········154
　　一、「介爾一念」為何 ·················154
　　二、智旭圓融佛法思想：立一心為宗，
　　　　照萬法如鏡 ·····················167
　　三、智旭圓頓觀心要旨：即「介爾一念」之
　　　　性具含藏 ·····················171
　　四、將佛法入生活日用間：如何離妄想煩惱 ··179
　　五、總結「介爾一心」思想義涵 ············183

中　冊
第肆章　《靈峰宗論》蘊涵之修學法要 ··········189
　第一節　智旭出生死成菩提之修行履踐 ········192
　　一、「圓門漸修」之說 ·················196
　　二、依諸佛語，為設出生死三妙藥 ········205
　　三、藉修行而脫塵緣之累 ··············215
　第二節　《靈峰宗論》之戒波羅蜜 ············216
　　一、復興戒律之志 ··················218
　　二、持戒之鑰 ······················234
　第三節　《靈峰宗論》之淨土祕藏指南 ·········249

　　一、智旭與淨土 ……………………………… 250

　　二、淨土行門之秘藏指南 …………………… 257

第伍章　《靈峰宗論》之智旭文學探究 …………… 285

　第一節　智旭創作觀 ………………………………… 285

　　一、心影說 …………………………………… 286

　　二、萬象萬行與音聲點畫，同名文字般若 … 290

　　三、以實相來看「萬象萬行與音聲點畫」 … 291

　　四、借詩說法：筆端三昧稱如夢 …………… 296

　第二節　靈峰片石舊盟新：訪北天目靈峰寺 …… 298

　　一、靈峰寺現存古物 ………………………… 299

　　二、智旭現存手跡 …………………………… 303

　　三、智旭書法：筆端三昧之感動 …………… 318

　第三節　智旭詩偈初探 …………………………… 322

　　一、本節研究之界定 ………………………… 323

　　二、用韻分析 ………………………………… 327

　　三、用韻聲情統整 …………………………… 335

　　四、詩偈作品特殊之點 ……………………… 337

　　五、詩偈用韻密度高但卻未具易於傳播特質 · 341

　第四節　智旭文學特色：以佛法為詩文 ………… 352

　　一、人之精神用之詩字，不出生死 ………… 352

　　二、佛法仍不壞世法，名難中之難 ………… 353

　　三、以實相介爾心行世出世法 ……………… 354

第陸章　結　論 …………………………………… 357

　第一節　補闕救殘 ………………………………… 358

　　一、原稿與史事 ……………………………… 359

　　二、法書與文學 ……………………………… 363

　第二節　釐正學風 ………………………………… 366

　　一、重本源心地：以「攝末歸本」治「競逐
　　　　枝葉」之弊 ……………………………… 366

　　二、重因地發心 ……………………………… 368

　　三、取法乎上：「圓門漸修」之說 ………… 368

　　四、嘗徧神農百草丸，彌陀一句成安宅 …… 369

　　五、為末法持戒修淨土者擇占察及持名二門 · 371

第三節　研究特色和貢獻 …………………………… 371
第四節　研究心印 ……………………………………… 372
　　一、研究發現之智旭思想特色 …………………… 372
　　二、個人研究智旭文字般若之心得 ……………… 374
　　三、研究限制及未來展望 ………………………… 378

參考文獻 ………………………………………………… 381

下　冊
附　錄 …………………………………………………… 389
附錄一：「蕅益智旭著述前人研究成果分類統計表」
　　　　分十六類，共 192 篇（本）………………… 391
　　一、「地藏經、地藏信仰、占察經、卜筮」·391
　　二、「法性宗，《楞嚴經玄義》、《楞嚴經文句》、
　　　　《起信論裂網疏》）」…………………………392
　　三、「法相宗，《成唯識論觀心法要》、
　　　　《相宗八要直解》、《楞伽經玄義》、
　　　　《楞伽經義疏》」……………………………… 393
　　四、「天台宗，《法華經綸貫》、《法華會義》、
　　　　《妙玄節要》、《教觀綱宗》《教觀綱宗
　　　　釋義》」……………………………………… 394
　　五、「淨土宗，《佛說阿彌陀經要解》」………… 395
　　六、「戒律」……………………………………… 396
　　七、「般若，《金剛經破空論》、《般若心經
　　　　釋要》、《金剛經觀心釋》」………………… 397
　　八、《周易禪解》………………………………… 397
　　九、《四書蕅益解》……………………………… 400
　　十、「性相融會」………………………………… 402
　　十一、「一念心」………………………………… 402
　　十二、「三學一源」、「三學關係」……………… 402
　　十三、「三教合一」、「儒佛會通」、
　　　　　「易佛會通」……………………………… 402
　　十四、「明末四大高僧」………………………… 404
　　十五、《閱藏知津》、《法海觀瀾》……………… 404
　　十六、「其他（不屬上述書籍研究及主題者）」405

附錄二：「《淨信堂初集》、《絕餘編》和《宗論》
　　　　全文目錄比較表」 …………………………… 409
附錄三：戒波羅蜜 ……………………………………… 445
附錄四：會性法師編《蕅益大師淨土集》及本文
　　　　所選《淨土祕藏指南》 ………………… 455
附錄五：《淨信堂初集》、《絕餘編》、《靈峰宗論》
　　　　詩偈用韻對照表 ……………………………… 465

表　次

【表一】蕅益智旭著述前人研究成果分類統計
　　　　簡表 ……………………………………………… 6
【表二】《靈峰宗論》序、跋中所載七本文集
　　　　名稱整理表 ………………………………………31
【表三】四本文集是否成書及集（成）書年代
　　　　不同說法整理表 …………………………………33
【表四】《淨信堂初集》、《絕餘編》、《閩遊集》、
　　　　《淨信堂續集》所集文稿年數 ………35
【表五】《宗論》七本文集集書年及所集文稿
　　　　年數 ………………………………………………40
【表六】《靈峰宗論》所收《淨信堂初集》、
　　　　《絕餘編》詩偈被刪改項目百分比 …49
【表七】《靈峰宗論》、《淨信堂初集》所收
　　　　〈示寶所〉內容對照表 …………………49
【表八】《靈峰宗論》所收《淨信堂初集》、
　　　　《絕餘編》詩偈被刪改內容對照表 ……51
【表九】《宗論》、《淨信堂初集》所收
　　　　〈胡勞歎〉內容對照表 …………………64
【表十】《宗論》、《絕餘編》所收〈寄懷未能〉
　　　　內容對照表 ………………………………………64
【表十一】《淨信堂初集》所收《絕餘編》和
　　　　　《靈峰宗論》全文目錄數據統計表 65
【表十二】《靈峰宗論》、《淨信堂初集》、
　　　　　《絕餘編》所收願文對照統計表 …69
【表十三】《靈峰宗論》、《絕餘編》所收
　　　　　〈寄懷未能〉內容對照表 …………71

【表十四】智旭九次出入靈峰行跡年表 ………75

【表十五】《淨信堂初集》、《絕餘編》和
《宗論》願文整理比較表 ………88

【表十六】〈刻大乘止觀釋要序〉手稿及
《靈峰宗論》內容對照表 ………96

【表十七】三種〈靈鳥賦〉內容對照表 ………97

【表十八】釋論署名整理 ………98

【表十九】智旭對大乘實相之「會通異名」、
「一法異名」整理表 ………135

【表二十】體究、念佛比較表 ………150

【表二十一】參究（提話頭）、體究念佛
比較表 ………150

【表二十二】參究、念佛正助行關係 ………150

【表二十三】《宗論》及文稿集整理之
「介爾一念」 ………154

【表二十四】「釋論」整理之「介爾一念」
（依注經時間順序排） ………159

【表二十五】智旭闡釋《中論》〈四句偈〉
四說對照表 ………169

【表二十六】〈唐氏女繡金剛經跋〉
「轉其名而不轉其體」之妙 ………294

【表二十七】《宗論》所收《淨信堂初集》
五篇文稿內容刪改對照 ………324

【表二十八】一韻到底 ………328

【表二十九】鄰韻通押 ………330

【表三十】上去通押 ………331

【表三十一】平上通押 ………331

【表三十二】平去通押 ………331

【表三十三】曲平上去通押 ………332

【表三十四】方音通押 ………333

【表三十五】智旭詩偈用韻情形整理表 ………333

【表三十六】《淨信堂初集》、《絕餘編》及
《宗論》未用韻數量對照表 ………334

【表三十七】智旭詩偈用韻聲情整理表 ………336

【表三十八】〈病中寫懷三十首〉用韻 ………338

圖　次

圖一、蒼輝法師寫《蕅益大師碑記》殘片 … 299

圖二、宋治平年間御賜玉印以鎮山門，印文
　　　「金闕玉璽」 …………………………… 300

圖三、元朝朱穎達古硯 …………………………… 300

圖四、蕅益旭大師舍利塔 ………………………… 301

圖五、乾隆時靈峰寺傳法印，印文：「傳靈峰
　　　性相教觀第五世住山行珠之印」 …… 301

圖六、傳法印外觀 ………………………………… 302

圖七、《淨信堂初集》第三冊卷六卷末「助刻
　　　芳名」之「蕅益自補五錢」 ………… 302

圖八、泉州大開元寺藏有智旭所贈之梵網經
　　　兩部，卷末親筆題識 ………………… 303

圖九、「靈鳥碑」拓本照片（攝自 2007 年
　　　《北天目山靈峰寺志》） …………… 304

圖十、「靈鳥碑」拓本照片（攝自 2012 年
　　　《安吉歷代碑刻》） ………………… 305

圖十一、〈靈鳥碑〉的位置，在照片中白牆壁
　　　　左邊下方的黑色片狀區 ………… 305

圖十二、〈刻大乘止觀釋要序〉（一） ……… 306

圖十三、〈刻大乘止觀釋要序〉（二） ……… 307

圖十四、〈刻大乘止觀釋要序〉（三） ……… 308

圖十五、〈刻大乘止觀釋要序〉（四） ……… 309

圖十六、〈仁義院古佛堂改禪寮引〉（一）… 310

圖十七、〈仁義院古佛堂改禪寮引〉（二）… 311

圖十八、〈仁義院古佛堂改禪寮引〉（三）… 312

圖十九、〈仁義院古佛堂改禪寮引〉（四）… 313

圖二十、〈仁義院古佛堂改禪寮引〉（五）… 314

圖二十一、〈仁義院古佛堂改禪寮引〉（六） 315

圖二十二、〈仁義院古佛堂改禪寮引〉（七） 316

圖二十三、〈讚禮地藏菩薩懺願儀後序〉 …… 317

圖二十四、楷書《般若波羅蜜多心經》
　　　　　（全幅） …………………………… 317

圖二十五、楷書《般若波羅蜜多心經》 …… 318

第肆章 《靈峰宗論》蘊涵之修學法要

　　本章研究《靈峰宗論》之「修學法要」，智旭言「未登佛地，皆名學人」
〔註1〕，爰對於欲修學佛法以達成佛者，本文行文即以「學人」名之。

　　「學道之人，不難於善始，而難於善終。不難於努力自修，而難於親近
知識，不難於高談名理，而難於實踐躬行」〔註2〕，而學人「空談玄妙，畫餅
不益飢腸」〔註3〕，若能「剋實行持，觸處無非緣了」〔註4〕。故而其言善學
道者，須先「辦一副久遠心腸，剋實行持」〔註5〕，闡明佛法不在空談而在行
持。他又進一步說明開解與力行，有小大漸頓之不同：

> 若但求一出生死法門而自度自脫者，小解小行也。若徧通一切法門
> 而自利利他者，大解大行也。若先解後行者，漸也。若了知解行同
> 時，隨文入觀，不離語言而得解脫者，頓也。〔註6〕

引文所說的「先解後行」漸法，和知解行同之「隨文入觀」頓法，都是講依止
解門之依教起觀的「行門」。又，智旭以「教觀譬膏火，終始相需」〔註7〕為
喻，來說明佛法修學內涵之「教」理、「觀」行二者的關係。因蠟燭有「膏油」

〔註1〕〔明〕蕅益智旭：〈示九牧法主〉《靈峰宗論》卷二之五，《蕅益大師全集》第
　　　　十六冊（臺北：佛教出版社，2014年），頁10595～10596。
〔註2〕〔明〕蕅益智旭：〈示費智瀾〉《淨信堂初集》卷三，明學主編：《蕅益大師全
　　　　集》第七冊（四川：巴蜀書社，2018年），頁335。
〔註3〕〔明〕蕅益智旭：〈示費智瀾〉《淨信堂初集》卷三，頁336。
〔註4〕〔明〕蕅益智旭：〈示費智瀾〉《淨信堂初集》卷三，頁336。
〔註5〕〔明〕蕅益智旭：〈示費智瀾〉《淨信堂初集》卷三，頁336。
〔註6〕〔明〕蕅益智旭：〈示萬韞玉〉《淨信堂初集》卷三，頁324。
〔註7〕〔明〕蕅益智旭：〈示庸菴〉《靈峰宗論》卷二之二，頁10434。

支持火焰燃燒，而火焰的燃燒，又熔化膏油製造出更多的膏油，是以，膏油和火焰二者是「終始相需」的互相支持和創造，而這譬喻恰如其分的說明學人依教法語言文字生觀，透過觀照內心所生起的智慧，增長對教法的理解，然後再觀照自己，這樣不斷的解行互相資助，輾轉增勝。

智旭更指出學佛之道與儒門相似，「總以解行雙到為宗趣也」〔註8〕，因為「非開解，則無以趨道。非力行，則無以證道」〔註9〕，何謂「解」：

> 解者，達我現前一念心性，全體三德祕藏，與諸佛所證，眾生所具毫無差別。顯密契經，惟為發明此一念心性，達此一念心性，即顯密二詮之體，從此起於顯密二行。〔註10〕

「解門」，是學習佛陀跟歷代祖師所留下的語言文字等教法。引文所說明依教法所得到的「理解」，即是了達大乘教法之「本體」第一義諦，也就是引文所言「現前一念心性」，此「現前一念心性」，即為法身、般若、解脫之三德祕藏，是自心、佛、眾生三無差別之如來藏，此即在本文第叁章已探討「三學一脈相傳本源心地之「一法異名」及智旭發明「介爾一心」之名為圓融絕待佛法之「根本」。

故而智旭在文稿言：「眾生種種病，祇是一病，以不識佛性故」，而「如來種種藥，元來一藥，究竟為一乘故」，雖然眾生「雖祇一病」，但是，因「受病既久，未免變症多端，傳經不定」，才發明三乘法，顯密二行，以八萬四千法門接引眾生。但種種法，都只有一究竟目的，解眾生種種病之根本病因「不識佛性」，以了達此一念心性，即眾生本具之實相真如。〔註11〕

佛法八聖道以正見為首，以正見而修行，才能走正確方向。故而以智慧明解第一義諦之正見實踐力行，理解和行持互相資助，才能與佛法相應而直趨覺路，終至明心見性。因此，重佛法本源思想之智旭指出如來設教原由為：

> 如來出世本懷，惟為一乘。眾生根性不等，方便說三。雖復說三，究竟歸一。恐眾生不信，沒在苦。故須鑒彼當機，恐以三乘作實法

〔註8〕〔明〕蕅益智旭：〈示萬韞玉〉《淨信堂初集》卷三，頁324。

〔註9〕〔明〕蕅益智旭：〈示萬韞玉〉《淨信堂初集》卷三，明學主編：《蕅益大師全集》第七冊（四川：巴蜀書社，2018年），頁324。

〔註10〕〔明〕蕅益智旭：〈示念日〉《靈峰宗論》卷二之二，《蕅益大師全集》第十六冊（臺北：佛教出版社，2014年），頁10439。

〔註11〕本段引文均引自〈擬答白居易（問在林間錄）〉。〔明〕蕅益智旭：〈擬答白居易（問在林間錄）〉《淨信堂初集》卷四，頁367～368。

會，故云無有高下。〔註12〕

他除了指出「如來出世本懷，惟為一乘」，但因「眾生根性不等，方便說三」，又續舉醫王用藥之例，須因病症不同「補瀉隨宜，增減得所」。然而，如來也說「病癒藥除」，其義是要達真正明心見性，須先把已治好病的藥除去，意即把「法執」放下，此與認月之「指」喻，《金剛經》所云：「知我說法，如筏喻者，法尚應捨，何況非法。」〔註13〕之意同。

是以，智旭對經典或著作的看法，是學人標月之「指」，亦如從生死凡夫此岸到成佛清淨彼岸之「筏」喻。是以，他更期學人在「解行雙圓」時能將種種文字「歸諸筏喻」，因捨筏才能真正登成佛彼岸。

而前段已說明如來設教元由，也就是如來出世本懷「惟為一乘」，此「一乘」為明自性真如、真妄同源，此一出生死大事。但後世卻逐流忘源，只在三乘門庭施設上用心，卻忘記修學之本在一乘之明心見性了生死大事。所以，正見之解為行之本，此即道念升起，行為就會不同，故而智旭指出「佛尚以法為師，況佛之弟子，能不重法」：

> 討究佛法，尤為出家第一要務。故曰：諸佛所師，所謂法也。佛尚
> 以法為師，況佛之弟子，能不重法？雖勝義法性，貴在親證。儻非
> 黃卷赤牘，作標月指開示真實修行出要。何由得證法性？〔註14〕

引文指出修行學人應以法為師，討究佛法應向親證勝義法性之祖師學習，俾能以正見修學。而從上諸祖修學是「一切時中但向本分中留心，更無別法」〔註15〕，因而現今學人第一要務是須「向本分中入門，向本分中下手」〔註16〕，無論看教、看律、世法、佛法、動裏、靜裏，總祇為此一件出生死之本分大事。若能一切時中只為此本分事，「自然不見有境，豈為所奪」。〔註17〕眾生煩惱就是來自順逆境緣之分別心，倘能自然而然的不見有境，心就不會為境所影響，也就沒有煩惱，這就是佛法解決眾人生命中的問題之鑰：從「根本」下手。

但是，眾生要明心見性，徹見真如本體實在不易，智旭也說「出生死事

〔註12〕〔明〕蕅益智旭：〈擬答白居易（問在林間錄）〉《淨信堂初集》卷四，頁368。
〔註13〕〔姚秦〕鳩摩羅什譯《金剛般若波羅蜜經》《大正藏》第8冊，CBETA, T08, no0235, p.0749b07。
〔註14〕〔明〕蕅益智旭：〈示韞之〉《淨信堂初集》卷三，明學主編：《蕅益大師全集》第七冊（四川：巴蜀書社，2018年），頁342。
〔註15〕〔明〕蕅益智旭：〈答印生四問〉《淨信堂初集》卷四，頁361。
〔註16〕〔明〕蕅益智旭：〈答印生四問〉《淨信堂初集》卷四，頁361。
〔註17〕〔明〕蕅益智旭：〈答印生四問〉《淨信堂初集》卷四，頁361。

大不容易」〔註18〕,「夫最難發者,出世之心;最難遇者,出世之緣」〔註19〕。故而,他教學人,修行第一要真為生死之因地發心,爰本章第一節先探討其「以法為師」之出生死成菩提之修行履踐典範。

他又言「人知宗者佛心,教者佛語,而不知戒者佛身也」〔註20〕、「非皈戒無以為出要之本」〔註21〕、「大戒之初步,即是佛果之真因」〔註22〕,說明了修行之本為「戒律」。而其對淨土法門,更是稱為是「不思議勝異方便」之「絕待妙法」。〔註23〕復因《宗論》編輯者成時曾言:「宗論全部,可取其中讚戒者,別為戒波羅密之書。讚淨土者,別為祕藏指南之書。或合上二者,別為不昧因果之書」〔註24〕,爰本章第二節將取《宗論》、原稿《淨信堂初集》及《絕餘編》談戒文章,討論出要之本:「戒波羅密」。第三節則取上開文本之讚淨土者文,探討此不思議勝異方便法門之淨土「祕藏指南」。

第一節　智旭出生死成菩提之修行履踐

智旭於曾於丁亥年於祖堂幽棲寺之除夕普說言及,因其出家之志不在做法師、也不在為善知識,故而舅問其曰:「既爾何用出家?」〔註25〕他回答:「只要復我本來面目」〔註26〕。在文稿中亦自述出家之志為「決意出家,體究大事」〔註27〕、「出家一點初志,急欲剋獲聖果」〔註28〕、「真為生死大事」〔註29〕、

〔註18〕〔明〕蕅益智旭:〈雨窗同印海方丈談〉《淨信堂初集》卷三,明學主編:《蕅益大師全集》第七冊(四川:巴蜀書社,2018年),頁315。

〔註19〕〔明〕蕅益智旭:〈示大圓庵緇素〉《淨信堂初集》卷三,頁325。

〔註20〕〔明〕蕅益智旭:〈示初平三學〉《淨信堂初集》卷三,頁317。

〔註21〕〔明〕蕅益智旭:〈示羅性巖〉《淨信堂初集》卷三,頁319。

〔註22〕〔明〕蕅益智旭:〈示圓珠鈺沙彌〉《淨信堂初集》卷三,頁324。

〔註23〕〔明〕蕅益智旭:〈示王心葵〉《淨信堂初集》卷三,頁317。

〔註24〕〔明〕蕅益智旭:〈靈峰蕅益大師宗論序說〉《靈峰宗論》卷首,《蕅益大師全集》第十六冊(臺北:佛教出版社,2014年),頁10208。

〔註25〕〔明〕蕅益智旭:〈祖堂幽棲寺丁亥除夕普說〉《靈峰宗論》卷四之一,《蕅益大師全集》第十七冊(臺北:佛教出版社,2014年),頁10785。

〔註26〕〔明〕蕅益智旭:〈祖堂幽棲寺丁亥除夕普說〉《靈峰宗論》卷四之一,頁10785。

〔註27〕〔明〕蕅益智旭:〈八大道人傳〉《靈峰宗論》卷首,《蕅益大師全集》第十六冊(臺北:佛教出版社,2014年),頁10221。

〔註28〕〔明〕蕅益智旭:〈復陳旻昭〉《絕餘編》卷三,明學主編:《蕅益大師全集》第七冊(四川:巴蜀書社,2018年),頁561。

〔註29〕〔明〕蕅益智旭:〈歙西豐南仁義院普說〉《靈峰宗論》卷四之一,頁10794。

「初出家時，急要工夫成片」〔註30〕、「廿四出家，捨母不養。蓋欲剋期取果，用報親恩」〔註31〕，但在三十一歲後，因道友輒為佛法相商，又其自少年時即稍通文墨，遂不意虛名日彰，因功用未純而名流布太早，結果「自利既不究竟，利他又無所成。雖種種著述，僅與天下後世結般若緣。而重興正法之志，付諸無可奈何矣。豈不大可慟哉」。〔註32〕

其本為生死大事而於二十四歲出家，雖自愧為虛名所誤，生平一無所長，卻也自述「獨忘身為法一念，則天日可表，從初至今未嘗稍變」〔註33〕、「生平行履，百無一長。獨大菩提心、忘身為法、捨己從人，則堪質諸三世慈尊者也」〔註34〕。因智旭有忘身為法之大菩提心念，故而幾經困衡，從無退悔。以此對比一般人而觀，不論做事修行，多是以為己利之心，所以一遇困頓挫折，便易退志。而不論釋家儒者，祖師聖賢之言都是教人要具大菩提心、捨己從人、仁民愛物、大公無私。因為公與私「如秤兩頭，低昂時等」〔註35〕，只有少一點私心，才能多一些為利益眾生之行。

因其以大菩提心、忘身為法行出家之志，即使自謙障厚慧弱，福薄習強，但對於修學，其係堅定而言「非冰稜劍鋒境界，不能陶鑄無明煩惱，令成菩提般若」：

> 圓教行人，始從名字初心，便用佛知佛見修行。所以古來豪傑丈夫，具足一切無明煩惱，偏要向冰稜劍鋒上行。以非冰稜劍鋒境界，不能陶鑄無明煩惱，令成菩提般若故。〔註36〕

他在文中更舉孟子「天將降大任」、「頑鐵成鋼」、「治玉成美」、「松柏歲寒」、「孤臣孽子操心危慮」等例〔註37〕來說明從古大聖大賢，皆從艱難困苦中鍊

〔註30〕〔明〕蕅益智旭：〈示用晦二則〉《靈峰宗論》卷二之五，《蕅益大師全集》第十六冊（臺北：佛教出版社，2014年），頁10582。

〔註31〕〔明〕蕅益智旭：〈書慈濟法友托鉢養母序後〉《靈峰宗論》卷七之一，《蕅益大師全集》第十八冊（臺北：佛教出版社，2014年），頁11281。

〔註32〕〔明〕蕅益智旭：〈示用晦二則〉《靈峰宗論》卷二之五，頁10582。

〔註33〕〔明〕蕅益智旭：〈與曹源洵公〉《淨信堂初集》卷六，頁415。

〔註34〕〔明〕蕅益智旭：〈絕餘編序〉《絕餘編》卷首，明學主編：《蕅益大師全集》第七冊（四川：巴蜀書社，2018年），頁528。

〔註35〕〔明〕蕅益智旭：《佛說阿彌陀經要解》，《蕅益大師全集》第四冊（臺北：佛教出版社，2014年），頁2262。

〔註36〕〔明〕蕅益智旭：〈復曹源洵公〉《淨信堂初集》卷六，明學主編：《蕅益大師全集》第七冊（四川：巴蜀書社，2018年），頁449。

〔註37〕〔明〕蕅益智旭：〈復曹源洵公〉《淨信堂初集》卷六，頁449。

出，方能得道。而佛法中圓教之「始從名字初心，便用佛知佛見修行」〔註38〕之法，能真正助我們面對所有困苦艱難之焠鍊，爰其續言自己親身經歷明之：

> 不肖福薄緣慳較兄更甚。祇是於圓宗得一消息，止在名字位中。雖不曾斷惑伏惑，的的能以佛知佛見觀現前一切事礙，無有一微塵許不是不思議境。故能當千難萬之中而身心無恙，每日禮拜七百有餘，論律一參。除此之外，不是待人接物便是料理常住。手不停書，口不停語，此確是博地凡夫受用境界。若言不肖有所證悟，是大妄語，舌當墮落。若言不肖是假做豪傑，無此真實受用，亦是妄語，有如皦日。〔註39〕

由引文所見，智旭一生「手不停書」著述宏富，卻也一生「口不停語」行腳弘法。在戰亂動盪的明末清初，其出家三十四年幻遊五省四十地行法，因捨己從人之大菩提心，即使行腳常有暫入旋出、席不暇暖之累，仍損己利人忘身為法，五十六歲才得歸臥靈峰之願。怎會是今之學者文章所稱「綜觀其生涯，如果用現代流行語來形容就是一個宅字，便可完全概括」〔註40〕？

在引文中，他以自身之學道實踐為例，來告訴道友曹源洵公應仔細思量，其與曹源洵公，所看之經、所識之字、所歷之境、所處凡夫之地均是相同，但為何曹源洵卻遇境緣便成事障？

上述引文進而點出其和曹公面對境緣之不同在於，曹源洵公平日學問，「大率向語言文字著眼，而不向義理上體會，不向躬行處較勘耶！」故而，他在文章中多處言學道之法：「讀得一尺，不如行得一寸」〔註41〕，又常言「世出世法，皆解行相須」、且自述「貧納雖無似，然十二三時便以千古聖賢自期，躬行實踐者凡十餘年。……況今學佛復十餘年」〔註42〕。最重要的是，在〈復陳旻昭〉書信有言「即此十五六年行腳，打破面皮，放捨身命，僅開得名字即佛位中一隻清淨肉眼，於佛菩提了了得知，歸家道路明如指掌」〔註43〕。

〔註38〕〔明〕蕅益智旭：〈復曹源洵公〉《淨信堂初集》卷六，明學主編：《蕅益大師全集》第七冊（四川：巴蜀書社，2018 年），頁 449。

〔註39〕〔明〕蕅益智旭：〈復曹源洵公〉《淨信堂初集》卷六，頁 449～450。

〔註40〕廖肇亨：〈一卷殘經且自劬——八不道人蕅益智旭〉《巨浪迴瀾——明清佛門人物群像及其藝文》（臺北：法鼓文化，2014 年），頁 114。

〔註41〕〔明〕蕅益智旭：〈寄志隆泰公〉《淨信堂初集》卷六，頁 431。

〔註42〕〔明〕蕅益智旭：〈又復萬韞玉〉《淨信堂初集》卷六，頁 434。

〔註43〕〔明〕蕅益智旭：〈復陳旻昭〉《絕餘編》卷三，明學主編：《蕅益大師全集》第七冊（四川：巴蜀書社，2018 年），頁 561。

　　俗語云：「三折肱而知醫，閱人多而曉相」〔註44〕，在眾說紛紜的末法時代，依止一位以法為師，發真出生死成菩提心之修行履踐古德，才能在黑暗中有遵循的明燈和方向。以上述智旭出家之志及言行實踐所見，他即是一位解行相資、忘身為法、以出生死成菩提之志躬行、具圓滿正見之古德。

　　智旭雖自言未曾超生脫死，如何可開示人，但因思及既同在生死海中，又幸於出生死法，頗知真正路頭，〔註45〕故為學人指出修學最初一步之路頭為：

> 果欲超生脫死，第一不得意見卜度，第二不得氣魄承當，第三不得
> 褋名利心。適閩之南，適燕之北，路頭一錯，愈趨愈遠。此實言言
> 血淚，字字痛心。秖恐愁人莫向無愁說，說與無愁總不知耳。〔註46〕

「意見卜度」是指以生滅心的第六意識來思維「非語言分別之所能知」的佛法，用第六意識之意見來卜度佛法，無法契會如來真實義。智旭曾言「伶俐人往往意見湊泊，氣魄承當」、「伶俐恐不篤摯」，伶俐之人在人我是非之習氣尤易熾盛。伶俐之人因「不能深自思惟出生死事，將眼前一點小聰小明，認作美物，不能放下，故二六時中，念念祇要用他」〔註47〕，故而不能真實用功，只想用這點聰明伶俐弄些意見湊泊，氣魄承當之虛頭，去道甚遠。而此「名利心」，則是生死流轉之因。

　　上述果欲超生脫死之修學最初一步法所談，指出了修學行人在佛法學習的障礙，無法得真實益反墮三塗種子之因：以情識心將佛法當學問研究、以伶俐心拈虛招而非真實用功、借佛法以圖名利。因為修學佛法在發心路頭一錯，則其後所走之路是離道愈趨愈遠。此皆是智旭在修行道中所見學人離道越遠之失而提點之關鍵，其文稿所寫是「言言血淚，字字痛心」〔註48〕。此血淚之言，雖真實不虛，但只能對少數真發生死心之學人有警醒之用，故其最後嘆言「秖恐愁人莫向無愁說，說與無愁總不知耳，俟之子期矣」〔註49〕。

〔註44〕〔明〕蕅益智旭：〈淨信堂續集自序〉《靈峰宗論》卷六之三，《蕅益大師全集》
　　　　第十七冊（臺北：佛教出版社，2014 年），頁 11184。
〔註45〕〔明〕蕅益智旭：〈歙西豐南仁義院普說〉《靈峰宗論》卷四之一，《蕅益大師
　　　　全集》第十七冊（臺北：佛教出版社，2014 年），頁 10795。
〔註46〕〔明〕蕅益智旭：〈歙西豐南仁義院普說〉《靈峰宗論》卷四之一，頁 10795。
〔註47〕〔明〕蕅益智旭：〈示恒心〉《淨信堂初集》卷三，頁 330。
〔註48〕〔明〕蕅益智旭：〈歙西豐南仁義院普說〉《靈峰宗論》卷四之一，頁 10795。
〔註49〕〔明〕蕅益智旭：〈較定宗鏡錄跋四則〉《靈峰宗論》卷七之二，《蕅益大師全
　　　　集》第十八冊（臺北：佛教出版社，2014 年），頁 11315。

以下依《宗論》、《淨信堂初集》、《絕餘編》等文稿,整理其歷境行解所得之歸家道路正見。

一、「圓門漸修」之說

《大佛頂萬行首楞嚴經》曰:「理則頓悟,乘悟併銷;事非頓除,因次第盡」〔註50〕,對此,智旭則提出「圓門漸修」之說,應以圓教之佛知佛見為修行根本為高度,而在事修應當以離自己最近的為下手處,且念念持之以恆而行。

「圓門漸修」此說源自〈除夕答問〉,西堂問:「既云教外別傳,何復云楞伽四卷可以印心?」他引五祖對神秀和六祖惠能偈之公案說明「當知秀偈,雖涉漸修,千穩百當。祖偈,雖甚圓頓,毫釐有差,天地懸隔。得則直超,失則永墜」,五祖教人禮拜持誦神秀偈,又密付信衣於六祖且遣令他去者,是五祖「正欲與六祖,共扶圓門漸修之慧命,不忍使現在未來眾生,誤墮坑塹」。〔註51〕

是故,智旭提出「圓門漸修」說之旨,正與本文第參章為免現在後世學人執理而輕事,結果參禪不成,念佛不就,受二頭落空之禍,而對參禪念佛之大利和大害提出釐正辨析之大菩提心是如出一轍。而宗門古偈:「頓悟雖同佛,多生習氣深。風停波尚涌,理現念猶侵。」〔註52〕,則為「圓門漸修」說另一義,此義為,學人修行在理上雖可頓悟,見與佛齊,但在事上對曠劫以來的雜念習氣,則有如「風停波尚涌」,須要漸次消除。

是以,智旭教學人「第一要務,貴在克除習氣」〔註53〕,因為「倘染習不除,談玄說妙,終屬有名無實」〔註54〕,又說「學道別無實法,變化氣質,尅除習氣而已」〔註55〕、更深入強調「學道之人,第一要克除習氣」之因在於,「習氣不除,終無出生死分。然習氣熏染,本非一朝一夕之故。若不痛加

〔註50〕〔唐〕般剌蜜帝譯:《大佛頂萬行首楞嚴經》卷第十《大正藏》第 19 冊,CBETA,T19, no0945, p.0155a04。

〔註51〕〔明〕蕅益智旭:〈除夕答問〉《靈峰宗論》卷四之一,頁 10815～10817。

〔註52〕〔高麗國〕普照知訥(1158～1210)撰:《高麗國普照禪師修心訣》《大正藏》第 48 冊,CBETA, T48, no2020, p.1007b24。

〔註53〕〔明〕蕅益智旭:〈寄不忘〉《淨信堂初集》卷六,明學主編:《蕅益大師全集》第七冊(四川:巴蜀書社,2018 年),頁 422。

〔註54〕〔明〕蕅益智旭:〈寄不忘〉《淨信堂初集》卷六,頁 422。

〔註55〕〔明〕蕅益智旭:〈示蒼雲〉《靈峰宗論》卷二之五,《蕅益大師全集》第十六冊(臺北:佛教出版社,2014 年),頁 10556。

錐拶，何由頓革？」，〔註56〕來說明學道之始自尅除習氣，然，習氣薰染非一朝一夕，若不痛下決心去面對，如何頓革？

他在文稿中指出「可昏擾我神明」之習氣有：

試一自省則晏安習氣、華靡習氣、溫飽習氣、貢高習氣、疑惑習氣、詩文習氣、較長競短辨是爭非習氣、乃至尋行數墨依文解義習氣，

凡所可昏擾我神明者，六時之內何等紛紜雜沓。〔註57〕

從引文觀之，六時之內「可昏擾我神明」之習氣何等紛紜雜沓。這些自無始來所累積之粗重習氣，已熟悉且習以為常而不察。但在生命中，這些習氣往往是命運多障之因，個人內心煩惱痛苦之因、也是造成人我間衝突之因。

在本文第叁章第三節已論述對治止觀和圓頓止觀以對治妄想煩惱，然而，圓頓止觀雖是從根本自然消除人之妄念煩惱，但在未能明白實相真如前，無法做到。是以，在修學佛法前，須先破除這些較粗重的習氣煩惱，讓內心開始出現寂靜時，才能開始修持圓頓止觀。故而，初機之人須先用空觀之理觀來觀照外在境緣，而在面對人事物境相時，要有歷事煉心之假觀事修。爰本段梳理其文集，整理尅除習氣之「事修」及「理觀」方法。

（一）對境假觀之事修

在假觀事修，分別以五點說明待人處事和面對境緣的方法。

1. 歷事煉心

智旭有言：「從來聖賢豪傑，骨幹雖云天賦，要需境上鍊過」〔註58〕，故而凡夫要成豪傑須明歷事煉心之理，而「千經萬論」、「明師良友之惡辣鉗錘」，〔註59〕皆是磨礱習氣之具。

他引自身「不肖因舊夏自病，增明無常觀力。因今夏道友病，增長大悲念力。當知一切逆境正是鍛鍊心性之具」〔註60〕之例，又引達觀真可大師云：

〔註56〕〔明〕蕅益智旭：〈示慧含沙彌〉《淨信堂初集》卷三，明學主編：《蕅益大師全集》第七冊（四川：巴蜀書社，2018年），頁328。

〔註57〕〔明〕蕅益智旭：〈又示乳生〉《絕餘編》卷二，明學主編：《蕅益大師全集》第七冊（四川：巴蜀書社，2018年），頁547～548。

〔註58〕〔明〕蕅益智旭：〈示萬無懷〉《淨信堂初集》卷三，頁318。

〔註59〕〔明〕蕅益智旭：〈與智龍〉《靈峰宗論》卷五之二，《蕅益大師全集》第十七冊（臺北：佛教出版社，2014年），頁10968。

〔註60〕〔明〕蕅益智旭：〈與新伊法主〉《淨信堂初集》卷六，明學主編：《蕅益大師全集》第七冊（四川：巴蜀書社，2018年），頁422。

「好金須火煉，好人須境驗」〔註61〕，來論證人若無此等惡緣，便將如燕雀處堂之安逸，豈知三界是火宅？豈有此等歷事煉心、自利利他之事從中出。

故而如何在人和事境相中煉心，自利利他？其言欲修學大乘佛法之人，在個人修為要求是「骨宜剛，氣宜柔；志宜大，膽宜小；心宜虛，言宜實；慧宜增，福宜惜；慮宜遠，思宜近」，在待人須「事上宜度，接下宜謙，處同輩宜退讓」。在順境得意時「勿恣意奢侈」，處逆境失意時「勿抑鬱失措」。〔註62〕

而汲於作福莫如善加惜福，與其常事後悔過莫如寡過。應念身世苦空奮力修持此生，切莫隨流逐隊。對外在享樂之事，則是「衣取蔽形，莫貪齊整。食取克餒，莫嗜美味」，而最重要的是省察工夫「十二時恒簡點身口意業，善多邪？惡多邪？無記多邪？堪消四事邪？不堪邪？」。若能依此慚愧覺悟修省，自然習氣漸消，智光漸露，「祖意佛意，顯於一念清淨心中矣！」〔註63〕

2. 忠以行己，恕以及物

智旭在修行座右銘是：「忠以行己，恕以及物」〔註64〕，以下選二篇文稿說明。

（1）自勵、容人、取友、利生

在自我修養的要求是以「冰霜之操自勵」〔註65〕，如此則品德日漸清高。然而待人要「以天高之量」〔註66〕來包容他人的缺點，自己的德行才能日益廣大。而「以切磋之誼」取友，彼此互相切磋學習，則能學問日精。在行利益眾生之事時要慎重等符因緣，才能使弘法之道風長遠。

（2）待人以忍，處事以容

智旭曾言出世要法實無奇特，正在平常日用間，切不可「離事覓理、捨麤求精、厭動取靜、喜順惡逆」，〔註67〕故而他在〈與曹源〉書中對道友藉事說理：

〔註61〕〔明〕蕅益智旭：〈與新伊法主〉《淨信堂初集》卷六，頁422。

〔註62〕本段引文均引自〈示養德〉。〔明〕蕅益智旭：〈示養德〉《靈峰宗論》卷二之四，《蕅益大師全集》第十六冊（臺北：佛教出版社，2014年），頁10521。

〔註63〕本段引文均引自〈示養德〉〔明〕蕅益智旭：〈示養德〉《靈峰宗論》卷二之四，頁10522。

〔註64〕〔明〕蕅益智旭：〈德林座右銘〉《淨信堂初集》卷七，頁488。

〔註65〕〔明〕蕅益智旭：〈德林座右銘〉《淨信堂初集》卷七，頁488。

〔註66〕〔明〕蕅益智旭：〈德林座右銘〉《淨信堂初集》卷七，頁488。

〔註67〕〔明〕蕅益智旭：〈示慧含沙彌〉《淨信堂初集》卷三，頁328。

> 人不難於有志，而難於有忍。事不難於有察，而難於有容。故曰：「有
> 容德乃大，有忍乃有濟。」楞嚴一期，雖幻住之始運，實為他日關鍵。
> 願老弟以恕心、平心、公心、忍力、巧力、慧力，周旋其間。不恕不
> 足以容物，不平不足以鎮亂，不公不足以服眾，不忍不足以自強，不
> 巧不足以御人，不慧不足以察微。言之似六，行在一時。分之似多，
> 缺一不可能。能向此中著眼，又是進學問一大機。〔註68〕

在靜中安心容易，面對外在人事變幻的動境，要能心平靜的安忍逆境的刺激、
人事的阻礙不容易。所以，智旭為我們開了一帖良藥：「待人以忍，處事以容」，
並教以實踐之法在「恕心、平心、公心、忍力、巧力、慧力」。

人不難有志向和理想，然而在達到目標的過程，會出現許多事與願違的
因緣，關鍵在要有忍力和包容，方能突破種種逆境困頓，堅持到目標。

3. 病是吾輩良藥

智旭從二十八歲到五十七歲正月二十一日示寂，沒有患病的紀錄，大約
只有十三年。〔註69〕雖如此，但他為法忘軀之弘法菩提志從未停歇，其言：

> 病是吾輩良藥，消盡塵寰妄想，覷破此身虛幻，深明苦空無常無我
> 觀門，皆賴有病境耳！願寬心耐意，安忍無厭，作隨緣消舊業想，
> 轉重令輕受想，代眾生受苦想。正不以不如人為愧也。〔註70〕

引文告訴我們要把「病」當作良藥，因為有三種好處：消盡塵寰妄想、覷破此
身虛幻、深明苦空無常無我觀門。這些都是在身體健康不會體會到的醒悟助
緣，因為人身體健康、五陰熾盛時會生起種種追求名聞利養的妄想造作惡業，
且難以體會生命之無常苦空。

是以，智旭願我們對「病」要「寬心耐意，安忍無厭」，並教以修「作隨
緣消舊業想、轉重令輕受想、代眾生受苦想」三種假觀轉情識妄想為智慧和
慈悲心。

〔註68〕〔明〕蕅益智旭：〈與曹源〉《淨信堂初集》卷六，明學主編：《蕅益大師全集》
　　　　第七冊（四川：巴蜀書社，2018年），頁427。

〔註69〕有關「智旭沒有患病的紀錄，大約只有十三年」是聖嚴法師在《明末中國佛
　　　　教之研究》第叄章第五節第四段「智旭的疾病及其罪報感」研究結論。聖嚴
　　　　法師著，釋會靖譯：《明末中國佛教之研究》（臺北：法鼓文化，2018年），頁
　　　　359。

〔註70〕〔明〕蕅益智旭：〈復王思鼓〉《靈峰宗論》卷五之一，《蕅益大師全集》第十
　　　　七冊（臺北：佛教出版社，2014年），頁10955～10956。

4. 習氣實是人命運障難之因

他在〈與忍草〉書信中言：「身病易治，心病難遣」，並引古云：「克己須從性偏難克處克將去」證之，復引慈雲大師云：「行人各有無始惡習，速求捨離。障礙自當觀察，何習偏重，訶棄調停，取令平復，勿使行法唐喪其功，可以意解」，來深入說明惡習豈惟所知之殺盜婬妄，在二六時中、四威儀內，任何微細之「可動人念頭者，最能折福損壽也」，此義即指出，習氣實是人命運障難之因。而眾生習氣各有偏重，遇境生妄念時，應當觀察自己何種習氣最重，然後「訶棄調停，取令平復」，如此，於世出世間種種學問作為，才能少障難而得真實利益。〔註71〕

5. 惡因緣是好因緣，轉禍為福，全在當人著眼

人習於喜好因緣厭惡因緣，智旭以「韋提以逆子而發起淨業正因」，「慶喜以染緣而翻為棱嚴弄引」，作為「惡因緣是好因緣」之例，並更進一步說明：〔註72〕

> 轉禍為福，全在當人著眼。若但隨凡情徧計分別，不免雪上加霜，冤冤相結，有何了期。若達曠劫因果，知現在冤親，總非天降地出，而以慈忍心調停解釋，以如夢如幻觀消遣情懷，則此一遇，未必非仁者煉磨心性，透露真常之一助緣也。……倘不肯向此際薦取，佛界便為魔界。〔註73〕

引文深說，面對逆境以佛法之明因果為自身所造，當以慈忍心自受，再以《金剛經》最易下手的「如夢幻泡影、如露亦如電，應作如是觀」之六如文字般若，用來觀照因境而起之忿懑情緒，一切不過如泡影幻滅。則此惡因緣，即轉變成煉磨心性，透露真常實相心相之好因緣。

所以，「轉禍為福，全在當人著眼」，「逆境」能讓我們把文字般若，以觀照轉成內心智慧。反之，若不能以佛法之道來觀照而對逆境生起凡情徧計執之瞋恨心，則不免雪上加霜，就再結惡緣，冤冤相結，有何了期。

〔註71〕本段引文均引自〈與忍草〉。〔明〕蕅益智旭：〈與忍草〉《靈峰宗論》卷五之二，《蕅益大師全集》第十七冊（臺北：佛教出版社，2014年），頁10965。

〔註72〕本段引文均引自〈與韓蓮洲居士〉。〔明〕蕅益智旭：〈與韓蓮洲居士〉《淨信堂初集》卷六，明學主編：《蕅益大師全集》第七冊（四川：巴蜀書社，2018年），頁426。

〔註73〕本段引文均引自〈與忍草〉。〔明〕蕅益智旭：〈與忍草〉《靈峰宗論》卷五之二，頁10965。

而「好因緣是惡因緣」則剛好相反，眾生在得無障難境緣時，常如燕雀處堂而增長晏安粥飯等習氣，迷於暫時安樂，罕思世間苦空無常而生出離心。故而智旭言：

> 若欲的的確確求出生死，求證菩提，先將近時禪講流弊，盡情識破。將自己從來杜撰主意，盡情放捨。將生平軟煖習氣，盡情打掃乾淨。將夢幻身命，盡情拼得拋得。將種種惡逆境界，盡情看作真實受益之處。如松柏必藉霜雪，如寶劍必藉磨礪，如攻玉必藉他山之石，如種植必藉糞穢。將名利聲色、飲食衣服、讚譽供養，種種順情境界，盡情看作毒藥毒箭，決定埋沒人志氣，移奪人精神，破壞人操守，增長人習氣。〔註74〕

倘學人能對「惡逆境界」、「順情境界」，念念作以上引文降伏煩惱之觀照自心修學，智旭指出「則不坐一炷香，不看一句經，敢保出生死有分」〔註75〕。倘不能念念向痛處加捄，而直欲向佛法邊起見，即使坐斷八萬四千劫，徧閱盡三藏十二部經，也只能「好向平常無事中過日子，一遇順緣，依舊牽去；一過逆緣，依舊打失，一不覺察，依舊落在無記，如何出得生死、到得西方，成得無上菩提」？〔註76〕

然而惡因緣、好因緣有如「番手覆手，本無二手」〔註77〕，智旭指出今欲「不犯末世惡習，不負往因現緣」，有五種方法：〔註78〕

（1）要信諸佛境界，吾人各具，本無差別，不生退怯。

（2）要仰企諸佛，慚愧己靈。句句會歸自己，不可說食數寶。

（3）要虛心樂善，稍有長者，皆師友之。

（4）要悲愍一切。凡堪以此意相警者，不惜苦口。

（5）要恕人厚己。凡不如法，生哀愍心，勿見其過。

用以上五法對境當緣，應「法法消歸自心，時時警策自心」，則能專求己過，無責人非。見賢思齊，見惡內省，自然尅除累世習。

〔註74〕〔明〕蕅益智旭：〈示象巖〉《淨信堂初集》卷三，明學主編：《蕅益大師全集》第七冊（四川：巴蜀書社，2018 年），頁 340。

〔註75〕〔明〕蕅益智旭：〈示象巖〉《淨信堂初集》卷三，頁 340。

〔註76〕〔明〕蕅益智旭：〈示象巖〉《淨信堂初集》卷三，頁 340。

〔註77〕〔明〕蕅益智旭：〈與攝三〉《淨信堂初集》卷六，明學主編：《蕅益大師全集》第七冊（四川：巴蜀書社，2018 年）頁 423。

〔註78〕以下五法均引自〈與攝三〉〔明〕蕅益智旭：〈與攝三〉，頁 423。

（二）理觀

智旭言修行之法為「從緣薦得相應疾，就體消停得力遲」〔註79〕，所謂「從緣薦得相應疾」，即大乘法門修行「貴行住坐臥語言施為時薦取，見色聞聲嗅香嘗味覺觸知法處理會」〔註80〕之理。所謂「薦取者」，即薦其本自天成之性真。而「理會者」，則會其出障圓明之妙體。因「性真妙體」，是「不即一切法，不離一切法」。

上述事修，雖是「就體消停得力遲」之法，但，於初學人面對較粗重之煩惱妄想，還是對治應急之方。待粗重妄想煩惱漸消，心漸趨定靜，則應學習大乘法門之性真妙體之理觀。智旭言「佛法不出唯心、真如二觀」，而《占察善惡業報經》云：「初心應先習唯心識觀」〔註81〕，所謂「唯心識觀」，即「於依他達其徧計本空」〔註82〕。此即說明初機學人應先以空觀入門，再以假觀，最後達即空即假即中之一心三觀之圓成實相、性真妙體。

以下二點先從「學道工夫，但期與本分相應」，談大乘法門以生死大事本分為修學之要，再談現前一念之空觀。

1. 學道工夫在與本分相應，真實工夫在日用動靜間

智旭指出「出生死事，大不容易。須要先開見地，然後可言修證」，而欲開見地，尤須「念念注在佛法，不得姑待異日」。其言在家人具諸塵勞，尚不礙學佛法，尚許證無上道，況已出家受戒，住持梵剎，表率眾僧者，豈反於日常動靜間有礙而須待於免除俗事之後，方才議參求佛法之要？且參求之要，祇是「決擇身心」，而決擇之方，無過「師友商確」，及向「經論尋討」。但今師友商確時，僅作言談會。在經論尋討時，僅作文字會。直必欲冷坐蒲團，方名成片工夫。不過，縱使果能坐得成片，「及至動境，依然兩橛」。其言個中之失在於「況且動時既不能隨處體會，則靜處又安保其成片」〔註83〕？

〔註79〕〔明〕蕅益智旭：〈示元賡〉《靈峰宗論》卷二之二，《蕅益大師全集》第十六冊（臺北：佛教出版社，2014 年），頁 10445。

〔註80〕〔明〕蕅益智旭：〈示元賡〉《靈峰宗論》卷二之二，頁 10445。

〔註81〕〔明〕蕅益智旭：〈荅大佛頂經二十二問（原問附）〉《靈峰宗論》卷三之三《蕅益大師全集》第十六冊（臺北：佛教出版社，2014 年），頁 10730。

〔註82〕〔明〕蕅益智旭：〈示可生〉《靈峰宗論》卷二之二，頁 10465。

〔註83〕本段引文均引自〈雨窗同印海方丈談〉。〔明〕蕅益智旭：〈雨窗同印海方丈談〉《淨信堂初集》卷三，明學主編：《蕅益大師全集》第七冊（四川：巴蜀書社，2018 年），頁 315。

是以，他提出所謂「真實工夫」與流俗之「及至動境，依然兩橛」不同，「真實工夫」為：

> 無論世法佛法、靜時動時、順境逆境、若語若默，俱是開發我慧眼，消鎔我習氣，磨勵我身心，增益我所不到者，即名真實工夫。莫謂此等工夫零零碎碎，其實竟竟鎔作一片。如萬派千流，同歸大海，一入海性，便失本名。〔註84〕

所謂如來出世要法實無奇特，正在平常日用之間，切不可離事覓心，因世間種種差別境界，皆即自心現量清淨法身，應直下覻破，不被幻緣所牽，即名觀照般若，此即名真實工夫。

而此等法法觀照自心的真實工夫雖是在日用動靜間零零碎碎而成，但「如萬派千流，同歸大海」〔註85〕，一入佛法海性，便失世間本名，皆是本具佛性。是以，他說「學道工夫，亦復如是」：

> 學道工夫，亦復如是，但期與本分相應，更無動靜順逆之別。倘不向本分會取，饒你謝絕人事，枯守蒲團，敢保驢年無相應。分況塵緣無盡，日復一日，何時得謝絕耶？〔註86〕

智旭點出學道工夫，「但期與本分相應」。塵緣無盡，日復一日，無謝絕待無累而修之時。又因宿世業力，常感得生活中有諸多惡因緣逆境，而無始習氣在面對境緣亦常覺難安，如何藉境緣消歸自心，與本分相應，成為煉磨心性，透露真常之助緣，使境緣無動靜順逆之別？

他引古人語云：「趺法從他得」，復引：「燈不剔不明，鐘不擊不鳴」、「他山之石，可以攻玉。以玉攻玉，不得其砥」、「汙泥乃生蓮華」、「神奇出於臭腐」，來教人在處惡緣逆境時，應思「吾人本地風光，埋藏蘊宅，潛伏根門，無時不煞煞欲現。稍藉外緣一擊，便當迸裂騰涌，輝爍古今，照天燭地」，儻學人不肯「向此本分事之際薦取，則佛界便為魔界」。其又舉如霜雪寒冰時，松柏以之增妍，但凡卉因之失色，來說明「咎在己不在境也」之理。〔註87〕

〔註84〕〔明〕蕅益智旭：〈雨窗同印海方丈談〉《淨信堂初集》卷三，明學主編：《蕅益大師全集》第七冊（四川：巴蜀書社，2018年），頁315。

〔註85〕〔明〕蕅益智旭：〈雨窗同印海方丈談〉《淨信堂初集》卷三，頁315。

〔註86〕〔明〕蕅益智旭：〈雨窗同印海方丈談〉《淨信堂初集》卷三，頁315。

〔註87〕本段引文均引自〈與韓蓮洲居士〉。〔明〕蕅益智旭：〈與韓蓮洲居士〉《淨信堂初集》卷六，明學主編：《蕅益大師全集》第七冊（四川：巴蜀書社，2018年），頁426。

智旭嘗勉勵「捨比丘沙彌律儀，而近事大士木叉」之韓蓮洲居士而言：

> 但願於世事中，亦能如此提起放下，自由自在，不為幻境所縛。祇
> 作遊戲之場，消業之具。獨一菩提心寶，歷萬變而不改。則蓮花國
> 裏，敢保攜手同行。〔註88〕

世事順逆如幻境，應以本具之「菩提心寶」，時時與本分大事相應，則能視萬
變世事為「遊戲之場，消業之具」，提起放下，自由自在，且能攜手同行蓮花
國。

2. 愚人除境不除心，至人除心不除境

人因喜順境惡逆緣，故對好惡境緣起種種習氣。事修是解決習氣枝末，
為應急之用，解決之根本法在於「心」，以心修空觀來對境緣。智旭曾言：

> 境緣無好醜，好醜起於心。愚人除境不除心，至人除心不除境。心
> 既除矣，境豈實有。達境本空，便能素位而行，不願乎外。以所歷
> 位，無非無外之法界也。知皆即法界，自無入而不自得。〔註89〕

「三界惟心，萬法惟識」〔註90〕二語，人能言之，然而觸境逢緣，仍被境緣
所轉。惟有心不為物所轉，方能轉物。故而，「愚人除境不除心，至人除心不
除境」，在現前一念心面對境緣時，須以空觀對治：

> 觀此一念未生時，潛在何處。欲生時，何緣得生。正生時，作何體
> 相。為在內外中間邪？為方圓長短青黃赤白邪？生已無間必滅，滅
> 又歸於何處。三際覓心皆不可得，奈何於本空寂，妄計內心外境，
> 起惑造業，枉受輪迴邪。〔註91〕

吾人現前一念心性，既然過去無始，未來無終，現在無際，於「三際覓心皆不
可得」，又能了達「三界萬法，種種境緣，實無心識外之別物。次推究此心此
識，畢竟有何體性相狀。若現前心識，實無體性相狀者，惟心所現三界萬法，
又豈有少許體性相狀可得也」，是以，「六塵非能惑人，人自妄受」〔註92〕。

〔註88〕〔明〕蕅益智旭：〈與韓蓮洲居士〉《淨信堂初集》卷六，頁426。

〔註89〕〔明〕蕅益智旭：〈示曇生方丈〉《靈峰宗論》卷二之四，《蕅益大師全集》第
十六冊（臺北：佛教出版社，2014年），頁10507。

〔註90〕〔明〕蕅益智旭：〈示緒竺〉《靈峰宗論》卷二之二，頁10446。

〔註91〕〔明〕蕅益智旭：〈示緒竺〉《靈峰宗論》卷二之二，《蕅益大師全集》第十六
冊（臺北：佛教出版社，2014年），頁10449。

〔註92〕〔明〕蕅益智旭：〈示朗融〉《絕餘編》卷二，明學主編：《蕅益大師全集》第
七冊（四川：巴蜀書社，2018年），頁542。

故而，若能以空觀了達「心」無體性相狀，由心識所現三界萬法亦無體性相狀，則必不能為順逆境緣所轉，而能轉習氣，使其自然由根本消除。

（三）欲彰修德，莫先除障：福慧二輪，不可暫廢

不論以事修或理觀去習氣，倘福慧不足，便會有障難而使其不相信佛法，或於解行時有力不從心之感。在文稿中，智旭便言自己因因初出家時，急要工夫成片，不曾依薙度師作務三年之訓，始意工夫成片，仍可作務。豈料虛名所誤，竟無處可討務單，一蹉百蹉而使「福輪欠缺」，所以三十年來，「自利既不究竟，利他又無所成」，而「重興正法之志，付諸無可奈何矣，豈不大可慟哉」，因此對志兼修福之用晦師，其言「甚愜予願」。〔註93〕

智旭說明「法身之性，本無差別。佛異眾生，修德有功而已」，而修德亦皆性具，只是眾生「日用不知者」，原因在於「癡愛異見，為之障也」，是故，「欲彰修德，莫先除障」。而修德除障之法有二：「一般若，二解脫」。而「欲證般若」，須勤聞思修三慧。「欲證解脫」，須勤施「戒心三福」，即戒定慧三福，以「施除貧乏，得大助道」。因持戒除垢染，能成就法器。且持戒得心定能除散亂，能引實慧。所以「福慧二輪，不可暫廢」。〔註94〕而福慧二輪，即持戒和般若。有關持戒修福，般若為導之相關論點，將在本章第二節及第三節討論。

二、依諸佛語，為設出生死三妙藥

智旭對大乘佛法所言生命真相提出以下之說：

> 佛性眾生性，一性無二性。迷之沉六道，悟之為三乘。迷雖無量惑，
> 厥病惟有三。一者戀世間，不知世間苦。二者雖知苦，苟且自因循。
> 三者雖勇猛，得少便為足。以此三病故。長夜在生死。或復出生死。
> 亦墮權小乘。我依諸佛語。為設三妙藥。〔註95〕

佛陀跟眾生的因緣果報，當然有差別，但向內觀照本性卻是「一性無二性，一如無二如」，這也是建立大乘信心之核心前提。意即，要成就大乘善根，要

〔註93〕本段引文均引自相同頁數之〈示用晦二則〉。〔明〕蕅益智旭：〈示用晦二則〉《靈峰宗論》卷二之二，《蕅益大師全集》第十六冊（臺北：佛教出版社，2014年），頁10582。

〔註94〕本段引文均引自相同頁數之〈示用晦二則〉。〔明〕蕅益智旭：〈示用晦二則〉，《靈峰宗論》卷二之二，頁10580。

〔註95〕〔明〕蕅益智旭：〈示元白〉《淨信堂初集》卷三，明學主編：《蕅益大師全集》第七冊（四川：巴蜀書社，2018年），頁333。

具有「信我是未成之佛，諸佛是已成之佛，其體無二」的真實信心。

從理具的理體觀之，佛陀跟眾生是「一性無二性」，但觀事相，就有迷悟的差別。眾生若迷，就起妄念顛倒，而造作罪業，因罪業而招感痛苦果報。反之，覺悟者能夠遠離顛倒妄想，生起正念，成就三乘功德。

迷雖是無量惑，但迷的厥病唯有三：「一者戀世間，不知世間苦。二者雖知苦，苟且自因循。三者雖勇猛，得少便為足」。第一個迷惑病因是戀世間五欲之樂，未明五欲之樂，是夾雜著煩惱和罪業，享五欲之樂有如食刀上蜜。

第二個是，雖然知三界苦，但是心中沒有堅定出離意志，因循苦因苦果而得過且過。第三是，雖然修行精進用功，但在過程中得現世安樂或輕安法喜便以為足夠，而覺得大乘佛道和出離生死太遠太難。因為此三病的障礙，眾生長夜迷惑在生死輪迴，或墮入權法小乘道，很難趨向無上菩提道。

智旭發大悲心，以其依諸佛語之躬行所得，為眾生所設出生死三妙藥為：「學道之人，第一要真為生死、第二要具足剛骨、第三要開發見識」〔註96〕，以下分段論述之。

（一）發大心：要真為生死

為何修行在因地要發「真為生死心」，因為「若無真實為生死心，饒你有志氣、有力量，祇作得世間豪傑，斷不能為出世聖賢」〔註97〕，若修學佛法，發心不是要出離生死，則是得世間善果報，而不能成為出世聖賢。故而，智旭曾言「頗見世間大學問大聰辯人，依然祇是凡夫。良以做學問時，元不與生死心相應故也」〔註98〕。

智旭再深入指出真發生死心之重要性：「不為生死，決不能發起大心，不發大心，決不能開發正眼」〔註99〕，又言「不與為生死心相應，云大菩提心，尤不信也」〔註100〕、復言：「予別無長處，但深知菩提大心，決與為生死心不二，今特為汝徹底道破」〔註101〕。為何不真為生死，決不能發起菩提大心？

〔註96〕〔明〕蕅益智旭：〈示元白〉《淨信堂初集》卷三，頁332。
〔註97〕〔明〕蕅益智旭：〈示元白〉《淨信堂初集》卷三，頁332。
〔註98〕〔明〕蕅益智旭：〈示象巖〉《淨信堂初集》卷三，明學主編：《蕅益大師全集》第七冊（四川：巴蜀書社，2018年），頁341。
〔註99〕〔明〕蕅益智旭：〈示世聞〉《靈峰宗論》卷二之二，《蕅益大師全集》第十六冊（臺北：佛教出版社，2014年），頁10478。
〔註100〕〔明〕蕅益智旭：〈示予正〉《靈峰宗論》卷二之四，頁10523。
〔註101〕〔明〕蕅益智旭：〈示明記〉《靈峰宗論》卷二之五，頁10586。

為何菩提大心與為生死心是不二？其予以釋明：

> 欲真為生死，別無他術，須識三界無非是苦，現在身心便是苦具。
> 不知苦故，重造苦因。今以四大觀身、四蘊觀心，了知無我我所，
> 祇緣迷惑，枉受輪迴，深生慚愧，猛求解脫，此即真實為生死心。
> 而又了知心佛眾生三無差別，諸佛已悟，眾生尚迷。我今既知此理，
> 誓與眾生，同證正覺，此即真正大菩提心。〔註102〕

人於三界往來流轉，積習深厚，欲真實發生死心殊非容易。引文說道，以四大觀身，身不可得。以四蘊觀心，心不可得。真實了達無我和我所，只因愛見迷惑妄認現在身心之我及我所，枉受無始輪迴之苦，深生慚愧，猛求解脫之心，此即「真實為生死心」。

而能如圓教行人以四大觀身，以四蘊觀心之佛知佛見修行，發為生死心，當能了知心佛眾生三無差別之平等法，而諸佛已悟，眾生尚迷，遂發四弘誓願心，自利利人，此即真正大菩提心。因為，不能真正體會流轉之苦發真為生死心，就不可能生起要助眾生解脫流轉痛苦之菩提大心，故而發真實為生死心，即發真正大菩提心，是為不二。

而前述修行須具「發為生死心和發大菩提心」之因，才能得「開發正眼」之果的因果關係。是以，「要真為生死」是修行發心的正因，因地發心正，才能得「開發正眼」之正果。因此，智旭將「要真為生死」作為出生死三妙藥之「因地」，來說明修行發心的重要性。所以，他才會說若無真實為生死心之發心，僅管在修行上有志氣、有力量，在果地也只能作得世間豪傑，斷不能成為出世聖賢之果。

1. 因地不真，果招紆曲

由此可看出，智旭對修行因地發心之重視，文集亦多處論述，又引《大佛頂萬行首楞嚴經》云：「因地不真，果招紆曲」〔註103〕、祖師云：「頭正則尾正」〔註104〕佐證，並以「成佛作祖，墮坑落塹，所爭只一念間」〔註105〕，說明在修學因地發心會使一生修行結果得「成佛作祖」和「墮坑落塹」二種

〔註102〕〔明〕蕅益智旭：〈示世聞〉《靈峰宗論》卷二之二，頁 10478～10479。

〔註103〕〔明〕蕅益智旭：《梵室偶談》第七條，明學主編：《蕅益大師全集》第九冊（四川：巴蜀書社，2018 年），頁 357。

〔註104〕〔明〕蕅益智旭：《性學開蒙》第八條，頁 532。

〔註105〕〔明〕蕅益智旭：〈示清源〉《靈峰宗論》卷二之五，《蕅益大師全集》第十六冊（臺北：佛教出版社，2014 年），頁 10594。

差別果報，其根源就在一念心之迷與悟。他進一步對於一般受戒學律、聽教看經、參宗坐禪等修行正法，提出在因地不同發心，最後得到不同的果報，舉出五種差別：〔註106〕

1. 但夾帶利名心，便是三塗種子。

2. 但執著取相，便是人天魔外種子。

3. 但一味出離生死，便是二乘種子。

4. 但具真實自覺覺他心，便是菩薩種子。

5. 但從自覺聖趣，光明發輝，徹其源底，共迴向淨土，普與眾生同登極樂，便是無上菩提種子。

〈示清源〉文末以「故曰一切法正，一切法邪」總結因地發心之重要，囑咐從紫竹林隨其學習之清源首座「向現前一念討取禪教律源頭，不墮今時禪教律流弊，亦不因咽廢飯，妄埽禪教律法門」。〔註107〕在〈祖堂幽棲寺丁亥除夕普說〉，則「徹底說破」修行在因地以「真為生死發心」為定盤星所得之果：

殊不知禪教律三，皆如來隨機所說，豈有死法。吾今為諸昆仲徹底說破：若真為生死持戒，持戒亦必悟道。真為生死聽經，聽經亦必悟道。真為生死參禪，參禪亦必悟道。真為生死營福，營福亦必悟道。專修一法亦悟道，互相助成亦悟道，以因地真正故也。若想做律師受戒、想做法師聽經、想做宗師參禪、想有權勢營福，則受戒、聽經、參禪、營福，必皆墮三惡趣。故智者大師云：「為利名發菩提心、是三塗因。」毫釐有差，天地懸隔。錯認定盤星，醍醐成毒藥。〔註108〕

引文直捷了當的說明，法無優劣，因地發心正，不論修何法門，則一切果報為正。倘是發心真為生死，即為發菩提大心，則不論是何法門，直直修去必悟道。倘因地發心有毫釐差別，果報就是「成佛作祖」、「墮坑落塹」的天差地別。若錯認定盤星，修行的方向是為利名而發心，則受戒、聽經、參禪、營福這些醍醐，反變成落三惡道之毒藥。

因地發心之定盤星如此重要，以下就討論如何發真為生死心。

〔註106〕「五種差別」均引自〈示清源〉。〔明〕蕅益智旭：〈示清源〉《靈峰宗論》卷二之五，頁10594。

〔註107〕〔明〕蕅益智旭：〈示清源〉《靈峰宗論》卷二之五，頁10594。

〔註108〕〔明〕蕅益智旭：〈祖堂幽棲寺丁亥除夕普說〉《靈峰宗論》卷四之一，《蕅益大師全集》第十七冊（臺北：佛教出版社，2014年），頁10784。

2. 如何發真為生死心

智旭曾言「最難發者，出世之心」〔註109〕，人們只要稍有病苦難緣，尚感覺難以忍受，但卻寧願一念之錯，未肯發真為生死之心修學，讓自己招來無盡時頭出頭沒輪迴之殃，「豈非人無遠慮。必有近憂者哉」？〔註110〕在〈示元白〉也說明一念出世之心難發之因，在於眾生心性雖與諸佛平等，但因無始迷妄，此認妄為真之積習深厚，故欲反本歸源，不是容易之事。

人們即使在世間遇有苦痛，但仍放不下眼前看得到的短暫安樂活計，對於眼前未能見的輪迴生死流轉之苦，無法深刻體會，故而難發出世之心。而生死一事，人人有之，雖有時會感怖畏，但因一念迷，面對茫茫生死大海，寧暫作不想生從何來死到何處一事，寧認為自己非佛，無法出生死等等，也不肯相信佛菩薩或祖師大德之言，發為生死心而力為出離生死之修學。

智旭深知眾生放不下眼前安樂活計之因，在不曾徹見生死之苦。不論是為俗為僧者，大多是向順境中捱過，「故畏三界心，自然發得不真切」〔註111〕，因此，為眾生說如何「徹見生死之苦」：

（1）以遠大慧眼，曠觀無始輪迴

智旭以其慧眼教我們要以慧眼曠觀，「生命是無量」此一關捩子。他說：

> 儻以遠大慧眼，曠觀無始輪迴。痛念此生，果從何來，死後當至何趣。前際茫茫，後際墨墨。饒鐵石心腸，必為驚怖。〔註112〕

倘能真相信「生命是無量」這個關鍵，那這一世的生命，在無量的生命中只是一個短暫的因緣。再以現世眼前安樂活計，對比無始生命以來之曠劫輪迴，不知生從何來，前際茫茫，更不知死後當至何界，後際墨墨，則現世安樂活計如無量生命大海之一漚，剎那生滅，有何可惜放不下？反觀無量劫生命之生死茫然無所知，才是可驚可怖。

（2）觀無盡生死流轉之苦

倘無量生命都是安樂，那有何懼？所以，繼而要說明的是三界流轉之苦，

〔註109〕〔明〕蕅益智旭：〈示大圓庵緇素〉《淨信堂初集》卷三，明學主編：《蕅益大師全集》第七冊（四川：巴蜀書社，2018年），頁325。

〔註110〕〔明〕蕅益智旭：〈四十八願卷跋〉《靈峰宗論》卷七之二，《蕅益大師全集》第十八冊（臺北：佛教出版社，2014年），頁11292～11293。

〔註111〕〔明〕蕅益智旭：〈示毓悟〉《靈峰宗論》卷二之二，《蕅益大師全集》第十六冊（臺北：佛教出版社，2014年），頁10443。

〔註112〕〔明〕蕅益智旭：〈示毓悟〉《靈峰宗論》卷二之二，頁10443。

以破因迷妄所障之情見：

> 果能念念觀察世間苦、空、無常、無我、不淨，下從地獄，上至非
> 非想天，總非究竟安寧之地，倘不誓求出要，則三界之內，往來流
> 轉，有甚了期？生不知來處，死不知去處，茫茫苦海，言之痛心，
> 豈容為生死之心不切！〔註113〕

要突破眼前如夢如幻的安樂，關鍵就在於能「徹見生死之苦」。首先要能把眼
光放遠大，先要相信生命是無量的。然後以遠大慧眼，在無量生命中徹見無
盡生死流轉之苦，才能「徹見生死之苦」，發真為生死心修學。

眾生將這個由四大五蘊假和合的生命體妄認為真實我，為了這個妄認的
實我，用盡手段去爭取名聞利財來滿足愛惡欲望等眼前活計，在滿足欲望的
過程產生種種煩惱痛苦。但眾生因無始來積習深厚，習於用熟悉的情見來說
服自己享受眼前的安樂活計，所以因苦而生之出離心只是短暫即滅。

因此，倘能夠念念用「苦、空、無常、無我、不淨」徹觀宇宙現前一切，
那麼，下從地獄，上至非非想天，總非究竟安寧之地，洞明「三界之中，無非
牢獄，暫時快樂，終歸無常」〔註114〕，再思之「殊不知無始劫來，頭出頭沒，
枉受多少辛酸」〔註115〕，如今幸得人身，倘真能感知累世生死流轉如苦海茫
茫，惟生死誰能免者，再念及自身此世曾遭之苦，庶幾生遠離之心。

3. 痛念生死事大，人命在呼吸間，矢志參學

因知三界流轉無安，常有生老、病死、憂患如是等火熾然不息，猶如火
宅，眾苦充滿，甚可怖畏。而身命無常如朝露，「人命在呼吸間」〔註116〕，
大限一至老少莫能逃避，因此「才說姑待明日，便不可也」〔註117〕。是以，
智旭言古人因徹見三界六道升沉，苦海茫茫誰能免，故而修行必真發生死
心：

> 古人發心出家，必矢志參學。由痛念生死事大，無常迅速，此身不

〔註113〕 〔明〕蕅益智旭：〈示元白〉《淨信堂初集》卷三，明學主編：《蕅益大師全
集》第七冊（四川：巴蜀書社，2018 年），頁 332。

〔註114〕 〔明〕蕅益智旭：〈示靖開〉《靈峰宗論》卷二之二，《蕅益大師全集》第十
六冊（臺北：佛教出版社，2014 年），頁 10455。

〔註115〕 〔明〕蕅益智旭：〈祖堂幽棲寺丁亥除夕普說〉《靈峰宗論》卷四之一，《蕅
益大師全集》第十七冊（臺北：佛教出版社，2014 年），頁 10785。

〔註116〕 〔明〕蕅益智旭：〈復程用九〉《靈峰宗論》卷五之二，頁 10971。

〔註117〕 〔明〕蕅益智旭：〈復程用九〉《靈峰宗論》卷五之二，頁 10971。

> 向今生度,更向何生度此身。所以三登九上,百城煙水。不憚其勞,
> 念念了當大事。豈肯著相計名,尋行數墨,附葉攀枝,以徒資口耳
> 哉。末世不然,名為欲續如來慧命,撐如來法門,而不知痛為生死。
> 惟積學問、廣見聞,冀可登座揮塵而已。〔註118〕

古人發心出家或修行,必立志參學,究其原因是生起三種覺悟:「痛念生死
事大」、「無常迅速」、「此身不向今生度,更向何生度此身」。因「痛念生死
事大、無常迅速」是對治現世晏安享樂之心,而來世未可待,故而起「此身
不向今生度,更向何生度此身」之出離心。因真發生死心,念念只為了當此
生死大事,故能不辭辛勞履踐佛法,如雪峰禪師三登九子山,如善財童子經
過百城煙水五十三參。而不會將佛法僅作名相分別、或作文字葛藤之口耳
話題或研究。

而當世末法修行人則不同,名義上「為欲續如來慧命,撐如來法門」,但
發心不正,不知痛為生死大事而在心地法門研真窮妄,只是做「積學問、廣
見聞」之名利事,以發展個人門庭施設。

前已論述「菩提心」和「生死心」是不二,以及因地發心對果地的影響。
故而,智旭感嘆道:

> 嗟嗟!不與菩提大心相應,云代佛揚化,吾不信也。不與為生死心
> 相應,云大菩提心,尤不信也。勝負情見不忘,僅成阿修羅法界。
> 名利眷屬意念不忘,僅成三塗魔羅種子。隨其所見所聞而起法執,
> 不能捨棄名言習氣,不達如來說法旨趣,不知種種四悉因緣,僅成
> 凡外戲論窠窟。學問益多,害心益甚。學人益盛,正法益衰。吾所
> 以每一念及,未嘗不夢寐痛哭者也。〔註119〕

引文所指出之「勝負情見不忘」、「名利眷屬意念不忘」、「僅成凡外戲論窠窟」、
「學問益多,害心益甚」、「學人益盛,正法益衰」,正是末法時代之弊病現象。
智旭曾言因「正法之眼已滅,徒有門庭施設」,所以「當今之世,佛法名雖大
盛,實則大壞」。

(二)立大志:具足剛骨

為何修學行要「具足剛骨」,因為「若無真實剛骨,饒你要出生死、決被

〔註118〕〔明〕蕅益智旭:〈示予正〉《靈峰宗論》卷二之四,頁10522~10523。
〔註119〕〔明〕蕅益智旭:〈示予正〉《靈峰宗論》卷二之四,《蕅益大師全集》第十
六冊(臺北:佛教出版社,2014年),頁10523。

情欲牽去、熟境迷去、利名移奪去、魔患埋沒去」〔註120〕，說明即使發心要出生死，但若缺乏剛骨，沒有堅定的行力，當五欲、利名、愛見等熟境現前，出生死心也可能會退轉。故而，憨山大師亦言「學道第一要骨氣剛」〔註121〕，因「夫剛則不為情欲所靡」〔註122〕。所以，智旭再強調「二者奮剛勇，降伏愛見魔，五欲不能牽，八風不能動」〔註123〕，對此生死根源之「情欲」，智旭直言為「愛見」：

> 三界無安，猶如火宅。人皆能言之，而未能審知何者是火宅。……
>
> 生死根源雖多無量，大而為語不出愛見二種。愛名鈍使，見名利使。
>
> 六道四生，無能出其範圍者。〔註124〕

「愛名鈍使」，是貪、瞋、癡、慢、疑等煩惱思惑，因而使人心思昏昧、眼光淺近，因此喜接近世法，於上法不能理解。古人謂「愛不重不生娑婆」〔註125〕，臨命終的時候，由於過去業力，動一念的恩愛迷情，即念起受生。而因愛憎情見迷執，對世間人事物就會妄起種種情緒煩惱。

而「見名利使」，是指在見解上嚴重的迷惑錯誤之見惑〔註126〕。因「人世愛見，稍或未忘，無上白法，如何希冀？」〔註127〕紫柏大師有云：「情之所有者理必無，理之所有者情必無」〔註128〕，古人也說：「讀得一尺，不如行得一寸」〔註129〕，所以，若只是閉戶看尊宿語錄以自警，是難敵現境愛取迷妄

〔註120〕〔明〕蕅益智旭：〈示元白〉《淨信堂初集》卷三，明學主編：《蕅益大師全集》第七冊（四川：巴蜀書社，2018 年），頁 332。

〔註121〕〔明〕蕅益智旭：〈與曹源洵公〉《淨信堂初集》卷六，頁 415。

〔註122〕〔明〕蕅益智旭：〈與曹源洵公〉《淨信堂初集》卷六，頁 415。

〔註123〕〔明〕蕅益智旭：〈示元白〉《淨信堂初集》卷三，頁 333。

〔註124〕〔明〕蕅益智旭：〈示邵伯誠〉《淨信堂初集》卷三，明學主編：《蕅益大師全集》第七冊（四川：巴蜀書社，2018 年），頁 338。

〔註125〕〔明〕蕅益智旭：〈孕蓮說（亦名求生淨土訣）〉《靈峰宗論》卷四之二《蕅益大師全集》第十七冊（臺北：佛教出版社，2014 年），頁 10840。

〔註126〕〔唐〕李通玄《新華嚴經論》卷第二十二：「五見者：一身見、二邊見、三見取、四戒取、五邪見。此已上五見名利使」。《大正藏》第 36 冊，CBETA，T36, no1736, p.0870b23。「身見」即「妄認四大為自身相，六塵緣影為自心相」，認為今生所現的相是實我，認為肉團心、六塵緣影是本來自心。「邊見」是指不合中道，偏執一邊的錯誤見解。最嚴重的是「斷滅見」，即人死如燈滅。「戒取」是以不正確的見解與欲望而修行持戒。「邪見」為正見的反義，例如撥無因果。「見取」，則是把上述錯誤之見解執以為是。

〔註127〕〔明〕蕅益智旭：〈寄志隆泰公〉《淨信堂初集》卷六，頁 431。

〔註128〕〔明〕蕅益智旭：〈寄志隆泰公〉《淨信堂初集》卷六，頁 431。

〔註129〕〔明〕蕅益智旭：〈寄志隆泰公〉《淨信堂初集》卷六，頁 431。

熟識。因此，智旭以提出以天台一心三觀之「三觀」來對治「三惑」：

> 綱領者，現前一念心性而已。心性不在內外中間、不屬過現未來、不可以色聲香味觸法求、不可以有無雙亦雙非取。心性既爾，一切法性亦如是。故曰因緣所生法，即空、即假、即中。中者性體，空者性量，假者性具也。迷此性量，名見思惑。迷此性具，名塵沙惑。迷此性體，名無明惑。三惑皆迷中謬妄，非有實體。故三觀起，三惑隨消。〔註130〕

雖然「三觀起，三惑隨消」，但眾生之迷有厚薄，「致如來教有頓漸，是知頓漸諸教，皆為了悟心性而設。若了心性，教綱在我不在佛矣，然須先破我法二執」。且修學過程中，因地發生死心不切，又道眼昏暗又無正見師可依止、或為世間五欲樂味所牽、或為邪師邪見偽法所誤，則反而失去人身，墮三惡道。所以，就須「鍛鍊純剛骨」才能堅持到底，鍛鍊之法為：

> 既是生死心切，視世間一切事，那一件事出得生死？那一件稍有真實？便宜痛發省悟，向千纏萬繞中努力一蹦：直得殺父婬母，咸是他家活計。將無始恩愛，眼前活計，盡情割斷。如悉達太子初始出家，即立誓云：設我骸骨枯腐，不盡生老病死之原，終不返還。如此志氣，方不被一切業境奪去，方名具大剛骨。〔註131〕

要立大丈夫大志氣，破除習氣不被一切業境奪去，成就純剛骨在魔強法弱之時代來「破魔軍之密網」。但成就純剛骨實要「超方眼目」相幫，也就是具正見才能在邪熾正衰之末法中「甄邪正於毫芒」。即「有純剛之骨，方可開超方之眼；有超方之眼，方可成純剛之骨」〔註132〕，二者相輔相成。

再者，學道之人，不難於善始，而難於善終。因「正信出家者，亦有魚子庵羅花之懼」〔註133〕，意即，正信發心修學者，在五濁惡世，因百苦千纏，情欲萬繞，日久歲深，若無超方眼甄別法之邪正，行持過程容易尺進丈退，或為邪師所誤，結果猶如魚子雖多卻少長成，菴羅花繁茂但成果者少一般，甚難成就。因此下一段即分析如何具「超方眼目」，即「開發見識」。

〔註130〕〔明〕蕅益智旭：〈示閱大飛二則〉《靈峰宗論》卷二之五，《蕅益大師全集》第十六冊（臺北：佛教出版社，2014年），頁10567～10568。

〔註131〕〔明〕蕅益智旭：〈示元白〉《淨信堂初集》卷三，明學主編：《蕅益大師全集》第七冊（四川：巴蜀書社，2018年），頁332。

〔註132〕本段引文均引自〔明〕蕅益智旭：〈示紹安〉《淨信堂初集》卷三，頁337。

〔註133〕〔明〕蕅益智旭：〈示紹安〉《淨信堂初集》卷三，頁337。

（三）開正見：要開發見識

要開發見識之因為：

> 若無真正見識，饒你怖畏生死、勇猛直前，必被邪師惡友引誘，輕
> 安少得縈惑，或墮光影門頭、或坐知見窠臼，乃至或以味禪為功德，
> 或以空寂為家鄉。雖極勝者，亦必流入二乘權曲境界，無由直趨菩
> 提。〔註134〕

已因怖畏生死發出生死心，也有勇猛剛骨行力，但若不明白生命真相，不明白為何會墮落三界，也不明白為何會成就佛道，則容易被外在邪知邪見的師友所引誘，也容易被被內心的輕安少得所迷惑。智旭指出的「輕安少得」有「或墮光影門頭、或坐知見窠臼，乃至或以味禪為功德，或以空寂為家鄉」，意即心隨煩惱妄念所現之境而轉、生起邪知邪見或斷見常見等知見窠臼、誤以四禪的三昧樂為真如實相，或落入「四空定」的定境而錯認歸家。雖然四禪四定是極勝境界，但不過是二乘權曲境界，無法直趨大乘菩提。

故而既遠離愛見網，專求出生死之要，為保任大乘善根，必應具有甄別邪正、洞明權實、了悟頓漸之超方見識，方能「遠離諸邪曲，根選擇圓通，現生成正覺」。智旭提出兩種開正見之法：

1. 若不遇真實師匠，惟應誦讀大乘

若不遇真實師匠，惟應誦讀大乘經，必以深求至理，而非依文解義。且不離經穿鑿。須得法法會歸自己，處處體認心性。自能於佛法真宗，漸堪趨向大乘人。對於如何誦讀大乘，在〈示閱藏四則為慧幢徹因二比丘說〉，詳說誦讀得益之法：「每看一經，必須句句消歸自心，法法如說修行，方不受說食數寶之誚」〔註135〕。

其教人以讀經對治習氣之法，大小經律論，雖「字字明珠，言言見諦」，但應各就習氣所重，先擇經論中適合自己之對治法要。

2. 倘幸而得遇明師良友

智旭言「惟有明師友，名為真實救」〔註136〕，則能「策發生死心，鍛鍊

〔註134〕〔明〕蕅益智旭：〈示元白〉《淨信堂初集》卷三，明學主編：《蕅益大師全集》第七冊（四川：巴蜀書社，2018年），頁332。

〔註135〕〔明〕蕅益智旭：〈示閱藏四則為慧幢徹因二比丘說〉《淨信堂初集》卷三，頁342。

〔註136〕〔明〕蕅益智旭：〈示元白〉《淨信堂初集》卷三，頁333。

純剛骨，開示真實乘，同歸無上道」。〔註137〕故而，倘幸而得遇明師良友，則不問是聖是凡，最重要是「具足正見，能知如來秘密藏者」〔註138〕，即是可依之人。便可放下身心、朝夕承事。以不惜體面、不辭勞苦、不畏飢寒、乃至不惜身命之至誠，為師畢生服役，咨稟法要。自然能福至心靈，感應交徹，有如「螟蛉之克肖，如時雨之化生」。〔註139〕

雖然能親近善知識，則能親近最上妙乘。以能得習學上乘法故，則能出生廣大圓滿出世智慧，則一生之中，頓可捨凡入聖。惟，若尚未得擇法慧眼，而因末世邪知邪見之師充斥，為免誤依邪師，或應先讀大乘，待得有擇法慧眼時，方才能得識明師良友。

三、藉修行而脫塵緣之累

智旭說「不能頓盡者，塵緣之累」，身為業力的凡夫，要面對和承擔無邊業力所變現的無盡境緣塵勞。而在這無量塵緣干擾中，最重要的是「不可暫忘者，出世之心」〔註140〕，要在心中時時堅持保持著一種希求佛道、悲憫眾生的大乘菩提心。

（一）待無累而修行，何如藉修行而脫累

因為，「待無累而修行，何如藉修行而脫累」〔註141〕，眾生常會以因緣不具足作為待以後退休有空再修行的藉口，但，生命在呼吸間，修行是不能等待的。應當有多少時間可修行，就用多少時間來用功。最重要的是，與其等待完全沒有外在境緣的干擾才修行，不如依修行來轉妄念，減少對境界執取。因「一切業障海，皆從妄想生」，依佛法修學減少妄念，心中正念真如漸顯，外在境緣自然會隨心改。

（二）塵勞逼迫，實為煉磨心性，透露真常之助緣

換角度來看境緣，「且塵勞逼迫，正可警悟苦空，磨礪情性」〔註142〕，

〔註137〕〔明〕蕅益智旭：〈示元白〉《淨信堂初集》卷三，頁332。

〔註138〕〔明〕蕅益智旭：〈示元白〉《淨信堂初集》卷三，頁332。

〔註139〕〔明〕蕅益智旭：〈示元白〉《淨信堂初集》卷三，明學主編：《蕅益大師全集》第七冊（四川：巴蜀書社，2018年），頁332～333。

〔註140〕〔明〕蕅益智旭：〈示遙集〉《靈峰宗論》卷二之二，《蕅益大師全集》第十六冊（臺北：佛教出版社，2014年），頁10451。

〔註141〕〔明〕蕅益智旭：〈示遙集〉《靈峰宗論》卷二之二，頁10451。

〔註142〕〔明〕蕅益智旭：〈示遙集〉《靈峰宗論》卷二之二，頁10451～10452。

種種外在境緣塵勞人事阻礙，以及貧富貴賤壽夭榮辱種種差別，除了可以讓眾生警悟出苦、空、無常之智慧，更可使眾生明瞭此等境界皆即自心現量清淨法身，故而「愚人除境不除心，至人除心不除境」，若能直下覷破，不被幻緣所牽，則是觀照般若。爰此塵勞逼迫，實可以成為煉磨心性，透露真常之一助緣。

第二節　《靈峰宗論》之戒波羅蜜

智旭稱戒為「萬行總都」，在文章中多處稱為「戒波羅蜜」〔註143〕。「戒波羅蜜」，梵名 śīla-pāramitā，音譯尸羅波羅蜜多，波羅蜜多（pāramitā）有到達彼岸之意，翻譯一般稱「度」，爰又稱持戒、戒度等。在《宗論》、《淨信堂初集》和《絕餘編》等文集，整理有關戒律文稿編製【附錄三】「戒波羅蜜集」約 260 篇，類別包含願文、法語、答問、普說、茶說、說、文、偈錄、書、論、辯、記、緣起、序、題跋、疏、傳、壽序、塔誌銘、祭文、頌、銘、贊、詩偈等二十四種。

智旭言自身出家之始雖以宗門為要，但每念如來最後說法「以扶律談常為宗」〔註144〕，又觀智者、荊谿諸祖，無不戒行冰霜，方堪垂範千古。了悟修行「豈以毒器，可貯醍醐」〔註145〕，故而，不得不以持戒為第一急務。

其嘗言「夫心佛眾生本無差別，以不達自性清淨，而為客塵所汙，遂有三界升沉之苦」，故欲出此三界升沉之苦輪「莫先持戒」。而欲淨戒根，「莫先悔過」。智旭引《佛遺教經》云：「波羅提木叉是眾等大師」，又引《佛說佛名經》云：「有二種健兒，一自不作罪，二作已能悔」，來說明今末世比丘、眾生既毀梵行或戒行，倘還覆藏此過錯，有如戴高山履於巨海，即使得遇真善知識，亦安能為之救濟此罪過。故而，智旭出家時勤行懺法。〔註146〕

智旭復引《占察善惡業報經》所言：「惡業多厚者，不得即學定慧，當先

〔註143〕註釋僅引一文。〔明〕蕅益智旭：〈示曉存聖天二沙彌〉《淨信堂初集》卷三，明學主編：《蕅益大師全集》第七冊（四川：巴蜀書社，2018 年），頁332。

〔註144〕〔明〕蕅益智旭：〈復圓聞〉《淨信堂初集》卷三，明學主編：《蕅益大師全集》第七冊（四川：巴蜀書社，2018 年），頁432。

〔註145〕〔明〕蕅益智旭：〈復圓聞〉《淨信堂初集》卷三，頁432。

〔註146〕本段引文均引自〈題對峰禪師血書受戒文後〉。〔明〕蕅益智旭：〈題對峰禪師血書受戒文後〉，《淨信堂初集》卷五，頁402。

修懺法」〔註147〕,指出宿習惡心猛利者,必多造惡、毀犯重戒,以此心修定慧,則多障礙,不能尅獲。甚而失心錯亂、或外邪所惱、或納受邪法增長惡見。因此,對於懺悔一法,其嘗言:

> 試觀三世諸佛,始從名字初心,極至等覺後際,罔不以五悔為進修方便。是以作法懺,能滅業障。取相懺,能滅報障。無生懺,能滅煩惱障。三障圓滅,三德圓成,三身圓顯,直捷痛快。所謂屠刀放下,便成佛也。〔註148〕

在文稿中亦對三種懺法述其要,作法懺依律所說,對首懺悔。取相懺嚴淨道場,專求感應。無生懺深觀實相,斷煩惱源。儻旋懺旋犯,作法懺之所不許,既不能依律作法,必不招賢感聖。然,既不睹聖賢一色一相,又何能頓證聖賢清淨法身。故三種法,前前不兼後,而能通後;後後必具前,而不廢前。〔註149〕

　　其又言「懺悔須具慚愧心、決斷心,翻前惡境,即此為攝心法,即此是得戒因」〔註150〕。故而,不論何種懺法,貴在至誠懺悔發露,永斷相續。懺悔既深誠,感應則無方軌,終能證得實相,而懺得清淨,即得戒因。

　　智旭又指出「以佛道為千里者,戒是最初一步」〔註151〕,並說明人乘道所明五常合於五戒。雖然三歸五戒之事淺近,但其中真如實相之理徹淵微,故而始從圓教名字初心菩薩,至究竟妙覺極果,總不出此範圍。

　　在毗尼藏中,「訶破戒為斷頭法」〔註152〕。然「不受戒者,設造重惡,亦墮三塗」〔註153〕。而毀淨戒者,「雖具性遮二罪,設勤懺悔,罪亦可滅,是故必須受戒也」〔註154〕。而受戒與不受戒二者的差別在於:

> 學律者,洞明開遮持犯,未犯知護,已犯能除。不學者,既不知避

〔註147〕〔明〕蕅益智旭:〈化持地藏菩薩名號緣起〉《靈峰宗論》卷六之一,《蕅益大師全集》第十七冊(臺北:佛教出版社,2014年),頁11067。

〔註148〕〔明〕蕅益智旭:〈涵白關主禮懺持呪募長生供米疏〉《淨信堂初集》卷七,明學主編:《蕅益大師全集》第七冊(四川:巴蜀書社,2018年),頁476。

〔註149〕〔明〕蕅益智旭:〈修淨土懺並放生社序〉《淨信堂初集》卷五,頁399。

〔註150〕〔明〕蕅益智旭:〈答印生四問(原問附)〉《淨信堂初集》卷四,頁361。

〔註151〕〔明〕蕅益智旭:〈寄潘戒如居士〉《淨信堂初集》卷三,頁437。

〔註152〕〔明〕蕅益智旭:〈與王季延〉《靈峰宗論》卷五之二,《蕅益大師全集》第十七冊(臺北:佛教出版社,2014年),頁10962。

〔註153〕〔明〕蕅益智旭:〈壇中十問十荅(有引)〉之三《靈峰宗論》卷三之二,《蕅益大師全集》第十六冊(臺北:佛教出版社,2014年),頁10672。

〔註154〕〔明〕蕅益智旭:〈壇中十問十荅(有引)〉之三《靈峰宗論》卷三之二,頁10672。

罪，又不知出罪，過必日積。是故，受已必須學也。夫菩薩於小罪
中，恆生大畏，惟不造三惡因，故無惡道怖耳。若硬作主宰，大膽
欺心，妄言無罪，寶蓮醫羅，真殷鑑矣。〔註155〕

受戒學律者，知戒律之開遮持犯，未犯者知道預先防護，已犯者能懺除。而
不受戒學律者，既不知道避罪，又不知如何出罪，罪過必日積月累。而菩薩
是於小罪中，恆生大畏，故而不造三惡因，無惡道之怖畏。如大膽欺心，妄言
破戒或不學律無罪，則將如寶蓮香比丘尼及醫羅鉢龍王，肉身即墮無間獄。

　　不過，因龍醫羅鉢龍王在迦葉佛時出家曾受戒，只是不能守戒，因破戒
損樹葉而招劇苦。但龍王曾發菩提心發願領受戒體，內心有菩提心的因緣種
子，所以即使破戒墮惡，仍會因當初受戒之菩提成佛種子，終能有得度的因
緣。所以，在《重治毗尼事義集要》卷第六記載:「佛言:當來人壽八萬歲時，
有佛出世，號曰慈氏，為汝授記，當免龍身」。若是未受戒者，未能有此成佛
的因種，則在生死流轉中，因種種惡緣刺激，遲早會墮落，且難有得度的因
緣。而成佛因緣難易這點，便是受戒與不受戒二者最大的差別。

　　以上明懺悔、受戒與持戒在佛法修學之重要，以及受戒和不受戒之差別。
本節接著以智旭一生苦心「復興戒律之志」開始談起，先感其心志，再明戒
律之要。

一、復興戒律之志

　　智旭於三十一歲立志復興戒律時，曾言:

乾三居士云台宗是廢書，惟吾廢人讀之。予謂律宗尤為廢書，而我之
為人，亦尤廢於乾三。然世間之法窮則變，變則通，故云否極泰來，
又云臭腐化為神奇。安知不肖所謂廢極者，至足下而不煥然一興變
耶。語云:家無滯貨不富。今天下人人逐炎，而終不見其大有所成。
則反例寒灰枯木，或不無燄發時也，又何羨而何畏耶。〔註156〕

在引文中可見其在當時對復興當代戒律此寒灰枯木一事有燄發之期許:期有
賴道友同心復興戒律，並期能有廢極而有煥然一興變之日。然，在其三十八
歲抱病頓隱九華前，有言:

〔註155〕〔明〕蕅益智旭:〈壇中十問十荅（有引）〉之三《靈峰宗論》卷三之二，頁
　　　　10672～10673。
〔註156〕〔明〕蕅益智旭:〈與曹源洵公〉《淨信堂初集》卷六，明學主編:《蕅益大
　　　　師全集》第七冊（四川：巴蜀書社，2018 年），頁 415。

> 每念正法日凋，魔風尚熾。眾生福薄，邪說易以入。人兼復世變
> 紛沓，饑荒洊至，同分妄見，可懼可悲。而一二同志，又各數奇
> 運蹇。非但莫遂弘護之功，抑且未得善守之策。如來命脈，大似
> 一絲懸九鼎，為之奈何。時一念及，惟有涕淚交流，或痛哭不勝。
> 藉言笑以遣之，遣之不足，仍復成病。病時無聊，偶成三十偈，
> 偈成病愈。〔註157〕

從其立志復興戒律數年來，自言「非但莫遂弘護之功，抑且未得善守之策」，每一念及此如來戒律命脈，大似一絲懸九鼎，惟有涕淚交流，或痛哭不勝遂成病，於病中作〈寫懷三十首〉，有句「志自沖天力自微，那須五十始知非。千峰萬峰驀直去，不斷生原誓不歸」〔註158〕，言其入山之志。但，他仍有為《占察善惡業報經》作疏流通之願。且在退隱九華山後，在山雖食腐滓糠秕，仍究心戒律。於五十七歲示寂前一年，仍重治《毘尼集要》。

是以，發大菩提心為正法、為眾生所立之願，終能滿願。只是在過程要經種種惡辣鉗錘，仍如飲甘露。故其曾言「然重興正法，革弊挽流，非具大智慧大忍力誠不易言」，並引憨山德清云：「學道人第一要骨氣剛。次要識量大。次要生死心切」，以及靈源禪師所謂「易世俗所難，而緩時流之急」，為修學行人去積劫沉疴第一良藥，應時時服之，勿懼其苦口。〔註159〕

智旭自言每念及法門之憂，「不覺眼欲墮血，楮筆有盡而血淚無窮」，以下梳理其以「易世俗所難，而緩時流之急」之剛骨氣，所行之復興戒律歷程。

（一）二十四歲出家時趣向宗乘，因坐禪而思受戒

智旭自言二十四歲出家後念念趣向宗乘，初心以禪宗頓超佛祖為志，而緩於教律。至二十五歲夏，坐禪徑山，逼拶功極，身心世界忽皆消殞得大解悟，因自覺非為聖證，故當時對此事絕不語一人。也因坐禪，他發現「幾番逼拶，每至功夫將得力時，必被障緣侵擾。因思佛滅度後，以戒為師，不受其戒，不入僧數」〔註160〕，遂生起受戒之念。

但在思受戒當下才發現自己竟然不知受戒何者為如法、何者為不如法，

〔註157〕〔明〕蕅益智旭：〈寄文學陳旻昭〉《淨信堂初集》卷六，明學主編：《蕅益大師全集》第七冊（四川：巴蜀書社，2018年），頁450～451。
〔註158〕〔明〕蕅益智旭：〈病中寫懷三十首〉之五《淨信堂初集》卷八，頁523。
〔註159〕本段引文均引自〈與曹源洵公〉。〔明〕蕅益智旭：〈與曹源洵公〉《淨信堂初集》卷六，頁415。
〔註160〕〔明〕蕅益智旭：〈退戒緣起並囑語〉《淨信堂初集》卷五，頁385。

只因知道蓮池大師倡戒律，是年遂從天台躡冰冒雪來趨五雲山雲棲寺。苦求懇請叢林執事，方得請古德法師為阿闍梨，證明其學戒，並於臘月初八向蓮池和尚像前，頂受四分戒本。明天啟甲子年（1624），他二十六歲時在臘月二十一日又重到雲棲寺，於十二月二十二日仍請古德法師為阿闍梨，受菩薩戒，並撰〈受菩薩戒誓文〉〔註161〕。

（二）三十一歲決意力以戒教匡救宗門流弊，三閱律藏

其二十七歲春，在古吳承天寺粗讀一徧律藏，僅四十多天錄出《毗尼事義要略》一本，之後仍一心參究宗乘。三十歲春，被雪航樌公留住龍居，再閱律藏一徧，始成《毗尼事義集要》四本。三十一歲春，送惺谷壽師至博山無異元來禪師處薙髮，無異禪師見四冊《毗尼事義集要》，心生歡喜，即欲付梓。智旭未同意，認為若要出版流通需再詳加校閱。

之後，他隨無異禪師至金陵，盤桓一百一十日，期間盡諳宗門近時流弊，故決意力以戒、教匡救，尤志求五比丘如法共住，令正法重興。但其於五十四歲撰〈八不道人傳〉自言「然律解雖精，而煩惱習強，躬行多玷，故誓不為和尚」〔註162〕，並於此段文句自註「三業未淨，謬有知律之名，名過於實，此道人生平之恥」〔註163〕。

同年冬，復同歸一籌師結制龍居第三次閱律藏，訂校《毗尼事義集要》。聖嚴法師在《明末中國佛教之研究》說，智旭與惺谷道壽、雪航智樌、歸一受籌和璧如廣鎬等人為盟結毗尼社，期能以五位持律比丘同住，復興戒律。〔註164〕

（三）三十二歲拈得天台闉注《梵網經》，講《毗尼事義集要》〔註165〕

三十二歲，庚午年正月初一、然臂香、刺舌血致書於惺谷，催其踐約受戒。同年三月盡，惺谷師同如是昉師從金陵迴至龍居。請季賢師為和尚、新伊法主為羯磨闍梨、覺源法主為教授闍梨，受比丘戒。是年，並拈得天台闉注《梵網經》。

〔註161〕〔明〕蕅益智旭：〈受菩薩戒誓文〉《淨信堂初集》卷一，明學主編：《蕅益大師全集》第七冊（四川：巴蜀書社，2018年），頁262。

〔註162〕〔明〕蕅益智旭：〈八不道人傳〉《靈峰宗論》卷首，《蕅益大師全集》第十六冊（臺北：佛教出版社，2014年），頁10224。

〔註163〕〔明〕蕅益智旭：〈八不道人傳〉《靈峰宗論》卷首，頁10224。

〔註164〕〔明〕蕅益智旭：〈八不道人傳〉《靈峰宗論》卷首，頁10224。

〔註165〕本點引自〔明〕蕅益智旭：〈退戒緣起並囑語〉《淨信堂初集》卷五，頁385～386。

智旭因三次閱律藏後，始知受戒如法不如法事。雖然他人學戒之法，固必無此理，但據他眼見耳聞，諸處律堂授戒法則，亦並無一處如法者。而他又思量自己二十五及二十六歲時在雲棲寺受戒，雖不如法，但因當時求受戒心極殷重，或可得戒。不過，他因視惺谷師為其畏友，受益最多，因敬友而不欲受戒在惺谷師之前，想捨前所受戒，在惺谷師之後而重受戒。然惺谷師執意不可，堅持若智旭欲重受戒，必讓他為第一壇。智旭也堅持若重受戒仍在第一壇，非其謙退本意，則又何須重受，故而未接受。

而如是師，前曾於博山禪師處受具足戒，本不如法。又因當時是隨眾求受，心亦不真。故此次至龍居捨之而重受戒，次在惺谷師之後。智旭曾言「法門之衰，如大廈將傾，非一木所支。故數年以來，惟恃道友為命脈」〔註 166〕，故而是年結夏，為此二三道友，盡力講究《毘尼事義集要》，係因恃道友為命脈，期以道友能代此復興戒律正法擔子，期能自弘律出脫自身，專心於修證初志。不意雪航師尋枝逐葉，不知綱要。惺谷則東扯西拽，絕不留心。如是師頗欲留心，但因身罹病，聽不及半。其餘隨喜結緣之聽眾，無足責者。智旭大失所望，因此抑鬱成病。

（四）三十二歲：道友以名利見疑，思滿十夏拈鬮退戒明志

龍居解夏制後，其續向吳門瑞光寺結壇持大悲呪，惺谷師遂將《毘尼事義集要》八冊呈於金臺法主，法主隨付刻印出版。智旭於三十三歲時，在佛日寺楞嚴壇禁足，持大悲呪十萬祈求加被毘尼藏住世，正法永不滅。當時惺谷師得重病，他持續為惺谷師持呪祈願懺悔，並割股救之，賦偈云：「幻緣和合受茲身，欲剜千瘡愧未能。爪許薄皮聊奉供，用酬嚴憚切磋恩」，亦陸續作〈為惺谷作誡語誓〉、〈為道友持滅定業真言偈〉、〈為惺谷懺願文〉、〈然香迴向普發願偈〉。〔註 167〕

因惺谷師在重病時偶發二語，讓智旭深覺傷心。第一件事是：「弟在金陵，甚自適意。師為成就自己出頭，苦接弟歸」。他勸解惺谷師，言「若我果欲借兄出頭，何必發意捨戒，次兄重受？」。第二件事是，惺谷師又說：「師欲重受，不過貪羯磨時得果證耳，倘真欲遜弟，何一向絕不見相遜意耶？」。因惺

〔註 166〕聖嚴法師：〈第二章智旭的生涯〉之「四、智旭的盟友與道友」，《明末中國佛教之研究》（臺北：法鼓文化，2009 年），頁 172。

〔註 167〕本點內容引自〔明〕蕅益智旭：〈退戒緣起並囑語〉《淨信堂初集》卷五，明學主編：《蕅益大師全集》第七冊（四川：巴蜀書社，2018 年），頁 386。

谷師此二語，使其不禁言「予之苦心，更誰知之？更誰諒之？」〔註168〕

智旭思及視惺谷師為極遂相信之道友，但也不免以其弘律演法是為名利而見疑。他遂發一念：「俟二年後十夏既滿，當於眾中，拈鬮取決，倘得退休之鬮，則吾冤白矣」〔註169〕。他雖發此誓，但畢竟深具菩提願力，故而仍不免憂慮，待其十夏滿拈鬮如得沙彌，之後有何人講究此律。

（五）三十三歲於靈峰始閱《占察經》，並依經立懺述行法

在智旭三十三歲是年八月，惺谷師示寂於佛日。同年九月，他入孝豐，取道武林，晤璧如師，不到十日，璧如師亦示寂。後始入北天目靈峰山靈岩寺之百福院過冬，作〈靈峰寺為惺璧二友及石峩禮懺文〉，並講七卷《毘尼事義集要》，惟徹因比丘能力行。當時有溫陵徐雨海居士，向智旭提及《占察善惡業報經》（以下簡稱《占察經》）。遂請人往雲棲寺請得。讀後，悲欣交集〔註170〕，撰〈續持迴向偈〉。

三十四歲，在靈峰結夏，續講完《毘尼事義集要》，聽者十餘人，並為自觀師秉羯磨授具戒。其退戒後，在書信中曾言及「社中師友往往責我不能重法，輕受人具足戒。諸佛菩薩亦哀我進退兩難，命我作菩薩沙彌矣」〔註171〕之語。三十五歲在金庭西湖講寺結夏，並再徹講《毘尼事義集要》，聽者九人，惟徹因自觀及緣幻大德能留心。是年冬依《占察善惡業報經》立懺，述《占察善惡業報經行法》。其依此經立懺，為俾利一切有情，咸知由作法懺悔，由取相懺而入無生懺，不墮當代鼠唧鳥空、說食數寶之流弊。

（六）三十五歲退作沙彌，第二次五比丘住世之願成懸想

癸酉年智旭在金庭西湖講寺結夏，是年三十五歲，因滿十夏行持，爰撰〈供鬮香文〉，作八鬮供佛像前。然香十炷。一夏持呪以加被。於自恣日然頂香六炷，作〈拈鬮然頂香文〉，拈得菩薩沙彌鬮，現場大眾無不感傷流涕，而他卻深自慶快滿志，白其深冤，並誓願永作外護，奉事如法比丘。其嘗言個

〔註168〕本點內容及引文引自〔明〕蕅益智旭：〈退戒緣起並囑語〉《淨信堂初集》卷五，頁386。

〔註169〕本點內容及引文引自〔明〕蕅益智旭：〈退戒緣起並囑語〉《淨信堂初集》卷五，頁386。

〔註170〕〔明〕蕅益智旭：〈占察疏自跋〉《占察善惡業報經疏》，《蕅益大師全集》第四冊（臺北：佛教出版社，2014年），頁2669。

〔註171〕〔明〕蕅益智旭：〈寄志隆〉《淨信堂初集》卷六，明學主編：《蕅益大師全集》第七冊（四川：巴蜀書社，2018年），頁442。

中因緣：

> 蓋不肖所以力扶律學，無非盡孤臣孽子之職，為如來留不絕如絲一
> 脈，確無為師作範心腸。但既任講演，不免動人疑慮。益我者如惺
> 兄，猶且不能見諒，何況他人。今粗講二徧，聽者數人，攻則不足，
> 守則有餘。太平本是將軍致，不許將軍見太平。〔註172〕

引文說明其僅欲以己之一絲繫九鼎，續千古已墜之律學，並無為師作範之名
利心。因見疑於益友，遂退戒明志。且其一心所慮之弘律學正法住世之願，
因已粗講二徧《毘尼事義集要》，聽者及力學者有數人，雖攻則不足，但守正
法應有餘。在幾篇書信中，他又深言退戒為沙彌的原因：

> 退我於求寂之列，半為外護，半為內護，釋從來不白之冤，開自修
> 自證之地，豈不快心者哉。今令我捨今之有餘，企古之不足，真不
> 違出家本願，何其待我周至也。〔註173〕

> 自恣拈鬮，得菩薩沙彌之決，眾友雖以為苦，不肖實深自慰。名不
> 稱實，古人所恥。誓不為師，出家本願。今獲此鬮，稔知佛菩薩之
> 愛我切、憐我深、為我徹骨也。〔註174〕

> 退戒一事，雖痛心於歸師之負盟，亦以為今比丘則有餘，為古沙
> 彌則不足，寧捨有餘而企不足也。〔註175〕

引文有關「不為師，出家本願」，在於其將出家時，先發三願：「一未證無生法
忍，不收徒眾。二不登高座。三寧凍餓死，不誦經禮懺及化緣以資身口」，但
為弘護正法住世，故而言自己於三願中已「違卻不高座願」。

　　而智旭為人是「舉世不知真，吾獨不愛假」〔註176〕，文稿多處引靈源清
禪師云：「易世俗所難，而緩時流之急」〔註177〕和道友互勉，且自言「銘心此
語久矣」〔註178〕，故而其深痛當代世出世間「名不稱實」〔註179〕之弊，並言

〔註172〕〔明〕蕅益智旭：〈寄如是兄〉《淨信堂初集》卷六，頁443。

〔註173〕〔明〕蕅益智旭：〈寄如是兄〉《淨信堂初集》卷六，明學主編：《蕅益大師
　　　　全集》第七冊（四川：巴蜀書社，2018年），頁443。

〔註174〕〔明〕蕅益智旭：〈寄闍梨古德師〉《淨信堂初集》卷六，頁444。

〔註175〕〔明〕蕅益智旭：〈復智龍〉《淨信堂初集》卷六，頁562。

〔註176〕〔明〕蕅益智旭：〈自觀印闍梨傳〉《靈峰宗論》卷八之一，《蕅益大師全集》
　　　　第十八冊（臺北：佛教出版社，2014年），頁11410。

〔註177〕〔明〕蕅益智旭：〈與水部胡遠志〉《淨信堂初集》卷六，頁439。

〔註178〕〔明〕蕅益智旭：〈與水部胡遠志〉《淨信堂初集》卷六，頁439。

〔註179〕〔明〕蕅益智旭：〈寄闍梨古德師〉《淨信堂初集》卷六，頁444。

自己「生平每以古人自期，兼欲腳踏實地」﹝註180﹞，所以自揣「為今比丘
則有餘，為古沙彌則不足，寧捨有餘而企不足」﹝註181﹞。

在西湖退戒後，智旭書〈寄如是兄〉還提及「猶幸歸師、緣幻師，徹因、
慧幢二公和合共持，待仁者來，即為五比丘如法住世，正法賴以不滅」﹝註182﹞，
期如是師能依約早日到西湖，完成五比丘如法住，正法重興之志。

他雖「運無數苦思、發無數弘願、用無數心力」，期能使「五比丘如法
同住」，惟「孰意末運決難挽回，正法決難久住」，其視為「大廈棟樑」之歸
一師負盟遠行，如是師歸閩因事未能至，其餘不同志者，各自星散。其「五
比丘如法住世」，使正法重興之願，遂成懸想。數年苦心，未能砥狂瀾於萬
一。﹝註183﹞

（七）三十六歲講演分科《占察經》，有為此經作疏之願

甲戌年，智旭三十六歲，是年冬在吳門幻住菴，又講律一徧，聽者五六
人中，自觀及僧聚二比丘能力行。他曾言「在癸酉拮据於西湖，甲戌匍匐於
幻住，備經苦患」﹝註184﹞，當時獨有徹因果海比丘盡心竭力，相濟於顛沛之
中，毫無二心。乙亥春，三十七歲時，因雨在祥符寺（今江蘇武進）停留，與
影渠、道山（字靈隱）二師結為至交，靈隱師曾有詩曰：「只此十日雨，傾予
半世懷」。﹝註185﹞

同年夏，智旭住武水智月庵，講演分科《占察善惡業報經》，是時即有為
此經作疏之願。是年冬，其因遘瘧疾，大病幾絕，而影渠、道山二師盡力調
治，其感動而言「不啻昆季母子也」。他在〈復靈隱兄〉書信中亦曾言「半生
遊歷，太概皆我為人耳，未有為我如兄者也」﹝註186﹞。

在遁跡九華前，他於〈寄文學陳旻昭〉曾言：「先年曾於藏中得占察善惡
一經，乃地藏大士曲為末世障重眾生，設此第一方便、事理具足、頓漸俱益，

﹝註180﹞〔明〕蕅益智旭：〈寄如是兄〉《淨信堂初集》卷六，頁443。
﹝註181﹞〔明〕蕅益智旭：〈寄如是兄〉《淨信堂初集》卷六，明學主編：《蕅益大師
全集》第七冊（四川：巴蜀書社，2018年），頁443。
﹝註182﹞〔明〕蕅益智旭：〈寄如是兄〉《淨信堂初集》卷六，頁443。
﹝註183﹞本段均引自〈退戒緣起並囑語〉。〔明〕蕅益智旭：〈退戒緣起並囑語〉《淨信
堂初集》卷六，頁387。
﹝註184﹞〔明〕蕅益智旭：〈退戒緣起並囑語〉《淨信堂初集》卷六，頁387。
﹝註185﹞〔明〕蕅益智旭：〈奠影渠靈隱二兄文〉《靈峰宗論》卷八之三，《蕅益大師
全集》第十八冊（臺北：佛教出版社，2014年），頁11473～11474。
﹝註186﹞〔明〕蕅益智旭：〈復靈隱兄〉《淨信堂初集》卷六，頁452。

方將誓願註疏流通」〔註187〕，他讚此經為末世障重眾生所設之「第一方便、事理具足、頓漸俱益」除障淨業懺法。〔註188〕即使已決意遁隱九華，但仍言「若四五年僥倖可以不死，將來尚有註梵網占察二經之願，今且一筆勾之，以俟化佛來迎耳」。〔註189〕

他在〈刻占察經疏並行法助緣疏〉，對此經於末世多障眾生之真實利益，有較多著墨以明此經義旨：

> 堅淨信菩薩所以殷勤致請，釋迦牟尼佛所以珍重付囑。良由三根普利，四悉咸風。無障不除，無疑不破故也。觀其示三種輪相，全依理以成事，故可即事而達理。立二種觀道，全即事而入理，未嘗執理而廢事。又復詳陳懺法，即取相即無生。初無岐指，開示稱名觀法身觀己身，頓同一致。乃至善安慰說，則種種巧便，不違定理。此二卷經，蓋已收括一代時教之大綱，提挈性相禪之要領，曲盡佛祖為人之婆心矣。〔註190〕

堅淨信菩薩為《占察善惡業報經》之請法菩薩，在佛將入滅轉法時，為邪說橫行之末法，及善根淺薄、業障深重眾生，向釋迦牟尼佛殷勤致請，佛陀因此珍重付囑地藏菩薩講此經。而此經普被三根、普利四悉檀，故能使眾生「無障不除，無疑不破」。

《占察經》以「一實境界」為經正體，其示三種輪相，全依理以成事，故可即事而達理，而了達「一實境界」。此經又以「二種觀道」為宗，一者唯心識觀，二者真如實觀。皆全即事而入理，未嘗執理而廢事。又復詳陳懺法，即取相即無生，在最初即以性相不二之旨。並為障重疑深眾生，於唯心識觀、真如實觀不易修時，開示先稱地藏名號得一心後，以增長善根增長再觀諸佛法身與已自身，體性平等，無二無別，不生不滅，實為頓同一致。

故此《占察經》上下二卷，蓋已收括一代時教之大綱，提挈性宗、相宗及禪宗之要領，曲盡佛祖為引導眾生以學此方便法，來恢復「一實境界」之婆心。

〔註187〕〔明〕蕅益智旭：〈寄文學陳旻昭〉《淨信堂初集》卷六，頁451。

〔註188〕〔明〕蕅益智旭：〈寄文學陳旻昭〉《淨信堂初集》卷六，頁451。

〔註189〕〔明〕蕅益智旭：〈與程季清居士〉《淨信堂初集》卷六，明學主編：《蕅益大師全集》第七冊（四川：巴蜀書社，2018年），頁453。

〔註190〕〔明〕蕅益智旭：〈刻占察經疏並行法助緣疏〉，《淨信堂初集》卷七，頁478。

（八）三十八歲遁跡九華：「非敢固為石隱，置我同體含靈於度外」

本段分析三點入山因緣，亦證智旭自言「不肖弘法利生，自有遠局」〔註191〕
之語。

1. 自分三十八歲必死，不願偷安於熟情故地

明崇禎丙子年，其三十八歲時，於三月抱病遁跡九華山，在〈退戒緣起
並囑語〉言及緣由：

> 予又病苦日增，死將不久。追思出家初志，分毫未酬。數年苦心，
> 亦付唐喪。進不利他，退失自利。未遵出世大孝，先為名教罪人。
> 撫躬自責，哀哉痛心。誠恐混跡故鄉，虛生浪死，退人道心，造人
> 口業。故決志行遁，畢此殘生。〔註192〕

對於身病，其曾言「故徧身皆病，病外無法，依稀堪入病三昧」〔註193〕，又
說「病是吾輩良藥」〔註194〕，是以，其並非因病逃避入山，而是自認因此病
「予自分三十八歲必死，扶病勉強入山，不欲留此骨於人間世也」〔註195〕：

> 但弟之所以扶病而行者，亦正以來年運甚不利，決不欲死於眼見耳
> 聞之地。倘得結山中昆蟲鳥獸之緣，實愜本願。或藉此東西南北奔
> 馳之苦，以消宿殃，尤出望外，斷不敢偷安於熟情故地也。大約生
> 則隱居求志，死則求一下下品生，是為弟之定局。近則三五年間，
> 問果證於千峰頂上。遠則四天王一晝夜內，期攜手於七寶池邊，乃
> 吾兩人之定盟，目下則不得不暫違左右矣。〔註196〕

觀其三十七歲寫給靈隱師之信即言「來年運甚不利」，決不欲死於世間人情熟
地，其本願是「結山中昆蟲鳥獸之緣」，故知他本就有入山之志，只是因病而
堅遂初心。又，其自言十多年來扶病東西南北奔馳，期能藉以消宿殃。當時
的智旭，因自認來年三十八歲必死，又不願「偷安於熟情故地」，當時自言之
定局為「大約生則隱居求志，死則求一下下品生」。另外，在丙子年五月三日，

〔註191〕〔明〕蕅益智旭：〈復曹源・又〉，《淨信堂初集》卷六，明學主編：《蕅益大
師全集》第七冊（四川：巴蜀書社，2018年），頁421。

〔註192〕〔明〕蕅益智旭：〈退戒緣起並囑語〉《淨信堂初集》卷六，頁387。

〔註193〕〔明〕蕅益智旭：〈寄文學陳旻昭〉《淨信堂初集》卷六，頁451。

〔註194〕〔明〕蕅益智旭：〈復王思鼓〉《靈峰宗論》卷五之一，《蕅益大師全集》第
十七冊（臺北：佛教出版社，2014年），頁10955。

〔註195〕〔明〕蕅益智旭：〈三十八歲生日偈（有序五月初三日）〉《絕餘編》卷四，
明學主編：《蕅益大師全集》第七冊（四川：巴蜀書社，2018年），頁593。

〔註196〕〔明〕蕅益智旭：〈復靈隱兄〉《淨信堂初集》卷六，頁452～453。

他所作之〈三十八歲生日偈序〉也記載著，九華山中三位與他同年生者，皆於三十八歲是年春夏之交逝世。因此，其仍猶延殘喘得至五月，自認實三寶及神咒力耳，爰於生日作一偈以感佛恩。〔註197〕

又因智旭律己極嚴，談及自廿四歲出家，雖初心即發志齊佛祖，行腳十五年是「觸向多乖、學無常師、交無常友、棄短取長、從善改過」〔註198〕，但數年苦心，卻是「進不利他，退失自利。未遵出世大孝，先為名教罪人」〔註199〕，僅開得名字即佛位中一隻清淨肉眼，「於生死法稍知一門路」〔註200〕，撫躬自責，惟有涕淚交流或痛哭不勝。故其言「誠恐混跡故鄉，虛生浪死，退人道心，造人口業」〔註201〕，復因自認三十八歲必死，故決志行遁，畢此殘生。

2. 不敢於熟情故地受十方施，為菩提願行以待時勢因緣

智旭於三十七歲乙亥年夏，在武水智月庵結夏安居。是歲六月間乏雨，晝夜聞車水聲，感於「娑婆苦報，一至於此」〔註202〕，不覺毛豎汗流，心慘淚墮。〈農事難〉詩偈序言世間粒米來歷艱辛若此，而士農工商或勞心、或勞力，未有無功而得食者，但，「獨出家人，居三寶地，清閒虛曠，享檀施之供，豈易消哉？所貴能專精辦道為世福田耳」，他於自慚時引古人云「若還不了道披毛戴角還」、又引：「三心未盡水難消」之言而自警警人。〔註203〕

他又思及現今佛門現況，見安處寺廟高堂內者還猶以為熱，況在外辛勤耕種勞動之人。而食噉蔬菜，還尚自言澹泊，二時粥飯還以為未足，卻實是懶惰懈怠、恣意任情。出家人應慚愧自省即非「設非盜賊受用」，仍應寧努力修證以免負債之科。更又況邪禪暗證者，則是起「未得謂得之愆，狂慧穿鑿，躡接響承虛之態，稱悟稱祖，欺天誑人」，其自慚至此，不禁警畏而言：「名利不過半生，殃報遺於累劫」之因緣果報。智旭自省多愆漸懼無地，兼為同病者憂，遂賦〈農事難〉以銘座右。〔註204〕

〔註197〕〔明〕蕅益智旭：〈三十八歲生日偈（有序五月初三日）〉《絕餘編》卷四，明學主編：《蕅益大師全集》第七冊（四川：巴蜀書社，2018年），頁593。

〔註198〕〔明〕蕅益智旭：〈復大理錢元沖〉《淨信堂初集》卷六，頁454。

〔註199〕〔明〕蕅益智旭：〈退戒緣起並囑語〉《淨信堂初集》卷六，頁387。

〔註200〕〔明〕蕅益智旭：〈復大理錢元沖〉《淨信堂初集》卷六，頁454。

〔註201〕〔明〕蕅益智旭：〈退戒緣起並囑語〉《淨信堂初集》卷六，頁386。

〔註202〕〔明〕蕅益智旭：〈農事難（有序）〉《淨信堂初集》卷八，頁525。

〔註203〕〔明〕蕅益智旭：〈農事難（有序）〉《淨信堂初集》卷八，頁525。

〔註204〕本段引文均引自〈農事難（有序）〉。〔明〕蕅益智旭：〈農事難（有序）〉《淨信堂初集》卷八，頁525。

　　智旭生於明末萬曆二十二年（1594），在〈農事難〉詩偈述及年少學儒時是「早年為學願民安，經綸矢志垂千古，委質羞慚博一官」[註205]，十七歲閱蓮池大師〈自知錄序〉及《竹窗隨筆》，乃不謗佛，並盡焚所著闢佛論。在聞「善逝無生理」後，已明欲度眾生離苦得樂，惟有佛法，遂將世界身心視如敝屣看，並再回復兒時食素餐之行。因見世間無常而對佛法之信日促，且發真為生死心日寬，其於明天啟二年（1622），其二十四歲出家驀入深山觀幻化，惟當時「魔軍已動慧猶乾，業風吹向人間世」，[註206] 而自明崇禎元年（1628）起，更是乾旱、水潦、蝗災等頻生，農民起義未停，盜匪與流民又並起，而除這些內憂，還有連年外患戰亂。

　　他自慚「虛名徒爾半天下，惑業分毫尚未殘」，自出家後雖因病苦累，惟亦因為法為人之菩提志，捨己從人在各地行腳。但「損己利人古所歎，況復損己人無干」，因自愧損己卻無法利人半分，又一再聞世間之苦，身毛為豎心為酸，至誠慚愧懺悔，故不敢再如滔滔天下之出家人「坐享十方施，惟圖四事歡。形儀宛與聖賢似，身心內外皆痍瘢。譬如欲濟腹中餓，手把胸前肉自剜。人天固可誑，閻老誰能瞞」，故生頓隱於山之心。[註207] 在〈復韓蓮洲〉有云：

> 蒙論天池華山之間，雖亦甚妙。總以人情太熟，取靜為難。故悉達大士，尚須遠居雪山，況我凡夫，豈容戀戀故鄉耶。經云：「自未調伏欲調伏他人，自未度脫欲令他度脫，無有是處」。不肖正為深念父母之邦，廣及法界有情，迺誓于山中修道，以濟度之。非敢急於自度也，夙願所牽，致違尊命，罪何可言。[註208]

其因自慚雖具菩提願力，但福薄慧淺，以致出家頓超佛祖之志，至今未酬萬一，半生碌碌，自利利他俱無，每思及則扼腕捫心，血淚如雨。因「世道愈惡，病障日增」[註209]，更因：

> 今已退居沙彌位中，萬萬更無弘戒之理也。惟宗乘中事，未出家時

[註205] 〔明〕蕅益智旭：〈農事難（有序）〉《淨信堂初集》卷八，明學主編：《蕅益大師全集》第七冊（四川：巴蜀書社，2018 年），頁 526。

[註206] 〔明〕蕅益智旭：〈農事難（有序）〉《淨信堂初集》卷八，頁 526。

[註207] 本段引文引自〈農事難（有序）〉。〔明〕蕅益智旭：〈農事難（有序）〉《淨信堂初集》卷八，頁 526。

[註208] 〔明〕蕅益智旭：〈復韓蓮洲〉《絕餘編》卷三，明學主編：《蕅益大師全集》第七冊（四川：巴蜀書社，2018 年），頁 559～560。

[註209] 〔明〕蕅益智旭：〈寄徐雨海〉《絕餘編》卷三，頁 562。

先已留心，苦參十載，頗辨真偽。而當世禪流，反以我為夾雜教律，橫生邪慢。次則教觀一途，叨仗夙因，頗窺堂奧。而近時學士。復以我為未歷講席，自設町畦。捨此二法，更欲以何法度人？〔註210〕

因自認現今已是禪、教、律無一法可度人之「時未到，勢未乘」〔註211〕，故惟有山中苦行，以消夙業，如「正欲養成羽毛，庶望高飛。待佛法現前，用副梵王勸請，非敢固為石隱，置元元於度外」。觀其遁隱九華之因，實因自律極嚴，觀時勢既損己而無法利人，爰不敢在熟情故鄉之地再受眾施，除養沉疴亦待因緣續行菩提之志。

3. 天定能勝人，人定亦能勝天

遁隱九華之第三個因緣，是智旭「人定亦能勝天」得傳法人之念。

其因思今之正法如大廈將傾，個人一木之力實難以支撐，「惟人定可以勝天」。故出家後親師取友，視道友為同撐正法之命脈，但未想天定未運如是，此願亦違。其在文稿中曾多處言及此願，今舉一例如下：

> 歸師明歲，決志棲隱金庭，修大悲三昧，以三載為期。不肖則仰承佛命，半彼半此。於彼承事善友，於此檢閱藏經，間以自行之餘，為二三同志同行者，研究毗尼，密作傳火之計。蓋以大廈將傾，一木難支，惟人定可以勝天，誓當易世俗所難，而緩時流之急。棄名利、絕囂誼，持以深心，要以弘願。操以恒久不變之力，庶無忝於嬰杵。〔註212〕

智旭在文章書信多處將戒律視為如來命脈，其弘律之志大似一絲懸九鼎，今法門之衰如大廈將傾，實非一木所能支，故而多年來，惟「視道友為命脈」。只是眾生習氣各有偏重，亦復不能如水乳合。故而言及「視道友為命脈」及共與道友復興正法之此心此願最後相違，惟有血淚橫流而已。

所以，在其視為命脈之道友，但卻無同心為法之志，又反將他興復戒律之志以名利見疑，接著歸一師負盟，二次五比丘如法共住之願終成懸想，其律法復興之志遂不啻如槁木死灰。然，智旭於入山前囑弟子徹因海果有言：

> 天定能勝人，人定亦能勝天。予雖運無數苦思、發無數弘願、用無數心力，而不能使五比丘如法同住，此天定也。然予此恩此願此心

〔註210〕〔明〕蕅益智旭：〈復水部胡善住〉《絕餘編》卷三，明學主編：《蕅益大師全集》第七冊（四川：巴蜀書社，2018年），頁559。

〔註211〕〔明〕蕅益智旭：〈復水部胡善住〉《絕餘編》卷三，頁559。

〔註212〕〔明〕蕅益智旭：〈寄文學陳旻昭〉《淨信堂初集》卷六，明學主編：《蕅益大師全集》第七冊（四川：巴蜀書社，2018年），頁430～431。

此力，豈遂唐捐？公若能善繼吾志，敬守之以俟後賢，庶幾亦可稱
人定乎。〔註213〕

智旭平生只有興復正法之思，其所得「名字位中真佛眼」，意欲傳得一人，是為
「天定能勝人，人定亦能勝天」之念。縱然天定決意無法使「五比丘如法同住」
讓戒律復興，但，只要能使佛之正法永不墜，則是「人定」，人定亦能勝天」。

惟，徹因果海於丙戌年（1646）時先逝，智旭於己丑年（1649）夏，五十
一歲重新校閱集要時，因感嘆未知此後何人可嗣戒律法脈，而在〈退戒緣起
並囑語〉文末加上一段後記以識之。

即使天定如此，從〈復大理錢元沖〉書信中仍可見其志齊佛祖之初心：

十年來被虛名所累，出家本志未酬萬一。又見末世種種矯亂，觸目
傷心。大廈將傾非一木所支，魔軍熾盛非凡夫心力所敵。是以痛心
疾首，亟欲長往深山，期於千穩百當，庶可自利利他。非敢固為石
隱，置我同體含靈於度外。〔註214〕

即使因「見末世種種矯亂，觸目傷心」，又「世道愈惡，病障日增」〔註215〕，
在痛心疾首之情形下抱病暫寓九華，其心志仍是待「期於千穩百當，庶可自
利利他」之緣，且冀能終得傳法之人，而非石隱深山只求自利，「置我同體含
靈於度外」。

（九）三十八歲拈得閱藏著述鬮，三十九歲述《梵網合註》

智旭自認三十八歲必死卻仍住世，除了三寶及神咒力護佑，更重要的原
因是其出家時所發之為法忘軀、捨己從人之大菩提心、大願力，完全沒有為
己之一絲私心，所以即使是入山隱遁，心中還是只有四弘誓願。故而，他在
遁跡九華是年三月初九日撰九華地藏塔前香文，云「付身命於浮雲，矢菩提
於永劫」〔註216〕，以四鬮於佛前「求決疑網」，拈得閱藏著述鬮。〔註217〕其
自此腐滓以為饌，糠秕以為糧，續閱藏經。即使因久病之餘，已非有向日精

〔註213〕〔明〕蕅益智旭：〈退戒緣起並囑語〉《淨信堂初集》卷六，明學主編：《蕅
益大師全集》第七冊（四川：巴蜀書社，2018年），頁387。

〔註214〕〔明〕蕅益智旭：〈復大理錢元沖〉《淨信堂初集》卷六，頁454。

〔註215〕〔明〕蕅益智旭：〈寄徐雨海〉《絕餘編》卷三，明學主編：《蕅益大師全集》
第七冊（四川：巴蜀書社，2018年），頁562。

〔註216〕〔明〕蕅益智旭：〈九華地藏塔前香文〉《絕餘編》卷一，明學主編：《蕅益
大師全集》第七冊（四川：巴蜀書社，2018年），頁529。

〔註217〕〔明〕蕅益智旭：〈九華地藏塔前香文〉《絕餘編》卷一，頁529。

力，但在一息尚存之下，仍以持「徹底精神」自勵，其言：

> 後世有述者，大底別有一段徹底精神以持之耳。況將徹底精神持此
> 至妙至深正法，豈反不能弘於天下垂於千古？倘不能弘不能垂，只
> 是我輩精神未曾徹底，但當自反自勵，不必他求也。〔註218〕

其扶病入山，本以念佛佇死期，後拈得閱藏著述鬮，即惟以著述念佛為務。
而在三十九歲夏、秋之際，隱居九子別峰時，不意如是昉師從閩地來山，為
其令師肖滿全公，請智旭講《梵網經》，以資冥福。復有二三同志，歡喜樂聞，
其由是「力疾敷演，不覺心華開發，義泉沸湧，急秉筆而隨記之」，述《梵網
合註》。〔註219〕於同歲丁丑年（1637）三月初七日撰〈完梵網香文〉，共成《梵
網玄義》一卷，《梵網合註》七卷。

（十）四十一歲徧閱大藏，得會歸處不出梵網、佛頂二經

同年，因夢感正法衰替痛哭而醒，述〈寫懷二偈〉：

> 幾番視聽悚狼戾，脂欲消時肉漸肥。自許肝腸終莫改，那堪聲氣合
> 仍違。魔軍邪幟三洲遍，犖子孤忠一線微。夢斷金河情未盡，醒來
> 猶自淚沾衣。
>
> 休言三界盡生盲，珠繫貧衣性自明。肯放眼前閒活計，使堪劫外獨
> 稱英。不龜手藥猶分明，無上尸羅寧隔程。泣懇莫嫌頻入寐，會須
> 踐我最初盟。〔註220〕

從二偈可看到，智旭歷經艱難仍未改其對弘護正法之志。要能做到如此，惟
有無私心，完全為法為眾生之大菩提願力，才能九死而無悔的堅持。若心仍
存名利，對眼前活計還是放不下，就如貧女不知自家寶藏，盡向外妄求之喻。

其四十歲結夏新安，有〈四十初度寫懷〉詩云：

> 物論悠悠理本齊，年來漸覺脫荃蹄。拳開非實掌元在，翳去惟空眼
> 不迷。流水有心終匯海，落花無語亦成谿。剎那生處生何性，笑把
> 威音劫外提。〔註221〕

〔註218〕〔明〕蕅益智旭：〈復陳旻昭〉《絕餘編》卷三，頁561。
〔註219〕〔明〕蕅益智旭：〈梵網合註緣起〉《梵網玄義．梵網合註》，《蕅益大師全集》
　　　　第十一冊（臺北：佛教出版社，2014年），頁7049～7050。
〔註220〕〔明〕蕅益智旭：〈夢感正法衰替痛哭而醒述寫懷二首〉《絕餘編》卷四，明
　　　　學主編：《蕅益大師全集》第七冊（四川：巴蜀書社，2018年），頁596。
〔註221〕〔明〕蕅益智旭：〈四十初度寫懷〉《絕餘編》卷四，頁597。

首二句用《莊子・齊物論》〔註222〕和《莊子・外物》〔註223〕來說明「心佛眾生平等」,「見月忘指之喻」,隱指自己漸達見性,且道出真正要明心見性,則要將讓人達見性明心的佛法要先全部放下。也就是見「月」(本具如來自性)應該忘「指」(佛法),避免誤認「指」(佛法)為「月」(本具如來自性)。

故而,學佛要明心見性,不是要增加什麼而是一直在放下,能真能放下則本性自顯。因為,真如本性,在威音王佛劫前就存在的,人人本具,如詩中所言「拳開非實掌元在,翳去惟空眼不迷」,外求添物反而是障蔽本性真如。是以,修學要明心見性,只有「但盡凡情,別無聖解」。佛法非作口耳活計,而是要法法消歸自心,驀直躬行實踐,自然「流水有心終匯海,落花無語亦成谿」。

智旭於四十一歲,住溫陵述《大佛頂玄義文句》,是歲秋八月二十有五日撰〈大佛頂經玄文後序〉云:「己巳春,與博山無異師伯,盤桓百日。深痛末世禪病,方乃一意研窮教眼,用補其偏。然雖徧閱大藏,而會歸處,不出梵網、佛頂二經」。〔註224〕

(十一)四十六歲於靈峰退作但三歸依人,四十七歲得清淨輪相

智旭三十五歲在西湖寺依《占察經》立懺,並述《占察善惡業報經行法》,後於〈贈石淙掩關禮懺占輪相序〉有言:「予能知占察大旨,依經立懺,而未能自得輪相,人誰信之?此實說藥不服,咎不在藥也。良方良藥,昭昭具在。地藏菩薩,決不我欺。我已知不服之咎,誓將服之」〔註225〕。為不落食數寶之弊,遂依《占察善惡業報經行法》禮懺力行,於甲申年(1644)冬,四十六歲第六次返靈峰山,在〈與了因及一切緇素〉書信云:

> 如占察行法一書,細玩精思,方敢遵古式述成。仔細簡點,並無違
> 背經宗。乃西湖禮四七,不得清淨輪相。去年禮二七不得,今入山

〔註222〕《莊子・齊物論》:「天下莫大於秋毫之末,而大山為小;莫壽於殤子,而彭
祖為夭。天地與我並生,而萬物與我為一。既已為一矣,且得有言乎?既已
謂之一矣,且得無言乎?一與言為二,二與一為三。自此以往,巧曆不能得,
而況其凡乎!故自無適有以至於三,而況自有適有乎!無適焉,因是已。」。
黃錦鋐注譯:〈齊物論〉《新譯莊子讀本》(臺北:三民書局,2003年),頁19
〔註223〕《莊子・外物》:「荃者所以在魚,得魚而忘荃;蹄者所以在兔,得兔而忘蹄。」
黃錦鋐注譯:〈外物〉,《新譯莊子讀本》(臺北:三民書局,2003年),頁373。
〔註224〕〔明〕蕅益智旭:〈大佛頂經玄文後自序〉《大佛頂萬行首楞嚴經玄義》,《蕅
益大師全集》第七冊(臺北:佛教出版社,2014年),頁4864。
〔註225〕〔明〕蕅益智旭:〈贈石淙掩關禮懺占輪相序〉《靈峰宗論》卷六之三,《蕅
益大師全集》第十七冊(臺北:佛教出版社,2014年),頁11156~11157。

> 禮一七，又一日仍不得。禮懺時煩惱習氣現起，更覺異常。故發決
> 定心，盡舍菩薩沙彌所有淨戒，作一但三歸弟子。待了因進山，作
> 千日關房，邀佛菩薩慈悲拔濟，不然者，寧粉此骨於關中矣。〔註226〕

書信中自述在西湖依行法禮懺四七，不得清淨輪相，於四十五歲禮二七又不
得。四十六歲至靈峰結夏禮一七又一日仍不得。故於是歲在靈峰，退作但三
歸依人，發死心作千日關房，如不得清淨輪相寧粉此骨於關中。勤禮千佛萬
佛及占察行法，終於清順治乙酉年（1645）正月元旦得清淨輪相。

（十二）末世欲得淨戒，惟占察輪相之法

智旭於四十八歲撰〈占察行法願文〉，仍依菩提本懷，捨己從人，為法忘
軀各地弘法。於庚寅年，五十二歲時第七次入靈峰，與同志數人結夏北天目
之藏堂。其仍究心毘尼，念「末世欲得淨戒，捨此占察輪相之法，更無別途」，
〔註227〕爰於是年六月朔日動筆著《占察疏》，十日成稿，於〈占察疏自跋〉
言：「輸一滴以益大海，捧一塵而培須彌。雖無補于高深，庶善鑽于乳酪。公
我同志，共用醍醐」。〔註228〕

（十三）五十二歲結夏靈峰重治《毘尼事義集要》

智旭五十二歲，庚寅年（1650）六月二十一日撰〈重治毘尼事義集要序〉，
序中言及自他三十八歲入九華山，至四十歲應如是師邀入閩，到四十四歲至
苕城，期間十三、四年，無有問毘尼者。而能力行戒律之徹因、自觀、僧聚三
人又皆物故。其不禁嘆曰：「毘尼之學，真不啻滯貨矣」。五十二歲是年夏，結
夏靈峰時，乃有發心學律者十餘人，請智旭重講律學。此時思及以前所輯《毘
尼事義集要》，雖「諸長並採，猶未一一折衷。又問辯音義二書，至今未梓，
不若會入集要而重治之。兼削一二繁蕪，以歸簡切。庶鈍根者，亦不致望洋
也」，遂重新整理《毘尼事義集要》。

對於有志者請他重講律學，其言「夫毘尼，久為腐貨，仍過而問焉，不
啻冷灰豆爆矣」，靈峰結夏安居竟，於重拈自恣芳規時，不禁悲欣交集，慨然

〔註226〕〔明〕蕅益智旭：〈與了因及一切緇素〉《靈峰宗論》卷五之二，頁10974～
　　　　 10975。
〔註227〕〔明〕蕅益智旭：〈占察疏跋語〉《占察經義疏》卷首，《蕅益大師全集》第
　　　　 四冊（臺北：佛教出版社，2014年），頁2670。
〔註228〕〔明〕蕅益智旭：〈占察疏跋語〉《占察經義疏》卷首，《蕅益大師全集》第
　　　　 四冊（臺北：佛教出版社，2014年），頁2670。

而賦偈云：

> 秉志慵隨俗，期心企昔賢。擬將凡地覺，直補涅槃天。半世孤燈歎，
> 多生緩戒愆，幸逢針芥合，感泣淚如泉。

> 正法衰如許，誰將一線傳，不明念處慧，徒誦木叉篇。十子哀先逝，
> 諸英喜復聯。四弘久有誓，莫替馬鳴肩。〔註229〕

詩中自述半世弘律如孤燈，哀從其學法之十子早逝，又喜於今得新戒子續正
法。庚寅年八月初八日，撰〈重治毘尼事義集要跋〉。甲午年（1654）九月一
日，智旭五十六歲，撰〈閱藏畢願文〉，計前後閱律三遍，大乘經兩遍，小乘
經及大小論兩土撰述各一遍。

（十四）五十六歲冬賦詩引〈黍離〉，五十七歲正月示寂

五十六歲冬十月病，作《獨坐書懷》四律，中有「半世傾腸腑，寥寥有
幾知。庶幾二三子，慰我半生思。捨盡從前得，方開格外奇。殷勤末後句，
奚啻黍離詩」〔註230〕，說出他自三十一歲閱藏弘律，祈願戒律正法住世，
知音無幾，在示寂前有二、三子能行戒繼志，堪慰其半生復興戒律之思。因
「流俗之見，不可以入道」〔註231〕，爰詩末復叮囑修學行者須捨棄累世所
得熟習，才能有出格之見地，具千古之品格，方有超方眼得如來妙旨，作大
智慧奇特丈夫〔註232〕，即難行能行，難忍能忍。最後引〈黍離〉詩，道盡
他一生忘身為法之心：「知我者謂我心憂，不知我者謂我何求」。次年五十七
歲，乙未年（1655）正月二十一日午刻，其趺坐繩床角，向西舉手而逝。

二、持戒之鑰

發起菩提心的正知見，要有持戒的行動來實踐。對於戒波羅蜜，智旭說
「戒是佛真身，律是僧父母。正法賴此存，人天均恃怙」〔註233〕，又說「無

〔註229〕〔明〕蕅益智旭：〈庚寅自恣二偈（有序）〉《靈峰宗論》卷十之四，《蕅益大
師全集》第十八冊（臺北：佛教出版社，2014 年），頁 11735。

〔註230〕〔明〕蕅益智旭：〈獨坐書懷二首〉《靈峰宗論》卷十之四，《蕅益大師全集》
第十八冊（臺北：佛教出版社，2014 年），頁 11761～11762。

〔註231〕〔明〕蕅益智旭：〈示律堂大眾〉《淨信堂初集》卷三，明學主編：《蕅益大
師全集》第七冊（四川：巴蜀書社，2018 年），頁 323。

〔註232〕〔明〕蕅益智旭：〈書范明啟扇頭〉《淨信堂初集》卷三，頁 320。

〔註233〕〔明〕蕅益智旭：〈十八祖像贊并序略（有引）〉「西土持毘尼藏，憂波離尊
者」《靈峰宗論》卷九之四，頁 11602。

量法門指歸，總不出戒定慧三學」〔註234〕、而「大戒之初步，即是佛果之真因」〔註235〕、「每念如來最後說法，以扶律談常為宗」〔註236〕、「夫以佛道為千里者，戒是最初一步」，是以，要修學佛法而得出生死成菩提，尤以戒為初基。以下就智旭在宗論及現存文集所發明之戒波羅蜜修行之鑰，內容包含讚嘆持戒的功德，和說明持戒之法。

（一）以戒為初基：戒者佛身，律者佛行

智旭在《淨信堂初集》的〈示初平三學〉提出了「人知宗者佛心，教者佛語，不知戒者佛身也」〔註237〕的論點，以「戒者佛身」說明持戒為佛法修學及三無漏學之基礎。「戒者佛身」之說推論是從《大般若經》而來，他在〈示智林〉文中曾引用：

> 《大般若》云：「三十二相無別因，皆由持戒所得。若不持戒，尚不能得野干之身，況復佛身？」、《大佛頂》云：「因戒生定，因定發慧，是則名為三無漏學。」、「縱有多智，禪定現前，若不斷婬，必落魔道；若不斷殺，必落神道；若不斷偷，必落邪道；若不斷大妄語，如刻糞為栴檀形，欲求香氣，無有是處。」戒之關係大矣。〔註238〕

此文引《大般若經》來說佛陀的正報能具足三十二相之尊貴應身相貌，是由於「持戒」之善因而得的果報，來說明持戒的殊勝功德。反之，若不持戒，連卑劣的野干之身都得不到。接著引《大佛頂萬行首楞嚴經》的「三無漏學」，以「持戒」來收攝身心就容易修「禪定」，進而由禪定的寂靜來觀照，引發智慧。若只是修禪定、智慧的資糧，而不持戒收攝身心煩惱，在《大佛頂萬行首楞嚴經》續舉出其中不斷婬、不斷殺、不斷偷、不斷大妄語等不持戒之過患，會讓所修持之禪定、智慧等資糧，反而是加持在身心煩惱上，使得修行的方向是趨向於魔道、神道和邪道的境界，而非趨向於無上菩提正道。

其中「不斷大妄語」的過失特別重，所以，智旭把說大妄語者喻為「刻糞為栴檀形」，糞的本質是臭穢，即使把糞刻成栴檀的形狀，希望能像栴檀散發出香氣，卻是不可能的。倘修學人「未得言得，未證言證」，以凡濫聖，即

〔註234〕〔明〕蕅益智旭：〈示廣戒侍者法號佛因〉《淨信堂初集》卷三，頁 328。
〔註235〕〔明〕蕅益智旭：〈示圓珠鈺沙彌〉《淨信堂初集》卷三，頁 324。
〔註236〕〔明〕蕅益智旭：〈復圓聞〉《淨信堂初集》卷三，頁 432。
〔註237〕〔明〕蕅益智旭：〈示初平三學〉《淨信堂初集》卷三，頁 317。
〔註238〕〔明〕蕅益智旭：〈示智林〉《靈峰宗論》卷二之四，《蕅益大師全集》第十六冊（臺北：佛教出版社，2014 年），頁 10508。

是如「刻糞為栴檀形」之喻，內心並無聖人功德，卻要表現出功德的相貌，實是壞亂佛法次第，疑誤眾生慧命之大過失。

所以，上述引文總結說「戒之關係大矣」，種種修學的功德，一定是以持戒為基礎，基礎破壞了，那裡還能建立正道的功德？以上說明修學以持戒為基礎的重要性，接著再繼續分析其「戒者佛身」之論點：

> 人知宗者佛心，教者佛語，不知戒者佛身也。盧舍那佛以戒為體，惡無不止故淨，善無不行故滿。儻身既不存，心將安寄？語將安宣？末世行人，若不持戒品，縱能透過千七百公案，通盡十二部了義大乘，止成依草附木、無主孤魂，不堪作人天導師。豈不見楞嚴說，因戒生定發慧，斯名三無漏學。〔註239〕

佛陀的報身為盧舍那佛，也就是前所說的三十二相、八十種好之應身，得此報身，原因也是持戒，在這個引文是說「以戒為體，惡無不止故淨，善無不行故滿」，提到「以戒為體」，意即持戒要有內在發菩提心之「戒體」，由內進而發動向外的行為，知道什麼事該做，什麼事不該做，才能達「惡無不止故淨，善無不行故滿」，由此得清淨圓滿的報身。

智旭以「宗者佛心，教者佛語，戒者佛身」來說禪、教、戒的關係，若無戒，有如「身既不存，心將安寄？語將安宣？」，再次論證持戒為參禪學教之基礎，若無持戒之基，則如蓋房而地基不固，無法築起禪教高樓之真益，因此，即使學得能透過千七百公案，通盡十二部了義大乘，止能成為無身而有如「依草附木、無主孤魂」者，不堪作真正的人天導師。

他晚年在〈示六正〉又再加上「律者佛行」，特別強調持戒之行法，以「戒者佛身，律者佛行，禪者佛心，教者佛語」，對禪、教、戒律三學做更詳細的說明：

> 戒者佛身，律者佛行，禪者佛心，教者佛語。有身行，無心語，木偶傀儡而已。有心無身語，無主孤魂而已。有語無身心，風鳴谷響而已。又有身心無語，嬰孩孺子而已。有身語無心，鸚鵡百舌而已。有心語無身行，癩人賣藥而已。由是觀之，三宗果可分乎？〔註240〕

〔註239〕〔明〕蕅益智旭：〈示初平三學〉《淨信堂初集》卷三，明學主編：《蕅益大師全集》第七冊（四川：巴蜀書社，2018 年），頁 317。

〔註240〕〔明〕蕅益智旭：〈示六正〉《靈峰宗論》卷二之五，《蕅益大師全集》第十六冊（臺北：佛教出版社，2014 年），頁 10590～10592。

智旭以五種面向來論述禪、教、戒律三學不一不異之旨，有戒身律行，無禪心宗語，就像任操控的木偶傀儡。有禪心無戒身教語，如無主孤魂。有教語無戒身禪心，彷彿風鳴谷響的回音。有戒身禪心無語，似不會說話的嬰孩孺子。有戒身教語而無心，只是鸚鵡百舌而已。倘有禪心教語無戒身律行，如癩人賣藥，不得醫自身而妄賣藥醫人。

所以，他曾言「我念末劫苦，破戒為第一，我思救苦方，無越毘尼藏。毘尼若住世，正法永不滅，行成果斯剋，教不屬空言」，其總言在末法時代，眾生最大的痛苦是「破戒」，因為包含現世恐懼不安的痛苦，和來生墮落的痛苦，而「毘尼藏」則是可依持戒懺悔之得持，成為脫離今世來生的「救苦方」。而「毘尼藏」除了自利功德，還有利他的功德，能使「正法永不滅，行成果斯剋，教不屬空言」，即以戒為基讓我們修學佛法有明確的下手處，終能得到真實利益。

他又把持戒的功德，分列出五乘的差別：

> 或因持戒力，速成淨滿尊；或因淨尸羅，嚴淨諸佛土；或因別解脫，
> 作獨覺聲聞；或因善戒力，生禪及天道，亦作人中勝，福樂好名稱；
> 如是差別果，皆由戒所得，近果說差別，究竟歸一乘。如是勝妙法，
> 願為我昭明，普度長夜中，無依無怙眾。〔註241〕

正報功德是盧舍那佛佛報身，依報的功德。依報的功德是如佛一般有莊嚴國土，因別解脫戒，得獨覺聲聞。因十善戒力，生禪及天道，或作人中之王者、大富長者等享福報安樂及好名聲。這些差別的果報，都是由持戒功德而得。雖然就暫時的果報而說差別，但究竟還是無差別，終是歸於成佛的一乘。

最後，智旭為眾請轉戒律勝妙法輪，期戒律勝妙法能開顯出來，救度生死流轉三界長夜的無依無怙眾。古人有言「一日無常到，方知夢裡人。萬般將不去，唯有業隨身」，故而眾生三界流轉，能依怙的是持戒的功德力量，依功德力之深淺，通往人天、二乘或佛道。

（二）持戒：戒體與戒行

智旭援引梵網經云：「眾生受佛戒，即入諸佛位。位同大覺已，真是諸佛子」，來說明受菩薩戒此一大事，殊非小緣，故而受戒後須「諦信諸佛是已成

〔註241〕〔明〕蕅益智旭：〈楞嚴壇起大悲呪偈（崇禎四年辛未五月初六日）〉《淨信堂初集》卷一，明學主編：《蕅益大師全集》第七冊（四川：巴蜀書社，2018年），頁 280。

之佛，自己是當成之佛」。從此以後，時時自我省察是否有「言佛之言，行佛之行，心佛之心」，如此施行，方能知「三世諸佛，本自與我一體一相一用」，才不致使所受的「菩薩戒」之「菩薩」二字有名無義。

　　雖然他曾說「受戒易，守戒難」，但他亦言「若欲得戒，須具殷重心，清淨心，希求勝法」，意即在受戒時，須以殷重心、清淨心領納，才能得「戒體」。而「戒體」，謂「吾人現前一念良知之心。覺了不迷為佛寶，佛者覺也」〔註242〕，此現前一念良知之心，因「心即佛故，上求佛道無厭倦想，克與大智相應」〔註243〕，又因「生同佛故，下化眾生無疲懈想，克與大悲相應」〔註244〕，故而，因受戒而得之「戒體」，是心心念念悲智隨順四種悉檀度化遍施一切眾生，無修而修、無眾生無可度而度生之願無窮，故而能善能自護亦善護他。

　　智旭又深入說明戒之「戒體」和「戒行」：

> 二死大海，戒為舟楫；欲受戒品，尤以發菩提心為本，蓋菩提心正出世戒體，大小律儀則菩提心之相也。發出生死心降伏愛見，是聲聞戒體；發上求下化心，自調調他是大乘戒體；發生佛體同平等普度心，是最上乘戒體；既發心已，專精護戒，微細無虧，即三乘正行也。持戒不發心，止得世間樂果；發心不持戒，難免三塗苦輪。故須本末兼舉，始終一致，方能保任解脫，名波羅提木叉；不然有目無足，有足無目，何能速到清涼池哉？〔註245〕

在無量無邊的「分段生死」和「變易生死」二死大海中，〔註246〕以戒為舟槳，能使我們能夠趨向涅槃的彼岸。要領受戒品，須以發菩提心為本，因為菩提心是出世戒體，大小律儀則菩提心之相，也就是持戒行律之戒行。

〔註242〕〔明〕蕅益智旭：〈示吳劬菴〉《靈峰宗論》卷二之五，《蕅益大師全集》第十六冊（臺北：佛教出版社，2014年），頁10598。

〔註243〕〔明〕蕅益智旭：〈示一念〉《淨信堂初集》卷三，明學主編：《蕅益大師全集》第七冊（四川：巴蜀書社，2018年），頁331。

〔註244〕〔明〕蕅益智旭：〈示一念〉《淨信堂初集》卷三，頁331。

〔註245〕〔明〕蕅益智旭：〈示蒼牧〉《靈峰宗論》卷二之二，《蕅益大師全集》第十六冊（臺北：佛教出版社，2014年），頁10499～10500。

〔註246〕「諸仁者，生死事大，無常迅速。生不知所從來，死不知所從去，是分段生死苦。念念遷流，剎那不住，是變易生死苦。此二種苦，但是生死枝流，未是生死根源。如何是二種生死根源。……此二種根源，總不離現前一念，虛妄無明……」〔明〕蕅益智旭：〈歙西豐南仁義院普說〉《靈峰宗論》卷四之一，《蕅益大師全集》第十七冊（臺北：佛教出版社，2014年），頁10787～10796。

引文接著說明持戒的「戒體」有三種:「發出生死心降伏愛見,是聲聞戒體;發上求下化心,自調調他是大乘戒體;發生佛體同平等普度心,是最上乘戒體」。「聲聞戒體」是律儀戒的「誓斷一切惡」,「大乘戒體」是攝善法戒的「誓修一切善盡」和饒益有情戒的「誓度一切眾生盡」。而「最上乘戒體」是發「生佛體同平等普度心」,眾生和佛的戒體是平等相同的。

前說明三種發心會有不同戒體,再指出發心後要以「專精護戒,微細無虧」的態度來持戒,莫要放逸,因為「守戒難」,所以「莫將大事等閑看,浮囊渡海須勤護,一念差池全體殘」。倘持戒不發心受戒,因為沒有菩提心戒體的攝持,僅是修世間善業,僅得世間樂果。倘發心受戒卻不持戒,因破戒之業,難免仍是受三塗苦輪。

所以,要戒體之「本」,以及持戒之「末」,本末二者都要始終一致的「專精護戒、微細無虧」之精神守戒,方能保任解脫的「波羅提木叉」。否則受戒與持戒如「有目無足,有足無目」,如何能速到清涼池哉?

(三)以戒辨邪正

智旭言「四不壞信,尤從戒始」,即「佛、法、僧、戒」能生起堅定不可破壞的信心功德,此四種信心生起之次第,開始是以戒為基礎,原因在受戒當下是發菩提心領受戒體,故而在內心產生「誓斷一切惡,無惡不斷;誓修一切善,無善不修;誓度一切眾生,無一眾生而不度」之誓願,所以,當戒體這現前一念良知之心與境界接觸,會生起斷惡、修善、度眾的力量,有止惡作善、辨邪正之用,導引修學人往佛道前進。對於持戒在修行的重要性,他做了深入的說明:

> 蓋昏塗寶炬,示人以何路可行,何路不可行;何路超生脫死,何路墮坑落塹。凡發心起行,親師取友,擇法眼目,看教指歸,工夫要訣,巨細精麤,無不從學戒而辨。故從上佛祖,雖教觀有偏圓權實,種種不同,未有不以戒為初基,以戒辨邪正者。清淨明誨是樂邦左券,此信不可壞也。〔註247〕

道眼未明的眾生,好似走在黑暗的修行道路,故而須要一盞「寶炬」的光明指引,這裡以「寶炬」喻「戒」。透過「戒」的引導,來為修學人開顯何事可

〔註247〕〔明〕蕅益智旭:〈示淨鄉〉《靈峰宗論》卷二之四,《蕅益大師全集》第十六冊(臺北:佛教出版社,2014年),頁10515～10516。

做，何事不可做；指引何路可行，何路不可行；辯明何路超生脫死，何路墮坑落塹。

　　為何「戒法」有此種功用？因為「經論通五人〔註248〕，律唯佛說」〔註249〕，只有「正徧知、世間解」之佛陀能制定「戒律」。要以戒法事相來引導眾生，須具足「正徧知、世間解」，才能了達一切事相無量無邊的緣起，方能普為一切根性眾生說諸因果理事等法，在制定戒律時方能圓滿的事先告訴眾生何事可做，何事不可做；何路可以超生脫死，何路會墮坑落塹。而一般人僅能從今世的過去經驗，整理出一些行為軌範，故而心常生疑惑無明。因此，在修行的過程中，依止聖言量的戒法，來引導我們一條光明的正道，是非常重要的。

　　接著說明學習佛法的五個內涵：發心起行，親師取友，擇法眼目，看教指歸，工夫要訣，這五個內涵其中的巨細精粗之別，無不從學習戒法來判辨。故而從佛陀到歷代祖師，雖然所留教法、觀法等有偏、圓、權、實等種種不同，但，未有不以戒為初基，以戒辨邪正者。《大佛頂萬行首楞嚴經》即言「如我此說名為佛說，不如此說即波旬說。」〔註250〕在末法時代，邪師魔民以種種神通變化登壇講法，判別邪正就是由其說是否違背佛制的戒法，若違背佛的制教，即為「邪法」。

　　最後總結「清淨明誨的是樂邦左券，此信不可壞也」，《大佛頂萬行首楞嚴經》所修的「三摩提」是「大佛頂首楞嚴王大定」，此正行之助行有二，一是持四種「清淨明誨戒」，二是是持楞嚴咒破障。四種清淨明誨戒為斷心婬、斷殺生、斷偷盜、斷除諸大妄語，此稱為四根本重戒。這四種清淨明誨戒實為通往安樂功德的保證，此信心不可壞。故而，智旭言「諸佛滅後，以戒為師。三無漏學，以戒為首」。

〔註248〕 龍樹菩薩（150～250）:〈大智度論〉卷第二：如佛毗尼中說:「何者是佛法？佛法有五種人說：一者、佛自口說，二者、佛弟子說，三者、仙人說，四者、諸天說，五者、化人說。」《大正藏》第 25 冊，CBETA, T25, no1509, p.0066b04。

〔註249〕 〔清〕慈雲灌頂:〈毗尼日用切要香乳記序〉:「經論通五人，律唯佛說。降佛已還，雖文殊、波離，不敢增減一字。」《毗尼日用切要香乳記》,《卍新續藏》第 60 冊，CBETA, T60, no1116, p.0162b05。

〔註250〕 〔唐〕般刺蜜帝譯:《大佛頂萬行首楞嚴經》卷第六:「是故阿難！若不斷婬修禪定者，如蒸沙石欲其成飯，經百千劫祇名熱沙。何以故？此非飯本石沙成故。汝以婬身求佛妙果，縱得妙悟皆是婬根，根本成婬，輪轉三途必不能出，如來涅槃何路修證？必使婬機身心俱斷，斷性亦無，於佛菩提斯可希冀。如我此說名為佛說；不如此說即波旬說。」《大正藏》第 19 冊，CBETA, T19, no0945, p.0131c24。

（四）攝心為戒

《大佛頂萬行首楞嚴經》所言戒、定、慧三無漏學，原文為：

> 佛告阿難：「汝常聞我毘奈耶中，宣說修行三決定義，所謂攝心為
> 戒，因戒生定，因定發慧。是則名為三無漏學。阿難！云何攝心我
> 名為戒？若諸世界六道眾生其心不婬，則不隨其生死相續。汝修三
> 昧本出塵勞，婬心不除塵不可出，縱有多智禪定現前，如不斷婬必
> 落魔道，……。我滅度後末法之中，多此魔民熾盛世間，廣行貪婬
> 為善知識，令諸眾生落愛見坑失菩提路。汝教世人，修三摩地先斷
> 心婬，是名如來先佛世尊第一決定清淨明誨。〔註251〕

佛陀說「攝心」為戒，意即持「戒」有攝心的功能，並進一步闡明以斷心婬、
斷殺生、斷偷盜、斷除諸大妄語四根本戒來收攝身心，以「修定」繼而「開
慧」。智旭在大靈谷寺結夏時，因靈谷寺建有律堂以提倡律宗，〔註252〕爰以
「楞嚴一經，雖備顯藏性於始。選擇圓通於次，懸示覺路於後，未嘗不以戒
為綱紀」闡釋戒律之重要，復言己雖以「淨土為歸，開眼為要」，但未嘗不以
弘律為急務，故以「攝心為戒」四字為題，令寺中眾賢各抒所見。〔註253〕

　　而他以「攝心為戒」四字為題之原因為「蓋此一句該括全經之旨，關鍵
一代之教」，由此「心」，始而有佛陀為阿難徵心辯見七大四科，顯此心歸趣
之地。為使阿難入首楞嚴三摩地，既而二十五聖選擇圓通，示此心悟入之門，
無不收攬於此句。次復以心迷悟而顯五十五位明證入之階差，無不從戒為基。
至於人天善道七趣、五魔極迷悟之岐路，無不因持戒或破戒而有不同階途。
故智旭指出此「攝心為戒」一句，足驗修學人之見地。〔註254〕

　　本段以智旭所作〈攝心為戒文〉〔註255〕所談之內容順序為綱要，輔以其
所述之《大佛頂玄義文句》互證，分析他對「攝心為戒」之見地。

〔註251〕〔唐〕般剌蜜帝譯：《大佛頂萬行首楞嚴經》卷第六《大正藏》第 19 冊，
　　　　CBETA, T19, no0945, p.0131c13。

〔註252〕「為了提倡律宗，葛寅亮還在靈谷寺建律堂」，何孝榮：〈論萬曆年間葛寅
　　　　亮的南京佛教改革〉，《成大歷史學報》第四十號（2011 年 6 月），頁 61～
　　　　92。

〔註253〕〔明〕蕅益智旭：〈攝心為戒文〉《淨信堂初集》卷七，明學主編：《蕅益大
　　　　師全集》第七冊（四川：巴蜀書社，2018 年），頁 458～459。

〔註254〕〔明〕蕅益智旭：〈攝心為戒文〉《淨信堂初集》卷七，頁 458～459。

〔註255〕〔明〕蕅益智旭：〈攝心為戒文〉《淨信堂初集》卷七，頁 457～459。

1. 戒正所以攝心，為修心首務

在〈攝心為戒文〉首揭戒義，行人修學「莫尚於修心，而戒正所以攝心」〔註256〕，安得不以持戒為修行首務。次言在《大佛頂萬行首楞嚴經》，如來之詔阿難者所言：「如來藏性雖非迷悟所能增減，而本覺真心實以背合成其迷悟」〔註257〕，眾生現前一念心背覺合塵，則成迷，現前一念心背塵合覺，則為悟，惟眾生不論在悟或迷，本具之如來藏妙真如性不會有任何增或減。

既然審知本具之如來藏妙真如性，不會隨現前一念心之悟迷而有任何增減此根本方便之門，應隨之安立此修心之根本。意即要攝制自無始以來用六根向外攀緣六塵為自性之妄念熟行，令永離於雜染，息六根情識之流逸，俾清淨其六根門者，則莫尚乎持戒。以下先談「攝」之義：

（1）「攝」之義

「攝」之義，不只是在約束身心而已，審視持戒與犯戒之源，心為持主宰。心非可鹵莽修也，要嚴明真妄同源、了妄無性之路，由持戒明之。故而，不惟戒法身、定法身、慧法身、解脫法身、解脫知見法身等五分法身，果位必以戒法身為首，而戒、定、慧三決定義，因行亦惟此居先。

所以，智旭對「攝」的定義為：「念念與妙戒相應，則名為攝。非謂戒有方隅，攝是束縛也」。〔註258〕

（2）持戒如何攝心

對於持戒如何攝心，智旭言：「攬法界之善以為體，一得之後，則若止若行，皆成無作，此非無上菩提心，不能感也，而即以此嚴無上菩提」。此意即受戒時，發心斷惡、修善、度眾，領受此三聚淨戒法界之善以為戒體，此戒體領納於心後，其中之無作戒恆常相續，因此在面對外境外緣時，自然具有防非止惡之功能。而要成就念念常觀即心即佛，而不起上慢，時時上求下化不倦之無作妙德、無功用行，則在受戒時須發心佛眾生平等大菩提心才能領受此最上乘戒體，故而以受戒持戒來守此無上菩提心。因此持守攝律儀、攝善法、攝眾生，此三聚淨戒內容雖然無所不含無所不包，但總不外於攝心，因此，智旭說：

〔註256〕〔明〕蕅益智旭：〈攝心為戒文〉《淨信堂初集》卷七，頁457。
〔註257〕〔明〕蕅益智旭：〈攝心為戒文〉《淨信堂初集》卷七，頁458。
〔註258〕〔明〕蕅益智旭：〈楞嚴經文句〉卷第六，《蕅益大師全集》第七冊（臺北：佛教出版社，2014年），頁4430。

> 心法不可盡，戒藏所以不可盡也。證究竟之色以為身，充義之盡則
> 名淨、名滿，方真持戒。此非妙極法身，果不能圓也，而非離此有
> 妙極法身，是以心體大、心相大、心用大。此心雖復本然，總托緣
> 於心戒。戒性如虛空，心淨所以如虛空也。〔註259〕

因心法無邊無盡，所以藏於戒法中，本來具有之佛心、佛性亦無邊無盡。以
一念相應慧，業識無明頓盡，名一切種智，而證色究竟處之圓滿報身，窮盡
事理到極精細處則名淨、名滿，即清淨圓滿妙心，方才是真持戒。而此境界，
非佛果所證最清淨法界、諸法實相、法性真如為法身，果德無法如是圓滿。
且非離此有真如妙極法身，而能有心體大、心相大、心用大。故而，此真如妙
心雖是本來具有，但托緣於持守大乘心戒。

（3）所攝之「心」為「如來藏常住妙明，不動周圓妙真如性」

〈攝心為戒文〉所言「戒性如虛空，心淨所以如虛空也」，在《大佛頂萬
行首楞嚴經》有一段話：

> 阿難！汝猶未明一切浮塵諸幻化相，當處出生隨處滅盡，幻妄稱相，
> 其性真為妙覺明體，如是乃至五陰、六入，從十二處至十八界，因
> 緣和合虛妄有「生」，因緣別離虛妄名「滅」，殊不能知「生滅去來」，
> 本如來藏常住妙明，不動周圓妙真如性，性真常中求於去來、迷悟、
> 死生，了無所得。〔註260〕

一切浮塵諸幻化相，當處出生隨處滅盡，幻妄稱「相」，而其性源自「真為妙
覺明體」。而這些「相」，於因緣和合虛妄有「生」，因緣別離虛妄名「滅」，這
些「虛妄假相」和生滅，均來自「本如來藏常住妙明，不動周圓妙真如性」的
「真實功德」。

所以，智旭是從本來無一物的虛空清淨妙明真心，來建立眾生斷惡、修善、
度眾生之持戒。意即，所攝之「心」，為「如來藏常住妙明，不動周圓妙真如性」，
也就是現前介爾一念心。而此介爾無相妙心，「不自生、不他生、不共生、不無
因生。未生無潛處，欲生無來處，正生無住處。生已無去處，心無心相，則其
性無生。無生故無住無異無滅，無生住異滅。即真法性，橫遍豎窮不可思議」。

〔註259〕〔明〕蕅益智旭：〈攝心為戒文〉《淨信堂初集》卷七，明學主編：《蕅益大
師全集》第七冊（四川：巴蜀書社，2018年），頁458。

〔註260〕〔唐〕般剌蜜帝譯：《大佛頂萬行首楞嚴經》卷第二《大正藏》第 19 冊，
CBETA, T19, no0945, p.0114a15。

（4）答問辨誤

〈攝心為戒文〉對「為自然之說者」和「執因緣之說者」所提的二個疑問，提出回答辨誤：

> 為自然之說者曰：「戒既不外於心，心尚不可得，戒豈復有可得？我即攝心，奚煩受戒。」抑思夫一切眾生誰則無心，直以不受戒故，雖有心而還如木石，何由安立道場？〔註261〕

真如妙性是清淨本然，離一切相，但並不像木石，而是能夠「受熏」。所以，清淨本然的真如，受染、淨諸法之熏習，而變現十法界種種不同差別。因此，智旭說，眾生誰無心，只因不受戒的原故，雖有心但還如木石一般，無法使原來受雜染之心，因受戒、持戒而回復本來清淨妙明真心，如何以持戒來安立心中道場以「遠諸魔事，於菩提心得無退屈？」

對於執因緣之說者提出「但持戒，奚更攝心」的疑問。

> 執因緣之說者曰：「心既全緣於戒，戒苟無所毀，心豈乃隨業墮？我但持戒，奚更攝心？」抑思夫世俗、比丘，誰不受戒？直以不攝心故，雖致福而還入輪迴，何由入三摩地？〔註262〕

智旭說明，世俗在家者、或出家比丘有受戒者，在因地發心不同，若僅以戒善感得人天福報者，還入輪迴，猶如以摩尼寶珠換得人天衣食之小福報而已，無由入三摩地。在《大佛頂玄義文句》有言「不攝心」和「攝心」之差別在於「不攝，則真心便為妄心。能攝，則妄心便成真心」，而真心即大菩提心，由攝心持戒才能入首楞嚴大定。

2. 攝心為戒之義：全心是戒，全戒是心

智旭在《大佛頂玄義文句》說「真心妄心，元非二體，隨染緣，則全真成妄，如水成冰。隨淨緣，則全妄歸真，如冰成水」，真妄元一體，以水喻真如實相本體，隨染緣則全真成妄，有如水結冰。而心隨淨緣則成全妄歸真，則有如冰融成水。不論結冰成水，或冰融成水，體性都是「水」，都是真如實相。

又說「剋論迷真起妄，祇因妄為明覺」，即妄認自己了達「明覺」，他續指出此「妄」為「知見立知，過在立字，亦即自心取自心之取字，認悟中迷之認字」，即因妄認而立所立能，從而引起塵勞煩惱起為世界。若要「反妄歸真」，

〔註261〕〔明〕蕅益智旭：〈攝心為戒文〉《淨信堂初集》卷七，明學主編：《蕅益大師全集》第七冊（四川：巴蜀書社，2018 年），頁 458。

〔註262〕〔明〕蕅益智旭：〈攝心為戒文〉《淨信堂初集》卷七，頁 458。

祇貴不隨分別世間、業果、眾生三種相續,意即「所謂知見無見,功在無字。亦即不取無非幻之不取二字,棄生滅守真常之守字,脫黏內伏之伏字,皆與今攝字同也」,所以,心「不攝」,則真心便為妄心。心能「攝」,則妄心便成真心。而攝心妙法,無過於受戒持戒。文中依《大佛頂萬行首楞嚴經文句》更深入解說:

> 念念與妙戒相應,則名為攝。非謂戒有方隅,攝是束縛也。如下文云。必使婬機身心俱斷,斷性亦無。夫身斷,律儀戒也。心斷,定共戒也。斷性亦無,道共戒也。又身心俱斷,故不住生死,斷性亦無,故不住涅槃,又身斷故出生死,真諦戒也。心斷故遊戲神通,俗諦戒也。斷性亦無,達殺盜婬妄等性即是佛性,無復可斷,中道第一義諦戒也。〔註263〕

引文以圓教之圓人明心見性之圓解的「一心三觀」觀「一境三諦」,來分析身斷、心斷、斷性亦無。有為之身斷為空,是真諦戒。心斷,無法不具,故遊戲神通,為俗諦戒。而斷性亦無,達殺盜婬妄等性即是佛性,無復可斷,即非空非假之謂中,為中道第一義諦戒。

　　「一心三觀」為能觀的心「即空、即假、即中」,一念心中,三觀圓具。而「一境三諦」所觀之境是「即真諦、即俗諦、即中諦」,一境圓具三諦。即「舉一即三,言三即一」,以此觀行,名為「稱性起修,全修在性」,在因地依無相真如而修德,修行果地皆是開顯真如妙心全體功德。

　　故而〈攝心為戒文〉以「全心是戒,全戒是心」為「攝心為戒之義」作總結:

> 蓋惟認緣影者,於心不知所攝。而藏性既明,方知全心是戒。亦惟說神我者,妄計心無可攝。而覺緣既了,方知全戒是心,此攝心為戒之義。所以先定慧而首唱。亦即該定慧而圓明者也。三世諸佛。豈有異說者哉。〔註264〕

妄認緣影為心者,於心不知所攝。而惟說神我者妄認神我,妄計心無可攝。而如來藏性妙明真心既明瞭,方知在因地是「全心是戒」,以現前一念妙明真心為

〔註263〕〔明〕蕅益智旭:《大佛頂萬行首楞嚴經文句》,《蕅益大師全集》第七冊(臺北:佛教出版社,2014年),頁4430~4431。

〔註264〕〔明〕蕅益智旭:〈攝心為戒文〉《淨信堂初集》卷七,明學主編:《蕅益大師全集》第七冊(四川:巴蜀書社,2018年),頁458。

戒；而覺緣遍十方界既了達，方知「全戒是心」，所持守之戒開顯真如妙心之果德。「全心是戒，全戒是心」同於「稱性起修，全修在性」，皆是圓教明心見性修行人之「依妙性而開妙悟，起妙行而歷妙位，成妙果而歸妙性」法門。〔註265〕

（五）持戒為本，淨土為歸

對於持戒與念佛，智旭有以下的論點：

1. 持戒念佛，本是一門

在〈重治毗尼事義集要〉之「總問辯」第三問答，智旭言「持戒念佛，本是一門」，原非異轍。因為，「淨戒為因，淨土為果」，意即持戒清淨為因，念佛了達莊嚴淨土為果。二者在佛法修持為因果關係，並非不同之軌轍。他又說明：

> 若以持名為徑，學律為紆，既違顧命誠言，寧成念佛三昧？夫如海
> 無涯，如寶無厭，豈不廣大？作犯止持，保任解脫，豈不簡易？故
> 一心念佛者，雖能止惡防非。專精律學者，尤為守佛明誨。現在則
> 紹隆僧種，臨終則上品上生。法門之妙，孰過於此。只一大事，何
> 得乖張，取笑識者？〔註266〕

若以持名念佛為捷徑，戒律修學為曲折路徑，既違背陀佛入滅時囑咐「以戒為師」之顧命誠言，又豈能成就念佛三昧呢？戒律如大海無邊際，視之如寶心無厭，豈非法門廣大？而持戒就能保任覺性、解脫煩惱，豈不簡易？所以一心念佛者，雖然有止惡防非之用。然而專精戒律者，方能持守佛說之斷淫、斷殺、斷偷、斷大妄語等四種清淨明誨而入三摩地。

最後總結，真能持戒念佛，在現世則紹繼興隆僧寶，臨終時則能上品上生。修持法門之妙，無能超過持戒念佛者。持戒念佛實能了生脫死此一大事，怎能強作法門不同而欲在修持上作分離，反而譏笑真正有見識者？

2. 持戒便是平心，念佛便是直行

智旭在〈示靖聞〉法語中以「香山參鳥窠」公案，引用白香山居士向鳥窠禪師問道，鳥窠禪師直告曰：「諸惡莫作，眾善奉行」及「三歲兒說得，八

〔註265〕引自「至矣哉！大佛頂經之為教也，依妙性而開妙悟，起妙行而歷妙位，成妙果而歸妙性。永超七趣沉淪，不墮修心岐徑。戒乘俱急，頓漸兩融。顯密互資，事理不二。誠教海之司南，宗乘之正眼也」。〔明〕蕅益智旭：〈大佛頂玄義文句後序〉《大佛頂萬行首楞嚴經玄義》，《蕅益大師全集》第七冊（臺北：佛教出版社，2014年），頁4863。

〔註266〕〔明〕蕅益智旭：《重治毗尼事義集要》「總問辯」，《蕅益大師全集》第二十一冊（臺北：佛教出版社，2014年），頁13182。

十翁行不得」之語，說明從上歷來諸祖，指點出生死法，是最簡易明白，不必以透得金剛圈、吞得栗棘蓬等公案或機鋒玄妙語為之。〔註267〕

惟後世修學行人，偷心增多，不肯徹底向一門根本透去，於是將祖庭簡易直捷方便法門增以葛藤改變，法門方便既變，而偷心又隨之俱變，於是形成末世佛門禪不禪、教不教、律不律、行門不行門之現象。〔註268〕

馬祖道一禪師所在的年代，是直指「即心即佛」。果能向內知「即心即佛」，心是佛知佛見，自然是「諸惡莫作，眾善奉行」。反之亦是，果能身口意做到「諸惡莫作，眾善奉行」，便知「即心即佛」。故而，欲悟「即心即佛」，須是持戒念佛。因戒持得清淨，佛驀直念得真切，妄想執著塵垢自然去除，而本具真如自性光明自然顯露。〔註269〕

〈示靖聞〉法語文末，他以一偈作結：

> 持戒便是平心，念佛便是直行。參得簡點玄關，不向鉢盂討柄。
>
> 若更者也之乎，失卻佛祖性命。〔註270〕

前段已論述戒正所以攝心，為修心首務。故而持戒便是向內平現前一念心性，「一切業障海，皆從妄想生」，極樂三界萬法皆「唯心所現，唯識所變」，所以《大佛頂萬行首楞嚴經》有言「當平心地，則世界地一切皆平」〔註271〕，持戒即向內觀照而平心，心平則不再有差別對立，萬法世界則等無差別。

第二句「念佛便是直行」，「直行」是依直心而行。智旭對「直心」之解為「正念真如」〔註272〕，又言「直心有事有理，理則正念真如，事則四威儀一切行中毫無虛假是也」，故而，「念佛便是直行」之義可解為，持名念佛是正念真如行。何以「持名念佛是正念真如之行」，智旭言「佛知佛見無他，眾生現前一念心性而已」〔註273〕，故其仍就「現前一念心」說明：

> 蓋現前一念之心，無性緣生，緣生無性者也。惟其無性緣生，故念

〔註267〕〔明〕蕅益智旭：〈示靖聞〉《靈峰宗論》卷二之二，《蕅益大師全集》第十六冊（臺北：佛教出版社，2014年），頁10456～10457。

〔註268〕〔明〕蕅益智旭：〈示象巖〉，《淨信堂初集》卷三，明學主編：《蕅益大師全集》第七冊（四川：巴蜀書社，2018年），頁340。

〔註269〕〔明〕蕅益智旭：〈示靖聞〉《靈峰宗論》卷二之二，頁10457。

〔註270〕〔明〕蕅益智旭：〈示靖聞〉《靈峰宗論》卷二之二，頁10457。

〔註271〕〔唐〕般剌蜜帝譯：《大佛頂萬行首楞嚴經》卷第六《大正藏》第19冊，CBETA, T19, no0945, p.0127b06。

〔註272〕〔明〕蕅益智旭：〈示行恕〉《靈峰宗論》卷二之三，頁10467。

〔註273〕〔明〕蕅益智旭：〈示玄著〉《靈峰宗論》卷二之三，頁10495。

> 名滿腔是名、念利滿腔是利。乃至晝所為、夜所夢，無不趨歸於一
> 念之專注。〔註274〕

而念佛，是以此緣生無性之現前一念，念彼無性緣生之佛名。是故念一聲佛，有一聲佛名顯現；念十百千萬聲，有十百千萬佛名顯現。但因「念性既是緣生無性，則無性不礙緣生」，故而，儻不念佛，正恐又生種種雜念。縱不生雜念，亦恐墮在無生空性窠臼。故必以佛號生我之念，使我念念不離佛號，此「真如生佛體同」之深心持名念佛即「心外無佛，佛外無心」、「是心作佛，是心是佛」，智旭謂之「以佛證心可也，謂之以心證心佛也可，謂之以佛證佛以心證心亦可」。是以，念佛是「只箇心心心是佛」，爰此，以持名念佛實是正念真如之行。

第三、四句「參得箇點玄關，不向鉢盂討柄」，即是參得「佛知佛見無他，眾生現前一念心性而已」、「心外無佛，佛外無心」、「心外無法，法外無心」等關捩子，即不會再心外求法，不再鉢盂重安柄，多此一舉，亦不會身在含元殿裡猶覓長安。

末後二句「若更者也之乎，失卻佛祖性命」，若仍起心在文字上另作分別，向外別求真實真如佛性，仍妄認六塵緣影為自心真如相，便成眾生知見，真的是失卻佛祖性命。

3. 淨戒為因，淨土為果

智旭曾與道友結「淨社」，為此社作〈淨社小序〉有言「社以淨名者，淨戒為因，淨土為果，淨法為業，淨友為依，是出世之法社也」，結社緣由為：

> 蓋自律學不明，則七支荒穢。收觀不習，則三慧湮埋。僧輪久廢於
> 當年，寶筏常迷於億剎。如來慧命，不絕如絲。佛子憂懷，能弗如
> 搗。是以社盟片石，友尚古今。誓續毗尼之燄，廣傳了義之燈。所
> 願，香山白象，法海神龍，聲應氣求，影隨響和。人堪名世，各思
> 舍我其誰。豪傑自期，莫謂興須有待。冷絕利名，一念共砥狂瀾。
> 堅披慈忍僧那，深求種智。再補義天，重浴法日。作釋迦之功臣，
> 紹彌陀之真胤。凡我同志，毋替斯盟。〔註275〕

〔註274〕〔明〕蕅益智旭：〈示證心〉《靈峰宗論》卷二之四，《蕅益大師全集》第十
　　　　六冊（臺北：佛教出版社，2014 年），頁 10542。

〔註275〕〔明〕蕅益智旭：〈淨社小序〉《淨信堂初集》卷五，明學主編：《蕅益大師
　　　　全集》第七冊（四川：巴蜀書社，2018 年），頁 393。

從「僧輪久廢於當年，寶筏常迷於億剎」、「誓續毗尼之餤，廣傳了義之燈」，深感智旭一生為法忘身之志，以及悲憫眾生沉淪生死之菩提心，故立誓堅披慈忍僧那衣，冷絕利名，以深求佛之種智，以一念共砥當世末法狂瀾。

並以「自律學不明，則七支荒穢。收觀不習，則三慧湮埋」之因，故而又立〈淨社盟〉：「持戒為本，淨土為歸；觀心為要，善友為依」〔註276〕，先以持戒斷除惡業，修習善業為根本，把斷惡修善種種功德會歸淨土，即一心歸命，極樂世界阿彌陀佛。而以「觀心」為內在助行，讀經須「句句消歸自心，法法如說修行」，以唯心識觀，真如實觀來「觀心」，以時時保持正念。而「善友」為外在助行，故而智旭出家後，生平「恃道友為命脈」，期能傳一脈佛法正見，以達「人定勝天」之願。

最後以智旭所作詩偈為本段「淨戒為因，淨土為果」作結：「眾生知見佛知見，如水結冰冰還泮，戒力春風佛日暉，黃河坼聲震兩岸，切莫痴狂向外求，悟徹依然擔板漢」〔註277〕。妙因妙果不離現前介爾一心，莫向外求，而深心持戒念佛即「至直捷穩當、至圓頓了義、不可思議、不可將餘一切法門比量」。〔註278〕

第三節　《靈峰宗論》之淨土祕藏指南

歷來祖師建立淨土宗之思想理論，如「難行道」與「易行道」，「自力法門」與「他力法門」，「聖道門」及「淨土門」，「各宗會歸淨土」等。然，直至智旭註《彌陀要解》始提出淨土法門是在一切方便法門之中，為「至直捷至圓頓者」，並判「念佛求生淨土」是「方便中第一方便，了義中無上了義，圓頓中最極圓頓」之法，並解《佛說阿彌陀經》之五重玄義「教相」為「《華嚴》奧藏、《法華》祕髓、一切諸佛之心要，菩薩萬行之司南，皆不出于此矣」。〔註279〕智旭此說，影響後世至今。

智旭並提醒學人，「蓋以立一法，必伏一弊，有一利必具一害」〔註280〕，

〔註276〕〔明〕蕅益智旭：〈淨社盟〉《淨信堂初集》卷七，頁488。
〔註277〕〔明〕蕅益智旭：〈示玄著〉《靈峰宗論》卷二之二，《蕅益大師全集》第十六冊（臺北：佛教出版社，2014年），頁10496。
〔註278〕〔明〕蕅益智旭：〈示證心〉《靈峰宗論》卷二之四，頁10543～10544。
〔註279〕〔明〕蕅益智旭：《佛說阿彌陀經要解》，《蕅益大師全集》第四冊（臺北：佛教出版社，2014年），頁2179～2187。
〔註280〕〔明〕蕅益智旭：〈評參究初心方便說〉《淨信堂初集》卷七，明學主編：《蕅

然而，對於持名念佛，其直言是「真禪至圓至頓，了義上乘寧復過此？」，並說明此中原因為「蓋論器，則不揀五道。論機，則普潤三根。論修證，則不歷僧祇。論超越，則直階不退」，是以此「三根普資，四悉咸備」之持名念佛法，「但有大利，而無大害。較西來祖意，豈不更直捷更穩當！」。〔註281〕

所以，智旭將念佛求生淨土稱為「咸歸秘藏」〔註282〕，何謂「秘藏」？在《法華會義》卷二之餘：「一切諸佛秘藏之法，但為菩薩演其實事。」〔註283〕，另外，《法華會義》卷四之一亦言：「秘要之藏者，隱而不說為秘。總一切為要。真如實相包蘊為藏」〔註284〕，故而，「秘藏」是蘊為真如實相之秘密藏。由此可得知，他是將念佛求生淨土稱為達到真如實相之秘密藏法。

近代會性法師（1928～2010）於己亥年（1959年）輯智旭著述闡揚淨土法門者為《蕅益大師淨土集》，釋論選五種，《宗論》錄有105篇文稿。筆者經反覆閱讀《淨信堂初集》、《絕餘篇》及《宗論》，除上述105篇外，依相同選擇標準，新增錄103篇，如【附錄三】「會性法師編《蕅益大師淨土集》及本文所選《淨土祕藏指南》對照表」。

本節首先分析「智旭與淨土」之因緣，分二部分探討。因歷來有十二篇專論研究《佛說阿彌陀經要解》（以下行文簡稱《彌陀要解》），爰本文不再重複前賢對智旭淨土思想之研究論點，例如萬法指歸淨土，念自、念他、自他念佛，觀想、觀像，持名、實相念佛，九品往生，四種淨土等，而是在第二段以《淨信堂初集》、《絕餘篇》及《宗論》所整理論及淨土之文稿為主，《彌陀要解》為輔，提出智旭在文稿中所提出之淨土行門秘藏指南。

一、智旭與淨土

本段先舉一先賢研究智旭淨土思想論點為例作為探討，再以時序整理智旭之「淨土因緣」，以明其淨土心。

益大師全集》第七冊（四川：巴蜀書社，2018年），頁461。
〔註281〕〔明〕蕅益智旭：〈刻淨土懺序〉《淨信堂初集》卷五，頁393～394。
〔註282〕〔明〕蕅益智旭：〈大病中啟建淨社願文〉《靈峰宗論》卷一之四，《蕅益大師全集》第十六冊（臺北：佛教出版社，2014年），頁10382。
〔註283〕〔明〕蕅益智旭：《法華會義》卷二之餘，《蕅益大師全集》第九冊（臺北：佛教出版社，2014年），頁6070～6071。
〔註284〕〔明〕蕅益智旭：《法華會義》卷四之一，《蕅益大師全集》第十冊（臺北：佛教出版社，2014年），頁6302。

（一）先賢研究智旭淨土思想之一論點再議

聖嚴法師《明末中國佛教之研究》是研究智旭著作之典範，在本書第伍章之「四、智旭之淨土思想」，其中「參究與念佛」段有言：

> 智旭在其三十年代期間，認為理持的參究念佛是觀想念佛，事持的持名念佛為稱名念佛，並且也很贊成中峰明本（1263～1323）的「禪者淨土之禪，淨土者禪之淨土」之說。但是到了四十年代，對於參究念佛之說，則有「是權非實，是助非正」的見解；及至五十年代時，又轉變為「淨不須禪」，並且主張「禪決須淨」的理念，徹底否定了參究念佛之說。〔註285〕

對此段研究智旭「參究與念佛」論述，本文提出二個議題再討論：本段引文對智旭「參究與念佛」淨土思想之論點正確性，及「淨不須禪」及「禪決須淨」是否為智旭理念？以下分別討論。

1. 對智旭「參究與念佛」淨土思想論點之例的疑竇

上述研究論點引文，對智旭淨土思想三十年代的論點是根據〈荅卓左車彌陀疏鈔三十二問（原問附）〉，四十年代的淨土思想則引自〈參究念佛論〉，而五十年代的淨土理念是引自〈荅印生四問〉，由此可知，對於《宗論》所收上述三篇文稿，聖嚴法師推論分別為智旭在三十年代、四十年代及五十年代所作，故而對智旭淨土思想有上開研究論點。惟此三篇原稿，均收於《淨信堂初集》，而他於三十八歲春自輯文稿名為《淨信堂初集》，爰此三篇文稿應為其三十八歲以前所作，而非寫於四十、五十年代，爰上開引文論點有誤。〔註286〕

既然上開引文論點有誤，以下續探討上述三篇文稿著作時間。依本文第貳章第貳節及附錄，《宗論》之〈荅卓左車彌陀疏鈔三十二問（原問附）〉，是原稿〈荅卓左車彌陀疏鈔二十四問（原問附）〉和〈續荅卓居士十問（原問附）〉二篇內容所合為一篇。另外，在第叁章第二節已依文本探討出〈參究念佛論〉是應卓左車所請而寫，又，本文第貳章已分析《淨信堂初集》是按文稿所作

〔註285〕聖嚴法師：「四、智旭之淨土思想」，《明末中國佛教之研究》（臺北：法鼓文化，2009年），頁531。

〔註286〕天津圖書館《孤本秘籍叢書》所發現之《淨信堂初集》，於1999年才出版發行，而聖嚴法師本論文係於1975年完成，因《宗論》所收文稿內容在人事時地物方面多被刪去，在文本資料不完整之下而推論有誤，實非作者當時研究之失。

時間順序而排，〈復卓左車（來書附）〉是在書信排第五篇，因第三、四篇〈問茂林律主〉內容提及「竊嘗再閱律藏」，而智旭於三十歲於龍居第二次閱律藏，復因第六篇書信〈寄雪航楫公〉言及「暮春歸一師來」、「秋杪準擬，握手龍居，永矢蓮社」，約雪航楫師於暮秋時在龍居結蓮社，但據《年譜》，智旭三十一歲是年正月十五日，為比丘雪航智楫師在龍居講四分戒本。

綜上資料，〈復卓左車（來書附）〉應是在智旭三十歲是年所寫，在此書信所提之〈參究念佛論〉亦應為三十歲同年所寫。在卓左車寫給智旭之原書信所觀，〈荅卓左車彌陀疏鈔二十四問（原問附）〉和〈續荅卓居士十問（原問附）〉二篇來意相同，都是針對雲棲彌陀疏鈔之參究念佛等提出疑問，因而此二篇推論應早於〈參究念佛論〉而作。故而，〈荅卓左車彌陀疏鈔二十四問（原問附）〉和〈續荅卓居士十問（原問附）〉所作年齡在三十歲以前，而〈答印生四問〉無其他資料可推論寫作年齡，但也在三十八歲春自輯《淨信堂初集》之前完成。故而，「禪者淨土之禪，淨土者禪之淨土」和「是權非實，是助非正」等見解都是在三十歲左右即有。

除了著作代年之疑竇，此外，在引文論述智旭「認為理持的參究念佛是觀想念佛，事持的持名念佛為稱名念佛」也是啟人疑竇。再三細讀聖嚴法師對智旭「三十年代期間參究與念佛」的思想，所援引的《宗論》之〈荅卓左車彌陀疏鈔三十二問（原問附）〉，以及《淨信堂初集》原稿〈荅卓左車彌陀疏鈔二十四問（原問附）〉和〈續荅卓居士十問（原問附）〉，均未看到有此主張，實不知如何推出此論點。

2. 「淨不須禪」及「禪決須淨」是否為智旭見解？

在《淨信堂初集》的〈答印生四問〉第四答原稿，並沒有「淨不須禪」及「禪決須淨」這二句觀點，此是《宗論》編輯者成時所改寫。就原稿和《宗論》所收文稿內容對照，二者差異甚大，成時對智旭此第四答完全改寫，已非原文之意。〈答印生四問〉第四答原稿內容如下：

> 淨土一門，須信願行三。無行則信願固為虛設，而無信願則行亦唐喪劬勞。必欲一門深入，何須更涉參究？必若不捨參究，仍欲生西，決須早晚迴向，如楚石十念不缺，方為穩當，不得俟臨終方發願也。若志在參禪，須辨肯心，又不須計及悟與不悟，今生來生，既恐濁世難於作主，何須念戀禪之一字而不捨耶？事在自己相應，不必曲

為融通也。〔註287〕

本文在第叁章即提出智旭的文字中並沒有「是一非餘」之謗佛言論，只因有學人對參究念佛頻提出疑問，而智旭所回答內容，與上述引文一樣，都只是擔心學人不能一門深入下功夫，若在參禪不肯下死心而理不究，但念佛之事功又不成，結果會遭兩頭落空之禍，故而細說二者在行法之差別，及提出如何補缺而能生西有功之穩當法。以期學人能辨明法門修學關鍵，修行之事在自己能否相應才是最重要的，何須念戀禪之一字而不捨。且八萬四千法門都是佛說，法法平等，智旭怎會有徹底否定了參究念佛之說的理念？

　　由此引文的分析又可證明智旭的思想是，雖然各宗派法門在行法門庭施設有差異，但一心指歸不異，都是要幫助學人能盡凡情，顯現本具之三德秘藏妙明真如之性。

（二）智旭淨土因緣

　　本段以時間順序整理「智旭淨土因緣」，以明其淨土之心。

1. 從志慕宗乘謂「淨土可不生」到「棄禪修淨」

　　他曾自述在出家後從志慕宗乘，便謂淨土可以不生，到三十歲言「棄禪修淨」之三個過程：

> 予初信三寶，志慕宗乘，苦參力究者數年，雖不敢起增上慢，自謂到家，而下手工夫，頗覺得力，便謂淨土可以不生。逮一病濱死，平日得力處，分毫俱用不著，方乃一意西歸，然猶不捨本參，擬附有禪有淨之科。至見博山后，稔知近代禪病，索性棄禪修淨。雖受因噎廢飯之誚，弗恤也。〔註288〕

其持守淨土道念之心甚早，據《年譜》載，在二十二歲就「專志淨土」，引言所述「逮一病濱死，平日得力處，分毫俱用不著，方乃一意西歸」，應是指他二十八歲，於母葬事畢後，焚棄筆硯，矢往深山，掩關於吳江之松陵，在關中大病，「乃以參禪工夫，求生淨土」一事。此時他仍不捨宗乘，擬附永明延壽大師所言之「有禪有淨之科」。直至三十一歲，隨博山無異艤禪師至金陵一百一十日，期間盡諳宗門近時流弊，除發心閱藏弘律，亦索性「棄禪修淨」。

〔註287〕〔明〕蕅益智旭：〈答印生四問〉第四答《淨信堂初集》卷四，明學主編：《蕅益大師全集》第七冊（四川：巴蜀書社，2018 年），頁 361〜362。

〔註288〕〔明〕蕅益智旭：〈刻淨土懺序〉《淨信堂初集》卷五，頁 393〜394。

2. 死心執持名號，萬牛莫挽之原由

而在《佛說阿彌陀經要解》跋，他也說明了「死心執持名號，萬牛莫挽」之原由：

> 旭出家時，宗乘自負，藐視教典，妄謂持名曲為中下。後因大病，
> 發意西歸。複研妙宗圓中二鈔，及雲棲疏鈔等書，始知念佛三昧，
> 實無上寶王，方肯死心執持名號，萬牛莫挽也。〔註289〕

禪宗是「直指人心，見性成佛」，不像經教講修行次第，禪宗沒有階梯次第，就是開悟見法身，立地成佛。但，參禪開悟的初關只是暫時的，要一悟再悟到破重關安住法身，保任到最後破牢關到法身向上，若不能三關齊破，那要破重關安住法身，才能永遠沒有妄想。所以，禪宗是超法身，極高妙之宗乘，從印度傳到中國而且生根發展，一花開五葉的大放光明，成為屬於中國的禪宗。因而，智旭在出家時，也是「宗乘自負，藐視教典，妄謂持名曲為中下」。

惟，禪宗用「以心傳心」、「不立文字」要來破執名相佛法的流弊，結果，後人又深誤其義，流走偏峰，不讀經典，走到執著空相，形成另一種「顢頇佛性，儱侗真如」的流弊。〔註290〕而禪教分門後，智旭曾言「教下人不肯坐禪，與坐禪人不肯學教」〔註291〕，之後徹見近世禪者之病，始閱藏著述欲令佛之正法重興。

他於二十八歲時大病，發意念佛西歸，三十歲為文時，以曾苦參力究宗乘之眼引祖師語來說明其淨土之思想，有「禪者淨土之禪，淨土者禪之淨土」、「一稱南無佛，皆已成佛道」、「若人專念彌陀佛。是名無上深妙禪」、「若果悟道，淨土之生，萬牛莫挽」、「悟後不願往生，敢保老兄未悟」〔註292〕等語。

其三十一歲言「棄禪修淨」，之後研讀宋朝天臺山四明知禮著《觀無量壽佛經疏妙宗鈔》，明朝天臺山幽溪傳燈著《彌陀略解圓中鈔》，及雲棲袾宏著

〔註289〕〔明〕蕅益智旭：《佛說阿彌陀經要解》，《蕅益大師全集》第四冊（臺北：佛教出版社，2014年），頁2269～2270。

〔註290〕黃家樺：《雪寶重顯禪學研究》（高雄：高雄師範大學國文研究所碩士論文，2009年6月），頁1～2。

〔註291〕〔明〕蕅益智旭：〈較定宗鏡錄跋四則〉《靈峰宗論》卷七之二，《蕅益大師全集》第十八冊（臺北：佛教出版社，2014年），頁11312。

〔註292〕〈參究念佛論〉舉天如大師云：「若果悟道，淨土之生，萬牛莫挽」、雲棲大師云：「悟後不願往生，敢保老兄未悟」為例，〔明〕蕅益智旭：〈參究念佛論〉《淨信堂初集》卷四，明學主編：《蕅益大師全集》第七冊（四川：巴蜀書社，2018年），頁369。

《佛說阿彌陀經疏鈔》後，始知念佛三昧，實為無上寶王三昧，至此死心執持名號，萬牛莫挽。

3. 邇年念念求西方：為普利塵沙大願

智旭在三十三歲是年八月，憨谷師示寂後，至姑蘇為憨谷師了放生田公案後，於〈與如是兄〉書信中談及「若不證得大悲千手眼，尚無力顧一二道友，況可普利塵沙耶。生西之念，又加十倍猛切」。〔註293〕

在他三十八歲是年三月頓隱九華山之前，於〈上闍梨古德師〉談及已癒之瘧疾又復再三發作，使其生理功能幾盡，「賴有一句彌陀作拄杖子」，讓他得以在病中愈痛苦愈親切。〔註294〕是歲丙子年三月初九日，其頓隱九華山所作〈九華地藏塔前香文〉第一次提到「令我早成念佛三昧，決生阿彌陀佛世界。乘本願力及神通力，廣於無邊剎海，化度有情。盡未來際，無有疲厭」〔註295〕，復於〈又寄陳旻昭〉書信言道：「冀早生安養，然後乘本願輪還來度生」之念〔註296〕。

他於四十六歲時，在〈與了因及一切緇素〉文中談到了「今夏感兩番奇疾，求死不得。平日慧解雖了了，實不曾得大受用」〔註297〕，深知「慧解」對眾生病苦及生死大事實無大幫助。復因其友正知去病氏〔註298〕，請他究彌陀經大旨，以「辭不繁而炳著」為《佛說阿彌陀經》述要解。他在丁亥年九月二十七日，四十九歲時以「欲普與法界有情同生極樂」〔註299〕之大願開始寫作，九天完成。次年五十歲時，在歷經二十多年來偏閱大藏在研窮教眼及戒律正法之努力後，他對弟子成時說：「吾昔年念念思複比丘戒法，邇年念念求西方耳」〔註300〕之言。

〔註293〕〔明〕蕅益智旭：〈與如是兄〉《淨信堂初集》卷六，頁424。

〔註294〕〔明〕蕅益智旭：〈上闍梨古德師〉《淨信堂初集》卷六，頁451～452。

〔註295〕〔明〕蕅益智旭：〈九華地藏塔前香文〉《絕餘編》卷一，明學主編：《蕅益大師全集》第七冊（四川：巴蜀書社，2018年），頁530。

〔註296〕〔明〕蕅益智旭：〈又寄陳旻昭〉《絕餘編》卷三，頁563。

〔註297〕〔明〕蕅益智旭：〈與了因及一切緇素〉《靈峰宗論》卷五之二，《蕅益大師全集》第十七冊（臺北：佛教出版社，2014年），頁10974。

〔註298〕正知去病氏即韓朝集居士，見於《淨土十要》卷第五「韓朝集居士正知與靈峰旭老人後先梓而行之」。《卍新續藏》第61冊，CBETA,X61, no1164, p.0680b07。

〔註299〕〔明〕蕅益智旭：《佛說阿彌陀經要解》，《蕅益大師全集》第四冊（臺北：佛教出版社，2014年），頁2270。

〔註300〕〔明〕成時：〈靈峰蕅益大師宗論序（有小引）〉《靈峰宗論》卷首，《蕅益大師全集》第十六冊（臺北：佛教出版社，2014年），頁10193。

成時聽其師智旭之言甚為駭然，不解其師為何不再力復佛世芳規。久之，才明白其師在家發大菩提願以為之本，出家之初一意禪宗，於徑山大悟後，因徹見近世禪者之病，「在絕無正知見，非在多知見。在不尊重波羅提木叉，非在著戒相也」。〔註301〕故之後，抹倒禪之一字，力以戒教匡救，尤志求五比丘如法共住，令正法重興。智旭在當時以戒、教興復正法，但當世實非法界眾生得以戒、教直下相應、一時成佛之太平無事之時，在深知決不可得後，遂決定「一意西馳，冀乘本願輪，仗諸佛力，再來與拔」，成時又說其師仍隨時著述和竭力講演弘法，皆以此「與有緣下圓頓種」。〔註302〕

4. 出生死成菩提，殊非易事

智旭五十六歲時歸臥靈峰時多病，仲冬一病為「不可療治，無術分解，唯痛哭稱佛菩薩名字，求生淨土而已」。此番垂死大病之言，讓他為眾生示現：「出生死成菩提，殊非易事」。因臨命終時之色身敗壞比垂死大病更甚，於垂死大病之際，平日在心性上用力所證得之我空法空智慧，以自力「無術分解」，對色身病痛的無法可解和無能為力會讓人感痛苦萬分，幾失正念，當下唯有仗念佛之力。〔註303〕

因淨土法門為難信之法，臨終正念分明的智旭，二十多年來「損己利人」窮研教理著述弘法，其一生修持的典範示現是要告訴眾生：「惟出生死成菩提，殊非易事，在眾生末法時，『超生脫死，除淨土一門，決無直捷橫超方便。而生淨土，舍念佛一法，決無萬修萬去工夫。』〔註304〕」。

他曾於初入靈峰時為靈峰淨社作〈淨社盟〉〔註305〕，複於清順治甲午年十二月十三日，五十六歲大病時在靈峰啟建靈峰淨社，再結淨社舊盟，作〈乙未元旦二首〉有句雲「況兼已結東林社，同志無非法藏臣」〔註306〕。更於〈大

〔註301〕〔明〕蕅益智旭：〈靈峰蕅益大師宗論序說（有小引）〉《靈峰宗論》卷首，頁 10201～10202。

〔註302〕〔明〕蕅益智旭：〈靈峰蕅益大師宗論序說（有小引）〉《靈峰宗論》卷首，頁 10202。

〔註303〕〔明〕蕅益智旭：〈寄錢牧齋〉《靈峰宗論》卷五之二，《蕅益大師全集》第十七冊（臺北：佛教出版社，2014 年），頁 10997。

〔註304〕〔明〕蕅益智旭：〈示陸喻蓮〉《靈峰宗論》卷二之二，頁 10462。

〔註305〕〔明〕蕅益智旭：〈淨社盟〉《淨信堂初集》卷七，明學主編：《蕅益大師全集》第七冊（四川：巴蜀書社，2018 年），頁 488。

〔註306〕〔明〕蕅益智旭：〈乙未元旦二首〉《靈峰宗論》卷十之四，《蕅益大師全集》第十八冊（臺北：佛教出版社，2014 年），頁 11765～11766。

病中啟建淨社願文〉中，將持名念佛生淨土之理稱為「咸歸秘藏」：

> 又願同行法侶，無論旭存與否，堅志同修，有始有卒。又願外護沙
> 彌，無論旭存與否，誠心營事，勿懈勿失。以此殊勝淨因，回向無
> 上極果，普與含生，咸歸秘藏。〔註307〕

智旭在〈法海觀瀾自序〉也說：「淨土者，三德祕藏。常樂我淨，究竟安隱之
處」。所謂「三德秘藏」，即《涅盤經》所說大涅盤所具之三德（法身德、般若
德、解脫德）之秘密藏，即見性成佛之真如實相。智旭將念佛求生淨土之理
稱為「咸歸秘藏」，就是把念佛求生淨土視為真如實相之三德秘密藏，也是他
一生「損己利人」窮研教理著述，矻矻教眾生出生死成菩提之道。

二、淨土行門之秘藏指南

在本文第叁章第三節已討論如來藏「真妄元一」之義，說明凡夫現在雖然
現前一念心在煩惱妄想中，但每個人本來所具如來藏之如來智慧德相，與諸佛
德相備足之如來是完全一樣的。智旭言「心之本覺曰佛，心之始覺曰念」〔註308〕，
在煩惱妄想中之凡夫是背覺合塵，心背離本有之如來本覺，親近六塵五欲。

他又說「是故背塵合覺，便名始覺」〔註309〕、「唯有念佛之時，即名始
覺」〔註310〕，倘開始覺悟起心念佛，則是背塵合覺，就是這個一念持名的始
覺，合於念我們的彌陀如來本覺，即「始覺合本」、「始本相合，當下究竟」，
〔註311〕意思是念阿彌陀佛就是念自己的本覺，跟「一念相應一念佛，念念相應
念念佛」〔註312〕、「是心是佛，是心作佛」〔註313〕、「念佛心，即是佛」〔註314〕

〔註307〕〔明〕蕅益智旭：〈大病中啟建淨社願文〉《靈峰宗論》卷一之四，《蕅益大師全集》第十六冊（臺北：佛教出版社，2014年），頁10382。

〔註308〕〔明〕蕅益智旭：〈勸念豆兒佛序〉《靈峰宗論》卷六之三，《蕅益大師全集》第十七冊（臺北：佛教出版社，2014年），頁11169。

〔註309〕〔明〕蕅益智旭：〈勸念豆兒佛序〉《靈峰宗論》卷六之三，頁11169。

〔註310〕〔明〕蕅益智旭：〈勸念豆兒佛序〉《靈峰宗論》卷六之三，頁11170。

〔註311〕〔明〕蕅益智旭：〈化念阿彌陀佛同生淨土疏〉《淨信堂初集》卷七，明學主編：《蕅益大師全集》第七冊（四川：巴蜀書社，2018年），頁473。

〔註312〕《靈峰宗論》有5處文稿引用永明延壽大師《宗鏡錄》之「一念相應一念佛，念念相應念念佛」語。

〔註313〕《靈峰宗論》有11處文稿引用永明延壽大師《佛說觀無量壽佛經》之「是心是佛，是心作佛」語。

〔註314〕《靈峰宗論》有3處文稿〈示證心〉、〈贈鄭完德念佛序〉、〈勸念豆兒佛序〉引用壽昌禪師云：「念佛心，即是佛」，惟《壽昌無明和尚語錄》之「念佛法要」云「念佛人要心淨。淨心念佛、淨心聽，心即佛兮、佛即心」，原文與

之意相同。

智旭有言「一句彌陀，橫羅諸教，圓契五宗」，又說始本相合之念佛，則「能所歷然，能所性絕。至圓至頓，真實無礙。超越一切法門，名為三昧中王」〔註315〕，他又進一步說：「念得阿彌陀佛熟，三藏十二部極則教理都在裏許，千七百公案向上機關亦在裏許。三千威儀、八萬細行、三聚淨戒，亦在裏許」〔註316〕，而上述念佛之利益關鍵都在要「真能念佛」：

> 真能念佛，放下身心世界，即大布施。真能念佛，不復起貪瞋癡，即大持戒。真能念佛，不計是非人我，即大忍辱。真能念佛，不稍閒斷夾襍，即大精進。真能念佛，不復妄想馳逐，即大禪定。真能念佛，不為他歧所惑，即大智慧。

持名念佛法門別無奇特，只須深信、發願及力行之「真能念佛」，就是「大布施」、「大持戒」、「大忍辱」、「大精進」、「大禪定」、「大智慧」，以上之真能念佛的大利益可說明持名念佛是「了義中之最了義、圓頓中之極圓頓、方便中之第一方便」之法門，且智旭又言：

> 只今持名一法亦止驀直持去，不用三心兩意，深信淨土可生，發願決定往生，以持名為正行，以六度等為助行，萬修萬人去，斷斷可保任者。

真能念佛就能得到上述福慧雙修之不可思議果德願力，且「末世眾生，捨淨土一門，而求脫生死，不可得矣」。更特別的是，他曾言「蓋凡念相好、念法門、念實相等，固先開真解，然後下手」，是以，圓教除了信願持名念佛的淨土法門，其他法門都須先有解悟才能修，下手處就較難。但，為何眾生不能確立畢此一生、誓無變改之念佛成佛大志，一門深入就信得及、守得穩，一句佛號驀直念去？

觀現況，眾人反而是「今日張三，明日李四。遇教下人，又思尋章摘句。遇宗門人，又思參究問答。遇持律人，又思搭衣用鉢」，心裡沒有定盤星，行法又腳跟不穩，不知何時才能念得阿彌陀佛一句熟。智旭在《彌陀要解》分

引文意義同，但文句不同。因三篇文稿係《靈峰宗論》所收，成時是否更改原稿引文，無其他資料可茲證明。《壽昌無明和尚語錄》《嘉興藏》第25冊，CBETA,J25,no B173, p.0674b30。

〔註315〕〔明〕蕅益智旭：〈化念阿彌陀佛同生淨土疏〉《淨信堂初集》卷七，頁473。
〔註316〕〔明〕蕅益智旭：〈示念佛法門〉《靈峰宗論》卷四之一，《蕅益大師全集》第十七冊（臺北：佛教出版社，2014年），頁10806～10807。

析了原因，爰以下第一點即探討此緣由以及如何生決定深信願，之後再提出五種持名念佛關鍵修要。

（一）於難中之難信持名念佛法，生決定深信願

本段先探討淨土法門成難信之法的緣由，再說明應對此難信之淨土法門生決定深信願。

1. 淨土法門終成「難信之法」之因

智旭曾說不可思議功德之淨土法門終成「難信之法」的原因：

> 自唯心本性之理不明，而世之學道者，率多尚玄理而薄事相。甚至認斷空為寂光，疑西方為表法，紛紛然判作權乘，視同烏有。於是不可思議功德，終成難信之法。長溺迷津，可勝痛哉！〔註317〕

因「唯心本性之理不明」、「多尚玄理而薄事相」、「認斷空為寂光」、「疑西方為表法」等緣由，將淨土法門「判作權乘，視同烏有」。所謂淨土法門之「不可思議功德」：

> 不可思議略有五意：一、橫超三界，不俟斷惑。二、即西方橫具四土，非由漸證。三、但持名號，不假禪觀諸方便。四、一七為期，不藉多劫多生多年月。五、持一佛名，即為諸佛護念，不異持一切佛名。此皆導師大願行之所成就。故曰：阿彌陀佛不可思議功德之利。又行人信願持名，全攝佛功德成自功德，故亦曰：阿彌陀佛不可思議功德之利。〔註318〕

由引文「不可思議」五種內涵之功德，可明持名念佛是「了義中之最了義、圓頓中之極圓頓、方便中之第一方便」之法門，可惜因引文之原因，卻成難信之法。

2. 為何佛陀無問而說此持名念佛「難信之法」

因持名念佛有上述不可思議功德，在《彌陀要解》即以層遞方式說明十方諸佛為何讚嘆，佛陀無問自說，為後世五濁惡世眾生，特向大智舍利弗拈出此收機最廣、下手最易，但卻難信之持名念佛法門之因緣：

> 諸佛功德智慧，雖皆平等，而施化則有難易。淨土成菩提易，濁世

〔註317〕〔明〕蕅益智旭：〈化念阿彌陀佛同生淨土疏〉《淨信堂初集》卷七，明學主編：《蕅益大師全集》第七冊（四川：巴蜀書社，2018年），頁472。

〔註318〕〔明〕蕅益智旭：《阿彌陀經要解》，《蕅益大師全集》第四冊（臺北：佛教出版社，2014年），頁2251～2252。

難。為淨土眾生說法易，為濁世眾生難。為濁世眾生說漸法猶易，
說頓法難。為濁世眾生說餘頓法猶易，說淨土橫超頓法尤難。為濁
世眾生說淨土橫超頓修頓證妙觀已自不易，說此無藉劬勞修證，但
持名號徑登不退，奇特勝妙超出思議第一方便，更為難中之難。故
十方諸佛，無不推我釋迦偏為勇猛也。〔註319〕

雖然佛佛平等、法門無高下，但諸佛所施行的教化，在落實到現實情況後，
對修行人而言即有是否當機契合或難易之別。「如來種種藥，元來一藥，究竟
為一乘故」，只為解眾生之「不識佛性一病」。惟眾生種種病雖祇「不識佛性」
一病，然受病既久，變症多端。佛傳經施教有如大醫王用藥，亦須對症補洩
隨宜、增減得所。故而對不同機緣根器之眾生，對機而傳經，才能讓當機之
眾契合信受。舉例而言，釋迦牟尼佛得道初說法《華嚴經》，在說到佛所悟之
法界，及經中所說之法，在座者除大乘菩薩，其餘聽者皆「如盲如聾」。佛陀
遂為眾生應病與藥，善巧說三，轉四諦法輪，以化導眾生。

引文以「淨土」和「濁世」作比較對照來說明，為何淨土念佛法門為難
中之難信法。淨土成菩提出生死容易，在濁世則難。原因在為淨土眾生說法
易，為濁世眾生說法難。再以漸法和頓法，以及聖道門的豎出法和淨土門的
橫超法作層次的比較，為濁世眾生說三大阿僧祇劫才成佛之漸法還容易信受，
說頓法則較難。為濁世眾生說其他如禪宗、密宗、天臺等頓法猶易，舉例禪
宗當下開悟成佛，就是頓法，這些都是還信得及的頓法，但，說淨土此橫超
頓法尤難。

最後以淨土之觀想、觀像、實相、持名念佛法再作比較。為濁世眾生說淨
土橫超頓修頓證妙觀已非常不易，說此不必藉著自己在因地上階層劬勞修證，
只因名號具阿彌陀佛萬德，但持名號之因，就能召佛萬德而從果地上徑登不退，
可以直捷達到位不退、行不退、念不退三不退轉，變成阿鞞跋致直到成佛。佛
說此因果同時之奇特勝妙、超出眾生思想所及之第一方便持名念佛法，更為難
中之難。故十方諸佛無不推我釋迦偏為勇猛，而佛陀也極說此法難甚。

佛說此法之因為「劫濁中，非帶業橫出之行，必不能度」。「劫濁」就。是
見濁、煩惱濁、眾生濁、命濁等濁法聚會之時。《彌陀要解》續解釋何為見濁、
煩惱濁、眾生濁、命濁內涵，並一一說明行法和度法：「見濁中非不假方便之
行，必不能度。煩惱濁中非即凡心是佛心之行，必不能度。眾生濁中非欣厭

〔註319〕〔明〕蕅益智旭：《阿彌陀經要解》，頁 2264～2265。

之行，必不能度。命濁中非不費時劫不勞勤苦之行，必不能度」。〔註320〕

而上述行度之法，就包含在信願持名念佛一行，故而只要信願堅固持莊嚴一聲阿彌陀佛名號，則包含「轉劫濁為清淨海會，轉見濁為無量光，轉煩惱濁為常寂光，轉眾生濁為蓮華化生，轉命濁為無量壽」之無量果德。故這一聲阿彌陀佛，實為「釋迦本師于五濁惡世所得之阿耨多羅三藐三菩提法」。佛陀今以此佛之果覺，在未有請法情況下自行說法，「全體授與濁惡眾生」，乃因這是「諸佛所行境界，唯佛與佛能究盡，非九界自力所能信解」，故而未能有可請佛說此勝妙法者，故佛陀無請自說。〔註321〕

佛因見五濁惡世眾生必為種種五濁之苦難而圍逼、纏惑、陷溺，如無此「帶業橫出之行，必不能度」，智旭說五濁之難是：

> 吾人處劫濁中，決定為時所圍、為苦所偪。處見濁中，決定為邪智所纏，邪師所惑。處煩惱濁中，決定為貪欲所陷，惡業所螫。處眾生濁中，決定安于臭穢而不能洞覺，甘于劣弱而不能奮飛。處命濁中，決定為無常所吞，石火電光、措手不及。〔註322〕

倘不徹說五濁惡世之苦，眾生雖處其中卻未能自覺，或易因現前一點安樂活計就忘失苦因苦果，如何因知苦了苦而發生死心而思出離之法。

3. 以信願持名為修行之宗要

本段說明此法門貴在「真實信心」和因此信心所生「厭離娑婆，欣求極樂」明願，並分析智旭說法「取法乎上」所提出之「迴向西方法門」。

（1）念佛工夫不論定散，衹貴真實信心

《彌陀要解》以五重玄義釋經文，在「第三明宗」言明以「信願持名為修行之宗要」：

> 此經以信願持名為修行之宗要。非信不足啟願，非願不足導行，非持名妙行，不足滿所願而證所信。經中先陳依正以生信，次勸發願以導行，次示持名以徑登不退。信則信自、信他、信因、信果、信事、信理。願則厭離娑婆，欣求極樂。行則執持名號，一

〔註320〕〔明〕蕅益智旭：《阿彌陀經要解》，《蕅益大師全集》第四冊（臺北：佛教出版社，2014 年），頁 2251～2252。

〔註321〕〔明〕蕅益智旭：《阿彌陀經要解》，頁 2265～2266。

〔註322〕〔明〕蕅益智旭：《阿彌陀經要解》，《蕅益大師全集》第四冊（臺北：佛教出版社，2014 年），頁 2267。

心不亂。〔註323〕

由此知，「信願」為《佛說阿彌陀經》之持名念佛修行要徑、達此經實相正體之樞機、持名一行之綱領，且信願行是互為因果，以生信為始。智旭所提「六信」，分為「信自、信他」、「信因、信果」、「信事、信理」三對。而「信自」為修持佛法的前提，也就是智旭所言，眾生祇因「不識佛性」此一病因，才會產生種種病。故而諸佛世尊，唯以為眾生「開佛知見、示佛知見、悟佛知見、入佛知見」此一大事因緣，故出現於世。爰本文僅就「信自」做詳細探討，如何於難中之難信持名念佛法，生決定深信願。

《彌陀要解》對「信自」的解說為：

> 信自者，信我現前一念之心本非肉團，亦非緣影。豎無初後，橫絕邊涯，終日隨緣，終日不變。十方虛空微塵國土，元我一念心中所現物。我雖昏迷倒惑，苟一念回心，決定得生自心本具極樂，更無疑慮。是名信自。〔註324〕

信自的「自」，不是指我相的自我，而是指離一切相的自性，本有的妙明真心如來藏。智旭在《彌陀要解》，對本經以「實相」為體〔註325〕之「實相」和信自的「自」。都是用「現前一念之心」來解。對「實相」之「現前一念心」說明：

> 吾人現前一念心性，不在內、不在外、不在中間。非過去、非現在、非未來。非青黃赤白、長短方圓。非香、非味、非觸、非法。覓之了不可得，而不可言其無。具造百界千如，而不可言其有。離一切緣慮分別，語言文字相。而緣慮分別，語言文字，非離此別有自性。要之，離一切相，即一切法，離故無相，即故無不相，不得已強名實相。〔註326〕

雖然上述二個「現前一念心」之解，在文字上略有不同，但意義卻相同，都是在說本自具有之真如本性，即自性、實相、真心、佛性等同義名相。雖然此實相終日隨緣，輪迴在六道，可是此常住「現前一念心」之真心在聖不增，在凡

〔註323〕〔明〕蕅益智旭：《阿彌陀經要解》，頁 2183～2184。

〔註324〕〔明〕蕅益智旭：《阿彌陀經要解》，《蕅益大師全集》第四冊（臺北：佛教出版社，2014 年），頁 2184。

〔註325〕《阿彌陀經要解》「第二辨體」言「大乘經皆以實相為正體」。〔明〕蕅益智旭：《阿彌陀經要解》，頁 2181。

〔註326〕〔明〕蕅益智旭：《阿彌陀經要解》，頁 2181～2182。

不減，所以說「隨緣不變」。

　　以上所說的「現前一念心」之真心，除了少數上根利智者可頓信，一般人即使在文字上能有解悟，但在還沒有開悟見法身之前，是無法真實理解的。但可以從漸信開始持名念佛，以六度持戒修福培慧，由慧生信，在持續的持名念佛過程中得一分利益就會增一分信心，直至生決定信願到往生成佛。

　　智旭在〈示法源〉即提出「念佛工夫，不論定散，秖貴真實信心」的觀點：

> 夫念佛工夫，不論定散，秖貴真實信心。所謂真實信心者，第一要信得我是未成之佛，彌陀是已成之佛，其體無二。次要信娑婆的確是苦，安養的確可歸，熾然欣厭。〔註327〕

引文對「真實信心」之內涵即為六信之「信自」、「信他」和「厭離娑婆，欣求極樂」之真信明願。〈示法源〉還提出一個《佛說觀無量壽佛經》（以下簡稱《觀經》）觀點，和本文第參章第二節論述禪淨法門時所言，「參禪者欲生西方，不必改為念佛，但具信願二字，則參禪即淨土行也」之參禪念佛「二俱能悟道，二俱能生西也」〔註328〕之理念是一以貫之的。此論點，將在第（2）點分析。

　　（2）以真實信心，迴向發願生彼佛國

　　此《觀經》論點為：

> 次要信得現前一舉一動，一行一善皆可迴向西方。若不迴向，雖上品善，亦不往生。若知迴向法門，雖作惡行之後，起殷重懺悔，懺悔之力，亦能往生，如觀經所明是也。何況持戒修福、料理僧事、讀誦大乘、給施茶湯，種種勝業，豈不足以莊嚴淨土？秖為信力不深，遂乃淪於有漏。〔註329〕

引文言「觀經所明」之「迴向西方法門」，內容如下：

> 佛告阿難及韋提希：「凡生西方有九品人。上品上生者，若有眾生願生彼國者，發三種心，即便往生。何等為三？一者、至誠心。二者、

〔註327〕〔明〕蕅益智旭：〈示法源〉《淨信堂初集》卷三，明學主編：《蕅益大師全集》第七冊（四川：巴蜀書社，2018年），頁317。

〔註328〕〔明〕蕅益智旭：《梵室偶談》第三十四條，明學主編：《蕅益大師全集》第九冊（四川：巴蜀書社，2018年），頁364

〔註329〕〔明〕蕅益智旭：〈示法源〉《淨信堂初集》卷三，明學主編：《蕅益大師全集》第七冊（四川：巴蜀書社，2018年），頁317。

深心。三者、迴向發願心。具三心者必生彼國。復有三種眾生,當
得往生。何等為三?一者、慈心不殺,具諸戒行。二者、讀誦大乘
方等經典。三者、修行六念,迴向發願生彼佛國。〔註330〕

從引文可得知「迴向西方法門」是來自《觀經》三心之「迴向發願心」,和三
種眾生之「修行六念,迴向發願生彼佛國」,且智旭一以貫之的用來說明諸法
平等。由此,可看到智旭說法之特點除了「重視本源」,還有「取法乎上」。此
「迴向西方法門」是佛在說「上品上生者」之法,而智旭用之。並點出關鍵在
於要用「真實信心」行諸善法和懺悔,以免因為信力不深,使本來無漏法遂
乃淪於有漏法。

4. 捨此度門別商工夫,可謂含元殿裏更覓長安者

在〈示法源〉法語,對「持名念佛」之法門提出「欲捨此度門,別商工
夫,可謂含元殿裏更覓長安者」之總結:

又欲捨此度門,別商工夫,可謂含元殿裏更覓長安者矣。故今修心
淨土之要,別無他術,但於二六時中,加此一種真信。一切行履。
更不須改也。〔註331〕

末法時期,就是真信此淨土法門橫超功德,能持名念佛正行最好,若行他法
門,就是信「現前一舉一動,一行一善皆可迴向西方」。而修心淨土之要,別
無他術,但於「二六時中,加此一種真信」,則「一切行履。更不須改」。

(二)般若為導,淨土為歸

世出世法,皆解行相須。智旭將「解行」以奕棋為喻曰:「解如奕棋眼,
行如奕棋子。有子無眼,著著皆死棋。有眼無子,喚棋盤作眼可乎」〔註332〕,
其又以「五度如子,般若如眼」〔註333〕解之,說明唯有般若作奕棋心枰眼,
才知道如何是活棋下手處。

在淨土法門,念佛為正行,餘一切戒定慧等,以及布施、持戒、忍辱、精
進、禪定、般若之六度萬行皆為助行,「正助合行,如順風之舟,更加板索,

〔註330〕〔宋〕畺良耶舍譯:《佛說觀無量壽佛經》《大正藏》第 12 冊,CBETA, T12,
no0365, p. 0344c09。
〔註331〕〔明〕蕅益智旭:〈示法源〉,《淨信堂初集》卷三,明學主編:《蕅益大師全
集》第七冊(四川:巴蜀書社,2018 年),頁 317。
〔註332〕〔明〕蕅益智旭:〈示日唯〉《靈峰宗論》卷二之三,《蕅益大師全集》第十
六冊(臺北:佛教出版社,2014 年),頁 10503。
〔註333〕〔明〕蕅益智旭:〈示日唯〉《靈峰宗論》卷二之三,頁 10503~10504。

疾到岸矣」。惟「五度如盲，般若如導。行如足，慧如目。目足並運，入清涼
池。此金剛般若經，所以為萬行司南，大乘正戶也」。〔註334〕

　　故而，修行要有定盤星作導引，指方向，才不會盲修瞎練。前面也說，
持名念佛為「難中之難信法」，唯上根利智者可頓信，此利智非世俗智識辯聰，
而是「般若」。所以，智旭說「不以般若為導，能生淨土者，未之有也。不以
淨土為歸，可稱般若者，未之聞也」〔註335〕。為何要以般若為導呢？原因在
「非淨非穢，般若之體。知淨知穢，般若之照。取淨捨穢，般若之用」〔註336〕，
意即以般若為導如修行路上有目，可以照見一切，知所取捨，能辨方向。

　　1. 般若為何

　　而般若為何，《金剛般若波羅蜜經破空論》（以下簡稱《破空論》）〈原跋〉：
「此經以實相為體，觀照為宗，文字為用」〔註337〕，意即，般若以實相為體，
以實相來觀照為修行要徑，以實相如實詮理體之文字為力用。而「實相」為：
「實相者，非有相、非無相、非非有相、非非無相、非有無俱相。離一切相、
徧為一切諸法作相，故名實相。此實相者，即是般若波羅蜜體」〔註338〕，此
離四句絕百非，離一切相而又徧為一切諸法作相者，即名「實相」，即是般若
本體。般若又可一分為三來淺說，以明般若實相本體：

　　　　體自寂照，不可思議。如理而照，照不異寂，即名觀照般若。如理
　　　　詮寂，寂詮即照，是名文字般若。夫實相者，為觀照體，為文字體。
　　　　夫觀照者，照於實相，照於文字。夫文字者，詮於實相，詮於觀照。
　　　　此一非一，舉一即三。此三非三，言三即一，為令眾生頓悟諸法自
　　　　體性故。〔註339〕

實相體是自然而然的寂而常照，不可思議。以此寂而常照之實相本體「如理
而照，照不異寂」，此照無住生心，如理無異，為觀照般若。而文字般若則是
如真如的本體來表達寂滅的妙諦，即表達實相般若、觀照般若。而觀照般若、

〔註334〕〔明〕蕅益智旭：〈示石友〉《靈峰宗論》卷二之四，頁10511～10512。
〔註335〕〔明〕蕅益智旭：〈合刻彌陀金剛二經序〉《靈峰宗論》卷六之四，《蕅益大
　　　　師全集》第十七冊（臺北：佛教出版社，2014年），頁11214～11215。
〔註336〕〔明〕蕅益智旭：〈合刻彌陀金剛二經序〉《靈峰宗論》卷六之四，《蕅益大
　　　　師全集》第十七冊（臺北：佛教出版社，2014年），頁11214。
〔註337〕〔明〕蕅益智旭：〈破空論原跋〉《金剛般若波羅蜜經破空論》，《蕅益大師全
　　　　集》第八冊（臺北：佛教出版社，2014年），頁4986。
〔註338〕〔明〕蕅益智旭：《金剛般若波羅蜜經破空論》，頁4873～4874。
〔註339〕〔明〕蕅益智旭：《金剛般若波羅蜜經破空論》，頁4874。

文字般若，都是從實相般若顯現的。是故，引文舉實相冠以三般若，是以離四句絕百非之實相體，來統說離四句絕百非之諸法，是以「此一非一，舉一即三。此三非三，言三即一」。故而此實相三法，不可思議，是為「非修非證，而為一切修證之本」：

> 滿修證者，謂諸如來，稱性而修，稱性而證，因果理窮無可加故。分修證者，謂諸菩薩全性成修全性作證，如入大海，漸次深故。福名福德，慧名慧行。實相非福，而為一切福德之聚。稱性緣修，是成性福。實相非慧，而為一切慧行之本。稱性真修，是成性慧，依於文字，則有實相之福，福亦實相。具足福慧，作於觀照，則有實相之慧。慧亦實相，具足福慧，實相體尊。是故福慧修證，成兩足尊。〔註340〕

引文先說明，因般若實相本有，不論「滿修證」或「分修證」者，都是以此實相本性而「全性起修，全修在性」〔註341〕，是故為「非修非證」。復以一切修行皆是為修福修慧之例，說明此依實相為根本而全性起修，是全修在性之福慧兩足尊之修，故實相為一切修證之本。而「始覺合本」之持名念佛，即「全性起修，全修在性」，是以實相為本之福慧兩足尊之修。

2. 由持名念佛達金剛般若大旨：無住生心

在〈破空論原跋〉復言：「金剛般若大旨，應無所住而生其心一語，足以蔽之」〔註342〕。而「無住生心」是何境界呢？只有登地以上、破無明的菩薩，才能我空無住，又能發阿耨多羅三藐三菩提心，此心為「終日生心，終日無住。終日無住，終日生心」〔註343〕。那，非登地以上菩薩的凡夫，要如何得到金剛般若之「無所住而生其心」之殊勝功德呢？就是藉由「持名念佛」。

因為智旭言：「行人信願持名，全攝佛功德成自功德」〔註344〕，在《彌

〔註340〕〔明〕蕅益智旭：《金剛般若波羅蜜經破空論》，《蕅益大師全集》第八冊（臺北：佛教出版社，2014年），頁4875。

〔註341〕《大佛頂萬行首楞嚴經文句》卷第四：「大佛頂首楞嚴王三昧，全性起修，全修在性，故名為妙。修德有功，性德方顯」〔明〕蕅益智旭：《大佛頂萬行首楞嚴經文句》卷第四，《蕅益大師全集》第六冊（臺北：佛教出版社，2014年），頁4180。

〔註342〕〔明〕蕅益智旭：〈破空論原跋〉《金剛般若波羅蜜經破空論》，頁4985。

〔註343〕〔明〕蕅益智旭：〈破空論原跋〉《金剛般若波羅蜜經破空論》，頁4917。

〔註344〕〔明〕蕅益智旭：《阿彌陀經要解》，《蕅益大師全集》第四冊（臺北：佛教出版社，2014年），頁2251。

陀要解》讚嘆執持名號功德為：「名以召德，德不可思議，故名號亦不可思議。名號功德不可思議，故使散稱為佛種，執持登不退也」〔註345〕、「故云清珠投于濁水，濁水不得不清。佛號投于亂心，亂心不得不佛也」〔註346〕。此即言，名號功德是不可思議之佛功德，即使散念也能種下佛種，若能信願執持名號，則能徑登不退，直捷不退轉達阿鞞跋致。當眾生能真誠單純一句句佛號念去，就如「清珠投于濁水，濁水不得不清」，本來散亂的心，隨著連續的佛號萬緣放下，心即「無所住」。而念佛相續不斷，念念名召圓滿無上功德，則「念念相應，念念成佛」，即凡夫生滅心入諸法實相，就是「而生其心」。所以，一句佛號朗朗現前，綿密老實直下念去，就可以暗合「無所住而生其心」之道妙。

綜上分析，若無「般若」，不能真實相信「持名念佛」為「方便中第一方便，了義中無上了義，圓頓中最極圓頓」之法。而不以淨土為歸者，不能說具般若能究權實理，因「淨土玄門，理無不該、事無不攝。從華嚴寶積，大集般若，乃至法華，無不道歸安養」〔註347〕，意即，從華嚴、般若，乃至法華諸經無不會歸淨土。另外，在第叁章也討論到智旭所說之「參禪者欲生西方，不必改為念佛，但具信願二字，則參禪即淨土行也」。

故而，不論是修何宗何法門，都應以般若為導，即以般若為最初之觀門，遵循般若無住生心之旨來觀照自己，導以淨土為歸。倘無法先善學般若，則應信諸佛讚嘆淨土之文字般若，以信願持名達暗合道妙之般若。

（三）耳根淨念，無不互攝互融

因《大佛頂萬行首楞嚴經》中，文殊菩薩稱盛讚觀音菩薩「耳根圓通法門」為最，後世眾生對同是西方三聖之大勢至菩薩的〈念佛圓通章〉二者遂生分別心。惟，佛陀在此經的問題是：「從何方便入三摩地？」〔註348〕，即問「入大佛頂首楞嚴經的三摩地」。「三摩地」翻成「三昧」或「大定」，「首楞嚴」意為「一切事畢竟堅固」。

〔註345〕〔明〕蕅益智旭：《阿彌陀經要解》，頁2186。
〔註346〕〔明〕蕅益智旭：《阿彌陀經要解》，頁2187。
〔註347〕〔明〕蕅益智旭：〈合刻彌陀金剛二經序〉《靈峰宗論》卷六之四，《蕅益大師全集》第十七冊（臺北：佛教出版社，2014年），頁11215。
〔註348〕〔唐〕般剌蜜帝譯：《大佛頂萬行首楞嚴經》卷第五《大正藏》第19冊，CBETA, T19, no0945, p.0125c07。

智旭以此經以本自具有之如來藏妙真如性為體，以顯攝密。〔註349〕他又言「經中取大佛頂性德，及首楞嚴修德，合成三昧之名，總顯全性起修全修在性之妙」〔註350〕。爰入此經「三摩地」境界是「圓妙之首楞嚴大定」，是殊勝究竟之「即身成就」。對於文殊菩薩在二十五圓通門以觀音耳根圓通為最，卓左車因袾宏在《彌陀疏鈔》之「耳根不攝念佛，念佛能攝耳根」等語而生疑提問，智旭答曰：

> 法無優劣，機有抑揚。如華嚴獨宗普賢，非為頓置觀音。則楞嚴獨選觀音，亦豈頓置勢至。須知觀音於六根中，從耳根入。勢至於七大中，從根大入。論入門，則耳根於此方獨利。論收機，則淨念三根普通。然則文殊自選耳根，雲棲自揚淨念，有何不可？〔註351〕

《大佛頂萬行首楞嚴經》在二十五種方便圓通問各自敘說後，佛陀復言：「汝今觀此二十五無學諸大菩薩及阿羅漢，各說最初成道方便，皆言修習真實圓通，彼等修行實無優劣、前後差別」，〔註352〕此即智旭所言「法無優劣，機有抑揚」。在此經佛陀又對文殊菩薩說：「我今欲令阿難開悟，二十五行誰當其根？」〔註353〕因而，本經當機者為，於聽此經至卷四得須陀洹果的阿難。

在引文中，智旭認為觀音菩薩於眼、耳、鼻、舌、身、意六個識根中，從耳根入，若論入門，則耳根於此方獨利。大勢至菩薩於地、水、火、風、空、見、識七大中，從都攝六根淨念相繼之根大入，論收機，則淨土念佛三根普備，利鈍全收。所以，文殊菩薩對得須陀洹果之當機者阿難，自選耳根圓通法令其當身成就。所以，雲棲袾宏對明朝當代眾生，弘揚三根普備之持名念

〔註349〕〔明〕蕅益智旭：《大佛頂萬行首楞嚴經玄義》，《蕅益大師全集》第六冊（臺北：佛教出版社，2014年），卷上「以顯攝密」，頁3504；卷下「如來藏妙真如性為體」，頁3590。

〔註350〕《大佛頂萬行首楞嚴經文句》卷第四：「大佛頂首楞嚴王三昧，全性起修，全修在性，故名為妙。修德有功，性德方顯」。〔明〕蕅益智旭：《大佛頂萬行首楞嚴經文句》卷第四，《蕅益大師全集》第六冊（臺北：佛教出版社，2014年），頁4180。

〔註351〕〔明〕蕅益智旭：〈荅卓左車彌陀疏鈔二十四問（原問附）〉第二十一問《淨信堂初集》卷四，明學主編：《蕅益大師全集》第七冊（四川：巴蜀書社，2018年），頁353。

〔註352〕〔唐〕般剌蜜帝譯：《大佛頂萬行首楞嚴經》卷第六《大正藏》第19冊，CBETA, T19, no0945, p.0129c29。

〔註353〕〔唐〕般剌蜜帝譯：《大佛頂萬行首楞嚴經》卷第五，CBETA, T19, no0945, p.0129c29。

佛法門，都是當機之行，並無任何優劣之分。

對於耳根圓通法門，智旭曾言：

> 祇論娑婆根性，惟耳根易顯圓常，彼念性猶屬生滅，非謂已悟如來
> 藏性之人，念性終不入圓通法界。末世學人，鮮登圓解，耳根入道，
> 亦甚難言。若不能向佛頂前四卷中，痛思深義，窮源徹底，則初於
> 聞中入流亡所工夫，畢竟如何理會？圓頓法門，非小根劣智所能擬
> 議。何異無米索炊，畫空成繪也。固不若因果殊感者，尚有心開之
> 日耳。〔註354〕

耳根能聞之性不生不滅，易顯自性之圓、通、常。而念性的聲音有生滅，若非
是已悟如來藏性之明心見性者，以念性終難以當下證入自性之、通、常法界。
雖然耳根能聞之性易顯自性之圓、通、常，但要從耳根下手，就是要從本體
真如自性入道，這是非常不易的，因為此法門之下手工夫須是圓解之人，才
能理會得「初於聞中，入流亡所」之深義。這二句話的意思是：耳根入聲，即
要明白此聽之本性為「聞性」，然後知此「聞性」即全體真如自性之作用，當
下即入「聞性之流」而忘「聞性之所」。

然而，眾生所熟識的是並非向內「返聞聞自性」〔註355〕，而是不斷向外
依六識而立各種「所」，即所見、所聞、所知等能所對立，依六塵造種種是非
分別、二分對待之境。所謂能所對待，以能聞之性而聽到的聲音為例，人在
聽到聲音後是習於立即向外分別是美聲還是噪音、是讚美還是批評，然後開
始生起煩惱，並非向內生起返聞照性之流。但，若在下手工夫之「初於聞中，
入流亡所」就不能理會，如何一層層的消除能所，連斷動、靜、根、覺、空、
滅六結，達「生滅既滅，寂滅現前」之圓通？

所以，智旭言「此耳根圓通圓頓法門，非小根劣智所能擬議」，若未是當
機者來學此法，則有如「無米索炊，畫空成繪」。智旭點出，倘對此圓頓之耳
根圓通法門有不如法之淺說，未能關鍵指出此法適合修行之機，對後世修學
行人會有落空之遺害。這也是他在〈復錢牧齋〉書信所言「交光用根一語，毒
流天下，遺禍無窮，非一言可罄」，評明朝交光真鑑法師另闢蹊徑以「用根」

〔註354〕〔明〕蕅益智旭：〈荅卓左車彌陀疏鈔二十四問（原問附）〉第二十二問《淨
信堂初集》卷四，明學主編：《蕅益大師全集》第七冊（四川：巴蜀書社，
2018年），頁354。

〔註355〕〔唐〕般刺蜜帝譯：《大佛頂萬行首楞嚴經》卷第六《大正藏》第 19 冊，
CBETA, T19, no0945, p.0130a14。

說作《大佛頂首楞嚴經正脈疏》，為邪說毒流之因。

上述引文最後之「固不若因果殊感者，尚有心開之日」二句，所謂「因果殊感」，是文殊菩薩指念佛圓通法門「念性元生滅，因果今殊感」，雖無法當下獲圓通即身成就，但只要一直持名念佛，終有心開得果之日。不過，耳根圓通法門對上根利智者可以即身成就，若不當機者選擇此法而修，恐有未能得果，落空之禍。不若持名念佛是三根普被，以念佛為因，往生淨土為果，則萬修萬人去，尚有心開之日。

至於修學行人對「耳根圓通」和「念佛圓通」二法門是否互攝之疑，智旭說：

> 又復圓解之人，門門透徹，法法貫通，耳根淨念，無不互攝互融。初機之人，耳唯一根，念乃都攝。雖謂念佛能攝耳根，耳根不攝念佛亦可，若夫觀音勢至既皆補處大士，豈猶住在方便門中，而亦以攝與不攝為難耶？〔註356〕

在《宗論》文稿中有「阿彌陀佛聲歷歷」〔註357〕、「彌陀法界藏，介爾一念含。六字聲歷歷，皎月澄寒潭」〔註358〕，以「歷歷」來形容念佛聲句句清楚分明。所謂聽得念佛聲句句分明，即「自念自聽」，自聽即利用耳根聞性，聞性是自性，所念之佛號也是自性，也就是「返聞聞自性」，所以「耳根淨念，無不互攝互融」。

念佛圓通是「淨念相繼，都攝六根」〔註359〕，雖然對初機之人而言，自聽自念佛號，唯攝耳一根，因此，「念佛能攝耳根，耳根不攝念佛」二句話就初機者而言或可成立，但，圓解之人，都可以「門門透徹，法法貫通」，而觀音勢至既皆補處大士，又豈會在文字之「攝與不攝」卜度呢？〔註360〕

〔註356〕〔明〕蕅益智旭：〈荅卓左車彌陀疏鈔二十四問（原問附）〉第二十一問《淨信堂初集》卷四，明學主編：《蕅益大師全集》第七冊（四川：巴蜀書社，2018 年），頁 353。

〔註357〕〔明〕蕅益智旭：〈贈頂瞿師掩關念佛〉《絕餘編》卷四，明學主編：《蕅益大師全集》第七冊（四川：巴蜀書社，2018 年），頁 596。

〔註358〕〔明〕蕅益智旭：〈贈耦西〉《靈峰宗論》卷十之三，《蕅益大師全集》第十八冊（臺北：佛教出版社，2014 年），頁 11709。

〔註359〕〔明〕蕅益智旭：〈荅卓左車彌陀疏鈔二十四問（原問附）〉第二十二問《淨信堂初集》卷四，頁 354。

〔註360〕〔明〕蕅益智旭：〈荅卓左車彌陀疏鈔二十四問（原問附）〉第二十一問淨信堂初集》卷四，頁 353。

（四）即事持達理持，即凡心是佛心

對世間和出世學問，智旭作了比較：

> 世間學問，義理淺，頭緒多，故似易反難。出世學問，義理深，線
> 索一，故雖難仍易。線索非他，現前一念心性而已。〔註361〕

孔子曾說：「未知生，焉知死」。就世間的學問觀之，不論是哲學或科學的理論，只是就今生之因緣來探討，建立今世立身處事之道，不提生命的真相，以及死亡之後如何，故而，在世間學問很難明白生命的真相為何。再者，世間學問所學專業知識或專門技術，越屬科技或技能者，越狹隘，僅能通於所知部分，其他皆無法適用或通達。因此，世間學問「似易反難」。

而出世間的學問，在大乘佛法是觀察過過去、現在、未來，及十法界無量的生命，究極了義處，雖然義理深，但是有一個明確的會歸線索可以掌握生命的真相，一經通則一切經通。因此，出世間學問實是「雖難仍易」。而此線索非他：「現前一念心性而已」，此「現前一念心性」，即生命的本來面目。智旭引永明延壽大師的《宗鏡錄》：「舉一心為宗，照萬法如鏡」證之。

在第參章第三節討論了智旭所發明之「介爾一念」即「現前一念心性」，在其文稿中，對現前一念心性的相貌，以「當下即空、假、中」觀之，而此「一心三觀」之觀心法門，「必以空為初門」，即「以無始妄認六塵緣影為自心相」。次觀假，從一念心性就能看到「十界十如，三千性相，炳然齊現，無欠無餘」之生命前因後果的變化。再觀「心外無法，法外無心」，於其中間，「無是」、「無非是」之「空有同時，空有無礙」之不二中道。能向此薦取，方知「千經萬論，咸非心外施設」，即一切宗教、一切經論、諸祖公案皆吾現前一念心註腳。

故而，經論所謂開佛知見，智旭說：

> 佛知佛見無他，眾生現前一念心性而已。現前一念心性，本不在內外
> 中間，非三世所攝，非四句可得。只不肯諦審諦觀，妄認六塵緣影為
> 自心相，便成眾生知見。若仔細觀此眾生知見，仍不在內外中間諸處，
> 不屬三世，不墮四句。則眾生知見，當體元即佛知佛見矣。〔註362〕

〔註361〕〔明〕蕅益智旭：〈示彙宗〉《靈峰宗論》卷二之三，《蕅益大師全集》第十六冊（臺北：佛教出版社，2014年），頁10463～10464。

〔註362〕〔明〕蕅益智旭：〈示玄著〉《靈峰宗論》卷二之三，《蕅益大師全集》第十六冊（臺北：佛教出版社，2014年），頁10495～10496。

智旭以詩偈「眾生知見佛知見，如水結冰冰還泮」之喻來說明，眾生知見和佛知見，以水喻佛知見，有如水結成冰為眾生知見，而妄念消後，如冰又變成水，又回到佛知見。水結冰和冰化水二者作用雖然不同，但體性無二，都是「佛知見」，即「現前一念心」。而此現前一念心，「全真成妄，全妄即真」，即「真妄同源」。倘若不能直下信入此佛法第一義諦，智旭教我們，亦不必別起疑情，更不必錯下承當。只須「深心持戒念佛」。果能「持得清淨，念得親切」，心自然開解驀地信去。

持名念佛有「事持、理持」二種念法，所謂「事持」、「理持」：

> 事持者，信有西方阿彌陀佛，而未達是心作佛、是心是佛。但以決
> 志願求生故、如子憶母，無時暫忘。

> 理持者，信西方阿彌陀佛是我心具、是我心造，即以自心所具所造。
> 洪名為繫心之境，令不暫忘也。〔註363〕

就引文之義，「不能直下信入此佛法第一義諦」之持名念佛，即事持，倘能直下信入西方極樂世界及阿彌陀佛都是自心「心具心造」，即理持念佛。而不論事持理持，「持至伏除煩惱，乃至見思先盡，皆事一心」，而「持至心開，見本性佛，皆理一心」。所以，智旭說持名念佛是「即事持達理持」，就「事持」直下持名念去，達到理持時，就是實相念佛，即凡夫情見心暗合佛知見妙明真心，此時「即凡心是佛心」。故而，事持理持，都能明心見性，是持名念佛最方便且極殊勝之處。

對此「現前一念心」之念，和持名念佛之「念」，智旭又別有妙解，以勸人念佛，他說：

> 吾人從無始來，直至盡未來際，決無不起念時。縱心慮灰凝，入無
> 想定，仍墮八萬四千枯稿亂想。但念地獄則地獄界人、念餓鬼則餓
> 鬼界人、乃至念佛則為佛界人耳，理至明。故宗鏡云：一念相應一
> 念佛，念念相應念念佛也。〔註364〕

既然人自無始來至未來際，決無不起念時，與其念念胡思亂想，與地獄、餓鬼相應，不如持名念佛而與佛相應。即使剛開始未悟而念，只要一直持念，

〔註363〕〔明〕蕅益智旭：《阿彌陀經要解》，《蕅益大師全集》第四冊（臺北：佛教出版社，2014年），頁2238～2239。

〔註364〕〔明〕蕅益智旭：〈示念佛社〉《靈峰宗論》卷二之五，《蕅益大師全集》第十六冊（臺北：佛教出版社，2014年），頁10565～10566。

終能「一念相應一念佛，念念相應念念佛」。

（五）臨危臨終，唯持名念佛

在本節第一段「智旭與淨土」已分析在他二十八歲，於吳江之松陵掩關時大病，「乃以參禪工夫，求生淨土」，復於三十八歲是年三月頓隱九華前，於〈上闍梨古德師〉談及瘧疾再三復發，「賴有一句彌陀作拄杖子」，讓他得以於大病中愈痛苦愈親切。

智旭在四十六歲時，於書信談到「今夏感兩番奇疾，求死不得。平日慧解雖了了，實不曾得大受用」〔註365〕，深知「慧解」對眾生病苦及生死大事實無受用。而在五十六歲時，在〈寄錢牧齋〉書信中直言「仲冬一病，更甚，七晝夜不能坐臥，不能飲食，不可療治，無術分解，唯痛哭稱佛菩薩名字，求生淨土而已」〔註366〕。

智旭歷來在病難時，唯增念佛心。也因病難，而明了在心性上用工夫之慧解對病苦實無大受用。若平時修持時之法門用得很好，但在遇難臨病卻是無術分解，當下會有跟智旭一樣的體悟。倘是臨命終時卻用不上，則不是前功盡棄？所以，智旭以自身經歷來印證，臨危臨終，唯持名念佛。

是以，他指出修學佛法於平時或危急時能否得力，尤其在臨命終時能否受用而了脫生死，其中關鍵在於是否能「自己作主」：

> 古人云：「日中作得十分主，夢中止作得一分主。夢中作得十分主。
> 死時止作得一分主」。今白日浩浩，尚且作主不來，何況生死到前？
> 〔註367〕

淨土之念佛法門，有觀想、觀像、實相及持名念佛，都是殊勝法。實相念佛是上根利智者之機，一般人難以完全達真心實相。而在大病時身處痛苦，如何達觀想或觀像念佛之要求？此時唯有持名念佛，只要「信願堅固，臨終十念一念，亦決得生」，何謂「信願堅固」：

> 文中應當二字，即指深信。深信發願，即無上菩提，合此信願的為
> 淨土指南，由此而執持名號，乃為正行。若信願堅固，臨終十念、

〔註365〕〔明〕蕅益智旭：〈與了因及一切緇素〉《靈峰宗論》卷五之二，《蕅益大師全集》第十七冊（臺北：佛教出版社，2014年），頁10974。

〔註366〕〔明〕蕅益智旭：〈寄錢牧齋〉《靈峰宗論》卷五之二，頁10997。

〔註367〕〔明〕蕅益智旭：〈示象巖〉《淨信堂初集》卷三，明學主編：《蕅益大師全集》第七冊（四川：巴蜀書社，2018年），頁341。

> 一念,亦決得生。若無信願,縱將名號持至風吹不入,雨打不溼,
> 如銀牆鐵壁相似,亦無得生之理。修淨業者,不可不知也。大本阿
> 彌陀經亦以發菩提願為要,正與此同。〔註368〕

文中「應當」二字,是指《佛說阿彌陀經》經文的「應當發願,願生彼國」,智旭解為「深信」,意思是深信發願生彼淨土。此經的宗要即是「信願持名」,智旭以「六信」解為深信,願則是「厭離娑婆,欣求極樂」,而因深信發此切願就是發無上菩提願。他又說,得生淨土與否,「全由信願之有無」。所以只要深信切願,臨終能至心信樂十念名號,或至心一念也能往生,此是阿彌陀佛惠予名號之實相正印的真實利益,而「實相正印」之義為:

> 實相無二,亦無不二。是故舉體作依作正、作法作報、作自作他,
> 乃至能說所說、能度所度、能信所信、能願所願、能持所持、能生
> 所生、能讚所讚。無非實相正印之所印也。〔註369〕

因大乘經皆以實相為正體,故「圓頓極談,實相正印」,即以實相為正印之喻。所以極樂世界的依報正報,以及一切作法作報、作自作他,乃至能說所說、能度所度、能信所信、能願所願、能持所持、能生所生、能讚所讚等,這一切的一切,都是此實相本體正印所印出來的,意即實相正印這個印章一蓋印,就同時一切頓成,一切都是實相所顯現。

名號有實相功德,臨命終時深信願固,則十念、一念就能名以召德而往生,所以,在臨危臨病時,持名念佛當然作為拄杖子,受用持名念佛之果德。又因《念佛三昧寶王論》指一念持名可往生,爰有人生疑提問「十念、一念並得生,何須七日?」智旭答曰:「若無平時七日工夫,安有臨終十念一念?縱下下品逆惡之人,並是夙因成熟,故感臨終遇善友,聞便信願,此事萬中無一,豈可僥倖。《淨土或問》斥此最詳,今人不可不讀」。〔註370〕

有關此「一念」,他在〈荅卓左車彌陀疏鈔二十四問(原問附)〉第十答有言:

> 按寶王論,利根之士,元只一念往生。鈍根之人,臨終十念脫苦。所
> 云一念者,即一心不亂之一念也。所云十念者,以苦逼不遑念佛,故

〔註368〕 〔明〕蕅益智旭:《阿彌陀經要解》,《蕅益大師全集》第四冊(臺北:佛教出版社,2014年),頁2236。

〔註369〕 〔明〕蕅益智旭:《阿彌陀經要解》,頁2182～2183。

〔註370〕 〔明〕蕅益智旭:《阿彌陀經要解》,頁2243。

但稱名令聲不絕，如是至心，具足十念，罪滅功成。以垂死之人，得
值善友，耳聽佛名，心怖惡道，境勝心猛，不同散善故也。然則十念
得生，究竟亦惟一念。七日不亂，究竟亦惟一念。乃至十日、七七日、
九十日等，究竟亦惟一念。此一念者，斷非剎那生滅之散心，亦不必
四梵四空之禪定。至於一念喜愛之心，即是清淨樂欲，含攝亦深。若
阿閦經所謂喜戀之心，本指欲染，未可執文而難義也。〔註371〕

《彌陀要解》之宗為「信願持名」，「信」為信自他、信因果、信事理之六信，
「願」是「厭離娑婆，欣求極樂」，「行」則是「執持名號，一心不亂」。此深
信切願之執持名號的一心不亂之一念，即往生之一念。而此一念，「斷非剎那
生滅之散心，亦不必四梵四空之禪定」，即清淨樂欲、至信切願往生淨土之心。
他又說：

若欲速脫輪迴之苦，莫如持名念佛，求生極樂世界。若欲決定得生極
樂世界，又莫如以信為前導，願為後鞭，信得決、願得切，雖散心念
佛，亦必往生。信不真、願不猛，雖一心不亂，亦不得生。〔註372〕

引文乍看似與一心不亂之一念，即往生之一念的說法相違，其實不然。所謂
往生「一心不亂之一念」，是「耳聽佛名，心怖惡道，境勝心猛，不同散善」
之具足信願之至心一念，和「雖散心念佛，亦必往生」之前提須「信得決、願
得切」，二者前提都是講得生淨土與否，「全由信願之有無」。若無信願求生極
樂，即使縱將名號持至風吹不入，雨打不溼，如銀牆鐵壁之一心不亂，亦不
能往生。

綜上分析，遇危難、得重病、臨欲命終時，唯持名念佛能得力，但要得
力，須以決信切願執持名號，倘一念相應，則一念佛，若念念相應，則念念
佛。

（六）西方即是惟心土

智旭深感近世盲禪妄謂「彌陀不必念，淨土不必生」，實為儱侗鶻突之
言，用來惑亂人心，則害人法身慧命，使腳跟不穩之人墮塹落坑，有墮入三

〔註371〕〔明〕蕅益智旭：〈荅卓左車彌陀疏鈔二十四問（原問附）〉第二十一問《淨
　　　　信堂初集》卷四，明學主編：《蕅益大師全集》第七冊（四川：巴蜀書社，
　　　　2018年），頁348～349。
〔註372〕〔明〕蕅益智旭：〈持名念佛歷九品淨四土說〉《靈峰宗論》卷四之二，《蕅
　　　　益大師全集》第十七冊（臺北：佛教出版社，2014年），頁10856。

界險惡之危。他稱這些專講自性惟心等相似玄妙語者，為「大帽禪和」之「口頭三昧」。〔註373〕這些膽大欺心之禪和，「未得謂得、未證謂證，承虛接響，竊掠古人現成大話，當作自己門庭。聽其言語，高超佛祖之先。稽其行履，尚落狗龗之下者也」〔註374〕，形成當世之禪講流弊，造成徒有門庭施設有名無實之風。

是以，當代博山禪師拈淨土偈云「淨心即是西方土」，本意為「欲以因攝果」，但一般讀者不能了達深意，遂至「以理奪事」，幾成破法。智旭觸耳感懷，便拈「西方即是惟心土」六十首偈，俾能以事扶理，使理不墮偏空，以為補偏救獘。〔註375〕〈淨土偈六十首〉皆以「西方即是惟心土」為首句，說明持名念佛一法攝萬德、攝萬法。深信力行持名，即是「全事即理」、「全妄歸真」，即為「禪淨不二」、「性修不二」。

此外，詩偈也提出「欲證生生須護生」、「欲了惟心且制心」，有關持戒與念佛、攝心為戒等慈忍慧行法。又指出「未到西方深可危，夙障己如波浪涌，那堪新業又相隨」，惟有生淨土才能免於分段、變易二死對惑業未斷而流轉生死的修行人，在修行上因生死隔陰之迷的阻礙，此為諸佛祖師宣揚以淨土為歸處之因，故而詩偈第三十一首即點出淨土之勝異方便係「妙在同居第一關」〔註376〕，只要「直以信願相導，感應道交，五濁之習稍輕」〔註377〕，即能生同居淨土，則三界之苦斯脫，此亦為淨土法門三根普資、四悉咸備之因。

1. 「西方即是惟心土」之內涵

以二點來分析智旭以其諸法實相的正見，所言之「西方即是惟心土」內涵。

（1）心佛不二、自他不二

而〈淨土偈〉六十首首句均以「西方即是惟心土」，要說的是「人心佛心，本自無二」、「一句彌陀聲歷歷，自他共離不可覓。是心作佛是心是，熾然感應真空寂」，即「心佛不二」、「自他不二」之理。

〔註373〕〔明〕蕅益智旭：〈示張司礿〉《淨信堂初集》卷三，明學主編：《蕅益大師全集》第七冊（四川：巴蜀書社，2018年），頁327。

〔註374〕〔明〕蕅益智旭：〈示象嚴〉《淨信堂初集》卷三，頁340。

〔註375〕〔明〕蕅益智旭：〈淨土偈六十首〉「引言」《淨信堂初集》卷八，頁501。

〔註376〕〔明〕蕅益智旭：〈淨土偈六十首〉「第三十一首」《淨信堂初集》卷八，頁501。

〔註377〕〔明〕蕅益智旭：〈靈峰寺淨業緣起〉《淨信堂初集》卷五，頁382。

曾有禪者問智旭：「汝作何功夫？」答曰：「念佛。」又問：「念佛何為？」又答曰：「求生西方。」禪者嗤曰：「何不薦取自性彌陀、惟心淨土，用是妄念妄求為？」智旭告訴禪者曰：「汝謂西方阿彌陀佛在性外？極樂國土在心外耶？則汝之心性亦局隘矣。即汝所謂不念不求者，顧非惡取空耶！」〔註378〕

智旭所答「西方阿彌陀佛在性外？極樂國土在心外耶？」在《彌陀要解》是以「六信」之「信事」、「信理」之義來說明「自性彌陀、惟心淨土」即是「全事即理，全妄即真。全修即性，全他即自」：

> 信事者，深信只今現前一念不可盡故，依心所現十方世界亦不可盡，實有極樂國在十萬億土外，最極清淨莊嚴，不同莊生寓言，是名信事。信理者，深信十萬億土實不出我今現前介爾一念心外。以吾現前一念心性實無外故，又深信西方依正主伴，皆吾現前一念心中所現影。全事即理，全妄即真。全修即性，全他即自。我心徧故，佛心亦徧，一切眾生心性亦徧。譬如一室千燈，光光互徧，重重交攝，不相妨礙，是名信理。〔註379〕

其亦曾為文解之：

> 自性彌陀，惟心淨土二語，世爭傳之，不知以何為心性也。夫性非道理無所不統，故十劫久成之導師，不在性外。心非緣影無所不具，故十萬億剎之極樂，實在心中。惟彌陀即自性彌陀，所以不可不念。淨土即惟心淨土，所以不可不生。〔註380〕

因西方阿彌陀佛即自性彌陀，所以不可不念。而淨土即惟心淨土，所以不可不生，即「吾人現前一念心性，原與阿彌陀佛同體」。對此，智旭又舉譬喻說明，北京聖王即惟心之北京聖王也，但是欲行仁道濟時者，必北上朝見天子。儻在田野鄉間無欲自得生活，縱使是商朝伊尹和西周周公旦，如何輔佐天子治天下。是故，無論已悟未悟，皆要求生淨土，求見彌陀。未悟者如童蒙之求師，已悟者則如孔子之求仕。〔註381〕

〔註378〕　本段全引自《梵室偶談》第三十條。〔明〕蕅益智旭：《梵室偶談》第三十條，明學主編：《蕅益大師全集》第九冊（四川：巴蜀書社，2018年），頁363。

〔註379〕　〔明〕蕅益智旭：《阿彌陀經要解》，《蕅益大師全集》第四冊（臺北：佛教出版社，2014年），頁2185。

〔註380〕　〔明〕蕅益智旭：〈示宋養蓮〉《靈峰宗論》卷二之三，《蕅益大師全集》第十六冊（臺北：佛教出版社，2014年），頁10461。

〔註381〕　〔明〕蕅益智旭：〈示宋養蓮〉《靈峰宗論》卷二之三，《蕅益大師全集》第十六冊（臺北：佛教出版社，2014年），頁10461～10462。

　　智旭更言「上自文殊普賢馬鳴龍樹，下至蜎飛蠕動羽族毛群」，唯此持名念佛求生淨土一事。而此事第一要信得及、二要時時發願、三要念佛工夫不間。三事皆具，雖至愚者亦能往生。惱三事缺一，雖聰明伶俐亦不能往生。因諸佛祖師已共弘揚淨土，故而倘有謗此法者，即謗三世諸佛菩薩，「毗盧頂上翻為阿鼻最下層矣。哀哉！」〔註382〕。

　　（2）四種淨土，皆不在心外，乃名唯心

　　對於「西方阿彌陀佛在性外？極樂國土在心外耶？」之「唯心淨土」和「西方淨土」之知見障礙，智旭發明以介爾一念心及唯識層層解之，以下分為三點依層次論述。

　　a. 三界唯心，萬法唯識

　　智旭先以一念心說明「極樂不即唯心，則西方豈在心」：

　　　　吾人現前一念心性，過去無始，未來無終，現在無際，覓之了不可
　　　　得，而不可謂無。應用千變萬化，而不可謂有。三世諸佛，一切眾
　　　　生，從無二體。十方虛空，剎塵差別，皆吾心所現之相分耳。是故
　　　　四種淨土，皆不在心外，乃名唯心。謂極樂不即唯心，則西方豈在
　　　　心外？而吾心豈局東方者哉？〔註383〕

其先說明實相妙理之「現前一念心性」在「時空」、「有無」是「即空即假即中」，在「體性」上是「三世諸佛，一切眾生，從無二體」，而此不可思議、種絕待圓融之清淨實相本體的「作用」，則是「十方虛空，剎塵差別」，皆隨順吾人現前一念心之迷悟因緣，而現種種差別相貌分別，即「三界唯心，萬法唯識」。

　　b. 夢幻與非夢幻

　　對「十方虛空，剎塵差別，皆吾心所現之相分耳」之「三界唯心，萬法唯識」之理，智旭曾詳說：

　　　　華嚴經云：「若人欲了知，三世一切佛，應觀法界性，一切惟心造」。
　　　　金剛經云：「一切有為法，如夢幻泡影、如露亦如電，應作如是觀」。
　　　　當知二偈，旨趣無別。既惟心造，皆是有為。既惟有為，皆如夢幻。
　　　　然有為有二：一有為有漏，即六凡法界。二有為無漏：即四聖法界。

〔註382〕〔明〕蕅益智旭：〈示宋養蓮〉《靈峰宗論》卷二之三，頁 10462。
〔註383〕〔明〕蕅益智旭：〈示謝在之〉《靈峰宗論》卷二之四，頁 10525～10526。

十界聖凡雖別，究竟皆惟心造。而有為有漏如夢幻，有為無漏順法
性故，非夢幻也。〔註384〕

對於「三界唯心，萬法唯識」所造之有為法界，在引文提出有為有二之說：一
是有為有漏，即六凡法界，是有為有漏如夢幻。二是有為無漏：即四聖法界，
而有為無漏順法性故，非夢幻也。另外，智旭也說「三界唯心，萬法唯識，此
性相二宗，所由立也」〔註385〕，對「性相二宗」，其喻為「猶波之與水，從來
不可分隔」，並「融以心鏡」。〔註386〕但觀一念心性，覓之了不可得，且炳現
萬法。

接著，其對何謂「六凡皆唯心造」，以上中下三品十惡和上中下三品十善，
一一詳言，在此僅各舉一說：「若一念與上品十惡相應，則法界舉體而為地獄」、
「一念與上品十善相應，法界舉體為天道」，〔註387〕而此六道者，不但是三
塗惡道或至下界人天，皆生死往還，如幻如夢。假饒升至非想非非想處天，
福報享盡也不免墮落空亡，故曰「皆如夢幻也」。

而何謂「四聖皆唯心造」，在此也僅舉智旭在〈歙浦天馬院普說〉之其中
一說：「能以先知覺後知，先覺覺後覺，廣修六度萬行，自利利他，則法界舉
體為菩薩。菩薩復有四種，……」〔註388〕。然在四聖法界中。二乘聲聞、獨
覺雖出生死，但證偏真，不達心性全體，僅名有為無漏。而諸佛菩薩，「能證
心性全體，故約全性起修，即名有為無漏，可也」。而若約全修在性，「即名無
為無漏，可也」。是以，凡聖同居土、方便有餘土、實報莊嚴土、常寂光淨土
四種淨土，皆「不在心外」，乃名「唯心」。〔註389〕

〔註384〕〔明〕蕅益智旭：〈歙浦天馬院普說〉《靈峰宗論》卷四之一，《蕅益大師全
集》第十七冊（臺北：佛教出版社，2014年），頁10796～10797。

〔註385〕〔明〕蕅益智旭：〈重刻成唯識論自考錄序〉《靈峰宗論》卷六之三，《蕅益
大師全集》第十七冊（臺北：佛教出版社，2014年），頁11162。

〔註386〕「性相二宗，猶波之與水，從來不可分隔，而其流弊也甚，至分河飲水。此
豈文殊彌勒之過？亦豈馬鳴護法之旨哉？……復因數番講演，深理葛藤之
根，並探二宗，融以心鏡。……」。〔明〕蕅益智旭：〈重刻大佛頂經玄文序〉
《大佛頂萬行首楞嚴經玄義》，《蕅益大師全集》第六冊（臺北：佛教出版社，
2014年），頁3495～3497。

〔註387〕〔明〕蕅益智旭：〈歙浦天馬院普說〉《靈峰宗論》卷四之一，頁10797。

〔註388〕〔明〕蕅益智旭：〈歙浦天馬院普說〉《靈峰宗論》卷四之一，頁10798。

〔註389〕本段之引用，均引自〈示謝在之〉法語。〔明〕蕅益智旭：〈示謝在之〉《靈
峰宗論》卷二之四，《蕅益大師全集》第十六冊（臺北：佛教出版社，2014
年），頁10525～10526。

c. 夢心即是覺心

對於眾生之法執,智旭指出,有人謂諸有為法皆如夢幻,不必求生夢幻西方,卻不知這一念實相心性,不可喚作有為、不可喚作無為。只因眾生一心念迷,故而「即無為成有為」,而成為有三界輪迴因果。〔註390〕再者,據前所述,依止信願持名之心所現之極樂世界是「實相正印之所印」〔註391〕,即名「無為無漏」,實非夢幻也。

而智旭曾闡釋《金剛經》將有為法喻如夢、幻、泡、影、露、電,是為「破凡外二乘我法二執」,讓人得以因此言生起觀照,可以一念返迷歸悟,是即「有為成無為」。他又以「真妄元一」來深說「夢幻和真如」之理:

> 夫夢境雖空,而夢心即是覺心。幻事雖虛,而幻本亦不全虛。泡雖無實,而非無水。影雖無實,而非無質。則知六凡生死往還,雖如幻夢。而佛性亦不斷滅,但日用不知耳。〔註392〕

故而倘能「如夢得醒」,是由夢幻中醒悟,離妄即能開顯真如,此即本文第叁章第三節所論述之「但盡凡情,別無聖解」之理。當離妄而開顯真如,則有如「幻復本,泡歸水,影歸質,露不異溼性,電不異常光」,一切都是離妄而顯本來所真如佛性之本源。而今之念佛求生淨土,正是「返迷歸悟、至圓至頓」之法,卻一概以夢幻掃卻,可乎哉?

2. 破「以理奪事」、「執理廢事」之所知障

智旭以所發明之「對待論及絕對待論」,以及「修德有功,性德方顯」來解眾生「當下即是淨土,何必西方」之惑見。

(1)對待論及絕對待論

即使順修空論者以偏空觀之說,將一切全以夢幻論之,不過,智旭指出今人卻是在「夢幻妻子家緣,不能當下割捨。夢幻功名富貴,不能當下遠離。夢幻苦樂寒暑,不能當下覷破。乃至夢幻詩文機鋒轉語,不能當下唾棄」,卻「獨於夢幻西方,則不求生」,實亦大惑矣!

接著,他對「持名念佛求生淨土」之因緣,提出二個觀點:

〔註390〕〔明〕蕅益智旭:〈示謝在之〉《靈峰宗論》卷二之四,頁10526。
〔註391〕〔明〕蕅益智旭:《佛說阿彌陀經要解》,《蕅益大師全集》第四冊(臺北:佛教出版社,2014年),頁2183。
〔註392〕〔明〕蕅益智旭:〈歙浦天馬院普說〉《靈峰宗論》卷四之一,《蕅益大師全集》第十七冊(臺北:佛教出版社,2014年),頁10800。

夫依對待而論，娑婆活計，添夢者也。求生淨土，醒夢者也，不可
不求生也。依絕待而論，惑業感於三界，惡夢也。念佛生於淨土，
好夢也，亦不可不求生也。〔註393〕

引文之「對待論」和「絕對待論」二觀點分析如下：

a. 依對待而論

依世間之「對待法」，以「娑婆活計」對「求生淨土」二對待相分來看，智旭對於修空論者提出，修「空」觀是為破「徧計執」，意即要破在心中名言所安立的種種執著，但是，對「依他而起」之夢幻泡影的假觀，還是有凡聖染淨因緣的差別，故而，要有慧眼揀擇。所以，智旭以在世時追求「娑婆活計」和念佛「求生淨土」，前者稱為「添夢」因緣，後者則是「醒夢」因緣。

眾生一念心之第八識自無始以來「恆轉如暴流」〔註394〕，在三界生死輪迴流轉中。倘一念心背覺合塵，隨順種種貪嗔痴追求「娑婆活計」，只是增添流轉夢幻三界的業力因緣，所以稱「添夢」。而一念心覺悟持名念佛，始覺合於本覺佛性，便能轉凡心成佛心，此則是離三流轉夢幻三界的因緣，所以稱「醒夢者」。

b. 依絕對待而論

眾生介爾一念具足理具、事造二重三千，故而「如一念，一切諸念亦如是。如心法，一切色法亦如是。如實法，一切假名亦如是」，以唯識論之亦義同：

只因舉體成用，用既依他，體必同成依他，故四分皆屬依他，不許單立見相為依他性。以用外別無體故，若了知全用即體，則體既圓成，用亦當下圓成，故四分皆即圓成，不許單立內之二分為圓成實，以體外別無用故。〔註395〕

依絕待而論，介爾一心絕待不二，無任何二分對待。現前一念心是「全體即是無明，又全體即是法性」，真妄元在於一心。故而，但念地獄則地獄界人，念餓鬼則餓鬼界人，乃至念佛則為佛界人耳。是以，當吾人一念心背覺合塵

〔註393〕〔明〕蕅益智旭：〈示謝在之〉《靈峰宗論》卷二之四，《蕅益大師全集》第十六冊（臺北：佛教出版社，2014年），頁10527。

〔註394〕〔明〕蕅益智旭：《唯識三十論》《相宗八要直解》卷第四，《蕅益大師全集》第十五冊（臺北：佛教出版社，2014年），頁9544、9547。

〔註395〕〔明〕蕅益智旭：〈示講堂大眾并註〉《靈峰宗論》卷二之四，《蕅益大師全集》第十六冊（臺北：佛教出版社，2014年），頁10548～10549。

而迷，即因惑業感於流轉三界，則成輪迴「惡夢」。倘一念心背塵合覺而悟，始覺合本，「一念相應一念佛，念念相應念念佛」，則是念佛生於淨土，便為成佛「好夢」。

（2）修德有功，性德方顯

因偏空者又執取「掃掉一切夢幻泡影假，當下就是淨土，何必求生西方」之知見障礙，智旭以「即事入理」破「以理奪事」、「執理廢事」之所知障：

> 惑者又曰：「當下即是淨土，何必西方？」。問曰：「當下即飽暖，何必喫飯穿衣？當下即富貴，何必貨殖科甲？當下是學問，何必讀書？當下是帝京，何必北上、」既世間法毫不可廢，何獨於出世法而廢之？苟深思此理，淨土之生，萬牛莫挽矣。天如大祖師云：「悟後不願往生，敢保老兄未悟。」釋迦復起，不易斯言。〔註396〕

吾人介爾一念是具足「理具、事造」二重三千，是以本身有真如實相之「性具」，還要持名念佛之「事修」，才能夠顯現自性所具之真如實相理。故智旭言「世人侈談無相之理，而不達實相之印。謬以豁達空為清淨法身，誰知微妙淨法身，具相三十二。托事表法，乃華藏之玄門」〔註397〕，又言「法身之性，本無差別。佛異眾生，修德有功而已」〔註398〕，是故，須在事修上「修德有功」，方能顯真如佛性，即「性德方顯」〔註399〕。

所謂「修德有功，性德方顯」，則有如念佛法門中之「自他俱念」者，因了知「心佛眾生三無差別」，意即「眾生是諸佛心內眾生，諸佛是眾生心內諸佛」〔註400〕之理，所以能以持名念佛來「托彼果上依正，顯我自心理智」〔註401〕，此即《觀經》云：「是心作佛，是心是佛。」，由我心性本具功德不可思議，而諸佛果中威力不可思議，故念自佛念他佛二者能感應道交，自他不隔。而使「極果圓因，稱理映發」。

〔註396〕〔明〕蕅益智旭：〈示謝在之〉《靈峰宗論》卷二之四，頁 10527。

〔註397〕〔明〕蕅益智旭：〈造毘盧尊像疏〉《淨信堂初集》卷七，明學主編：《蕅益大師全集》第七冊（四川：巴蜀書社，2018 年），頁 467。

〔註398〕〔明〕蕅益智旭：〈示用晦二則〉《靈峰宗論》卷二之五，《蕅益大師全集》第十六冊（臺北：佛教出版社，2014 年），頁 10580。

〔註399〕〔明〕蕅益智旭：《大佛頂萬行首楞嚴經文句》卷第四，《蕅益大師全集》第六冊（臺北：佛教出版社，2014 年），頁 4180。

〔註400〕〔明〕蕅益智旭：〈淨然沙彌化念佛疏〉《靈峰宗論》卷七之四，《蕅益大師全集》第十八冊（臺北：佛教出版社，2014 年），頁 11361。

〔註401〕〔明〕蕅益智旭：〈淨然沙彌化念佛疏〉《靈峰宗論》卷七之四，頁 11361。

　　在引文最後，智旭以苟能深思此持名念佛之實相妙理，則對此法必是「淨土之生，萬牛莫挽矣」之堅定信願，並引元朝臨濟宗天如惟則大祖師云：「悟後不願往生，敢保老兄未悟。」證之，且以「釋迦復起，不易斯言」來說明自己對持名念佛一法所言不虛。

第伍章 《靈峰宗論》之智旭文學探究

智旭以豐富註述釋論一家之言影響後世，爰是以思想之文字般若著稱於世。在明末四大高僧之詩作，僅其之詩偈未被收錄於《列朝詩集》和《明詩綜》。究其中原因，或許在當代，他皆以佛法與出家及在家眾論道交遊，且堅拒與位高權重之人應酬，故而詩偈作品雖多，但未以詩及其他文學藝術之名聞世。而《宗論》所收詩偈，未選之詩雖多有名句，但所收之詩又多被刪減或修改，然被改之作與原作相比，除內容有些改得訛誤之外，所改之詩句並未更精，未被收入詩集或也是原因。

因其思想所顯之文字般若光芒奪目，當代後世讀其文字多僅於探討義理。本文嘗試首次在本章以文學面向來研究智旭文稿，探討智旭之創作觀，並對其詩偈作初探。而在第二節以探訪其根本道場靈峰寺所收集之僅存手書，對其書法作品提出分析。

第一節　智旭創作觀

智旭之著述觀，在本文第壹章已討論：「著述須實從自己胸中流出」，在此補充有關此點之論證：

> 雖丈夫不朽事業，正應努力，但此事實非草草者。雲棲大師云：「古人著述，多在晚年」。良以道曠無涯，逢人不盡。試觀上代疏論家，皆備殫一生精神，博綜內外學問，方得一二帙垂世，尚不免後賢彈駁。況可以一時口耳草料，欲流布人間邪？雖邊方僻地，亦不應謂

其無，須見到養到，從居安資深中流出，則輝天燭地，照古騰今，

非分外耳。至於毗尼一事，尤不容片言隻字杜撰。〔註1〕

其引雲棲大師言「古人著述，多在晚年」，原因在於「道曠無涯，逢人不盡」，並舉以前祖師作疏論，皆是殫竭一生修行，博綜內外學問，方得一二峽心血著述傳世，即使如此，尚不免被後世聖賢之人彈駁。故而他反問，後人能以聽來的「口耳草料」就做為流傳後世的著作材料嗎？引文中再強調著述「須見到養到，從居安資深中流出」，意即要解行相資得證，從本來自性心中秘藏流出之文字，方能「輝天燭地，照古騰今」，真正成不朽事業，這也是其自言出家初志是急欲剋獲聖，方能閱藏著述以明正法之因。

而智旭於約三十九、四十歲時說到自己「即此十五六年行腳，打破面皮，放捨身命，僅開得名字即佛位中一隻清淨肉眼，於佛菩提了了得知，歸家道路明如指掌」〔註2〕。他為得聖證，出家後十五六年間，是「打破面皮，放捨身命」之死心行腳，才得「佛菩提了了得知，歸家道路明如指掌」之佛眼，但因當世修行學人多有「罔不未得言得。未證言證」〔註3〕之大妄語風氣，故而其自謙只是得「名字即佛位」中「一隻清淨肉眼」之凡夫。〔註4〕再觀其自傳及著作，他是在三十九歲夏、秋之際，居九子別峰註《梵網經》時，開始了註經義理之著述，實符合上述其對註經釋論的看法。

本節再分析智旭其他著述及文學觀，以了解其著作目的，並證明他的創作觀與思想是一以貫之的。

一、心影說

在〈題邵石生集陶近體三則〉之第一則，提出創作論為「心影說」：

古今奇絕詩文，無非各從良知變現。而昧者以為定屬古今，不知皆吾自心影也，故為詩文所用不能善用詩文。此集，真善用陶者乎！

〔註1〕〔明〕蕅益智旭：〈寄修雅法主〉《淨信堂初集》卷六，明學主編：《蕅益大師全集》第七冊（四川：巴蜀書社，2018年），頁429。

〔註2〕〔明〕蕅益智旭：〈復陳旻昭〉《絕餘編》卷三，明學主編：《蕅益大師全集》第七冊（四川：巴蜀書社，2018年），頁561。

〔註3〕〔明〕蕅益智旭：〈贈衍如兄序〉《靈峰宗論》卷六之二，《蕅益大師全集》第十七冊（臺北：佛教出版社，2014年），頁11125。

〔註4〕在天台所判六即佛依序為：理佛、名字佛、觀行佛、相似佛、分證佛、究竟佛，「名字即佛位」只是「宿福之人天，僅聞佛之名字者」。而在「肉眼、天眼、慧眼、法眼、佛眼」五眼中，「肉眼」是父母所生之眼。

雖曰陶詩實邵影。〔註5〕

引文所言之「心影說」，以四點分析其內涵：

（一）一切相分，皆是心影

其於〈示講堂大眾並註〉講演唯識「相分」、「見分」、「自證分」、「證自證分」，對「心影」作了說明：

> 一切相分，皆是心影。一切見分，皆是心光。一切自證分，皆是心體。一切證自證分。皆是心性。光影妄，則體性亦妄。體性真，則光影亦真。〔註6〕

其言一切「相分」皆是「心影」，以鏡喻真如實相之心，則「心影」喻如鏡像。是以，一切「相分」即現前一念心中所現影，即「心影」之義。

對引文所講唯識四分，智旭指出「只達遍計本空，依他如幻，即是圓成實性，非別有也」之旨，並詳說如下：

> 只因「舉體成用」，用既依他，體必同成依他，故四分皆屬依他，不許單立見、相為依他性。以用外別無體故，若了知「全用即體」，則體既圓成，用亦當下圓成，故四分皆即圓成，不許單立內之二分為圓成實，以體外別無用故。〔註7〕

引文「舉體成用」、「全用即體」即「全理成事，全事即理」、「一即是多、多即是一」，在本文第肆章第三節「介爾一心」已詳述此「理事一體」之義。智旭最後指出因今人不達此義，若「執四分皆是依他，於四分之外別立圓成實性，而云真如與一切法不一不異」，則是猶捨彼已成繩之麻，而別求未成繩之麻，與繩相對，乃云不一不異也」。〔註8〕

（二）當念之性，即十世古今之性

智旭以「十世古今，始終不離於當念」〔註9〕，來說明離現前一念，竟

〔註5〕〔明〕蕅益智旭：〈題邵石生集陶近體三則〉《靈峰宗論》卷七之二，《蕅益大師全集》第十八冊（臺北：佛教出版社，2014年），頁11301。

〔註6〕〔明〕蕅益智旭：〈示講堂大眾并註〉《靈峰宗論》卷二之四，《蕅益大師全集》第十六冊（臺北：佛教出版社，2014年），頁10545～10546。

〔註7〕〔明〕蕅益智旭：〈示講堂大眾并註〉《靈峰宗論》卷二之四，頁10548～10549。

〔註8〕〔明〕蕅益智旭：〈示講堂大眾并註〉《靈峰宗論》卷二之四，頁10549。

〔註9〕〔唐〕李通玄撰《新華嚴經論》卷第一原文為：「無邊剎境，自他不隔於毫端。十世古今，始終不移於當念」，智旭所引字句有不同，但意同。《大正藏》第36冊 CBETA, T36, no1739, p. 0721a06。

無少許實法可得。「十世」是指過去世、現在世、未來世，每一世又包含三世，九世全在現前介爾一念中，故為「十世」。且「十世」互融互攝，如《華嚴經論》偈頌所言：「過去中未來，未來中現在，三世互相見，一一皆明了。」〔註10〕。是以，智旭說「當念之性，即十世古今之性」，且「一切含靈亦同此性，無量壽佛亦同此性。覺此性者謂之佛，詮此性者謂之法，順此性者謂之僧……以此性為畢竟所依，謂之念第一義天」。〔註11〕

他又提出「此方之機，以文字為教體」之見解：

> 此方之機，以文字為教體。故儒號文宣，佛號迦文。由性天垂文章，文章可聞，即性天可聞也。由文章達性天，性天不可聞，即文章亦豈可聞哉？〔註12〕

智旭指出「文字性空」，而「性空即是實相，實相離一切相，即一切法，豈離文字而解脫哉？」。〔註13〕故而，諸佛菩薩弘慈，依實相性天而垂文字以演妙章句，以此文字性空之方便巧度眾生。所以，智旭常言一切了義大乘、諸祖公案、一切經論、三乘十二分教，不過現前一念心之註腳。他又言古今奇絕詩文，無非各從良知變現，而昧者以為「定屬古今」，是因不知「十世古今，始終不離於當念」、「當念之性，即十世古今之性」之究竟理，故而·他提出奇絕詩文·「實皆吾自心影也」之論點。

（三）應善用詩文不為詩文所用

因昧者不知奇絕詩文皆吾人自心所垂文字之影，誤以為定要學古習今，又不知「十世古今，始終不離於當念」，故為詩文所用不能善用詩文。在〈題邵石生集陶近體三則〉其二再論述之：

> 戛玉敲金，非以其工也。鎔凡鑄聖，非以其才也。苟壅其血脈，臂不能使腕，腕不能使指，況身外物乎。苟達其性情，龍可豢，虎可馴，況詩句乎？雖然龍虎特易伏耳，不善用詩句，則詩句之怒，殆

〔註10〕實叉難陀奉制譯：《大方廣佛華嚴經》卷第四十九「普賢行品第三十六」《大正藏》第 10 冊，CBETA, T10, no0279, p.0033b10。

〔註11〕〔明〕蕅益智旭：〈壽優婆夷馬母宋太碩人七袠序〉《靈峰宗論》卷八之二，《蕅益大師全集》第十八冊（臺北：佛教出版社，2014 年），頁 11439。

〔註12〕〔明〕蕅益智旭：〈募刻憨山大師全集疏〉《靈峰宗論》卷七之四，頁 11373。

〔註13〕〔明〕蕅益智旭：〈絕餘編序〉，《絕餘編》卷首，明學主編：《蕅益大師全集》第七冊（四川：巴蜀書社，2018 年），頁 528。

有甚於龍虎者矣。〔註14〕

引文以「戞玉敲金，非以其工也。鎔凡鑄聖，非以其才也」為喻說明詩文之奇絕非以「工」和「才」來鍛鑄，而是再強調倘能「達其性情」，則「龍可豢，虎可馴」，何況作詩為文？此「龍可豢，虎可馴」之喻，當是指達實相之心性。一般人雖難以達真如實相，但不論境界如何，倘能具「達其性情」之一念所流露之文字，自是屬於當下至心性情之詩文。能感動自己的文字，當能感動閱讀者。即使詩文是尚非見性之門外語，也能感得共鳴之人。

但，智旭也提出，若不能善用詩句，「則詩句之怒，殆有甚於龍虎者矣」，「詩句之怒」之喻應是指異端邪見之文字，此遺毒眾生法身慧命之害是比龍虎傷人身命之害更甚者。在〈題邵石生集陶近體三則〉其三則引「莊子云魚相忘於江湖」，提出為詩文應「夫忘其用，乃為大忘。亦忘其忘，乃為大用」之論。因吾人介爾一念，「頓具十界百界千如，理具事造，無餘無欠，炳然齊現」，是「無事安排」的，是以，能明此理，則能隨自心而語詩文，即能善用詩文不為詩文所用。如何明此理？智旭說明世間學問之法：

> 有出格之見地，方有千古之品格。有千古之品格，方有超方之學問。有超方之學問，方有蓋世之文章。今欲文章蓋世，學問超方，而不從立品格始，欲立品格不從開見地始，是猶之楚而北其轅也。
> 〔註15〕

而出格見地，因「習俗移人，賢智不免」，故應「以理奪情，以性違習」，以此出格見地立千古品格，而使文章、學問、事業不待他求。儒與佛雖分世出世局，但智旭言「在世能為真儒，出世方為真釋」〔註16〕、「誰謂宣尼心學僅在六合內，而牟尼法要不在日用間哉」〔註17〕，爰世出世法一以貫之，即以此超方眼目，不被時流籠罩，擇「圓頓初心，悟因緣即空假中」，而獲「融剎土於毫端，會古今於當念」〔註18〕之殊勝極義。

〔註14〕〔明〕蕅益智旭：〈題邵石生集陶近體三則〉其二《靈峰宗論》卷七之二，《蕅益大師全集》第十八冊（臺北：佛教出版社，2014年），頁11301。

〔註15〕〔明〕蕅益智旭：〈示王簡在〉《淨信堂初集》卷三，明學主編：《蕅益大師全集》第七冊（四川：巴蜀書社，2018年），頁325。

〔註16〕〔明〕蕅益智旭：〈示石耕〉《靈峰宗論》卷二之四，《蕅益大師全集》第十六冊（臺北：佛教出版社，2014年），頁10537。

〔註17〕〔明〕蕅益智旭：〈介石居記〉《淨信堂初集》卷五，明學主編：《蕅益大師全集》第七冊（四川：巴蜀書社，2018年），頁379。

〔註18〕〔明〕蕅益智旭：〈介石居記〉《淨信堂初集》卷五，頁379。

（四）一切文字音聲點畫皆心影

智旭點出邵石生集陶近體詩集，為「真善用陶者乎」，雖曰陶詩實「邵影」，意即，邵石生雖然是編陶近體詩集，但此詩集卻是編者邵石生「心之影」所現。每個人心之境界不同，所選之詩不同，所輯詩集實是顯現自心之影。

以智旭文稿為例，其在觸境逢緣時，因現前一念心是「名字位中真佛眼」，故而，是以其「名字位中真佛眼」之心解所見一切，所以他在見書法、繡畫、聽樂、題畫、作詩等，皆作佛知佛見解，故而其在所有作品所現文字心影，都是「佛知佛見」。

是以，智旭此現前一念之「心影說」，實可作為用來解釋所有文學之究竟理論。

二、萬象萬行與音聲點畫，同名文字般若〔註19〕

智旭對文字般若的定義是：「萬象萬行與音聲點畫，同名文字般若」。又說「文字般若，與觀照、實相，非一非異」〔註20〕。故而其著作中對韻書、詩集、念佛、聖像、寫經、憨大師書法、繡經、題畫、像贊、歌等萬象萬行與音聲點畫所寫文字，皆是以其實相般若，寫其現前一念心之「炳現根身器界、百界千如、森羅昭布」〔註21〕。也就是以其圓人之佛知見，所看一切都是圓解之文字般若，著作文字皆如實顯現其介爾一心之本地風光。

上述萬象萬行與音聲點畫皆是三般若之圓解，見於其所有文字，舉其所作〈題等韻〉之例：

> 文字性空，緣生故有。一音一字，咸即法界。所以眾藝童子唱字母
> 時，一一無非般若波羅蜜門。而今於因緣所生法中，尚未知其端的，
> 況能知此音性字性，皆悉即空即假即中，頓成三般若耶。〔註22〕

在引文中智旭用華嚴宗法界論、天台宗三觀、三般若，他曾言：「娑婆世界以音聲語言為教體，故一一文字，皆佛祖慧命聖學源流所關也」〔註23〕，「有名

〔註19〕〔明〕蕅益智旭：〈水心持金剛經跋〉《靈峰宗論》卷七之一，《蕅益大師全集》第十八冊（臺北：佛教出版社，2014 年），頁 11242。

〔註20〕〔明〕蕅益智旭：〈水心持金剛經跋〉《靈峰宗論》卷七之一，頁 11242。

〔註21〕〔明〕蕅益智旭：〈示閣大飛二則〉《靈峰宗論》卷二之五，《蕅益大師全集》第十六冊（臺北：佛教出版社，2014 年），頁 10527～10528。

〔註22〕〔明〕蕅益智旭：〈題等韻〉《絕餘編》卷三，明學主編：《蕅益大師全集》第七冊（四川：巴蜀書社，2018 年），頁 557。

〔註23〕〔明〕蕅益智旭：〈募造敬字菴疏〉《靈峰宗論》卷七之四，《蕅益大師全集》

異而實同者，如台宗謂之一心三觀、賢首謂之一真法界、相宗謂之勝義唯識、禪宗謂之向上一著，蓋未始少異也」〔註24〕，各宗各派所言名相雖異，但都是指父母未生前本性真如實相。

> 雖然法無迷悟，迷悟在人。觀照為實相之門，文字又為觀照之門，
> 則此一帙，未始非諸佛智母，縱令習而不察，如貧女寶藏，雖未受
> 用，不可謂無。況今書者讀者，又孰非善財眷屬哉？〔註25〕

本人見性後，如實知自心本地風光，了達「真妄同源」、「心佛眾生三無差別」，見一切「萬象萬行與音聲點畫」，均作圓解。故而讀智旭文字，不能依文解義，被文字所縛，才能見其文字中之般若旨。

三、以實相來看「萬象萬行與音聲點畫」

智旭曾言此娑婆世界是以「音聲語言為教體」〔註26〕，故一一文字，皆與佛祖慧命聖學源流所關。此論點之前題即是以「實相」來看「萬象萬行與音聲點畫」，他在文稿以不同面向來引導閱聽者，如何將「萬象萬行與音聲點畫」作為佛事。以下分述之。

（一）見巧逾天工聖像，恍悟心作心是之旨

智旭因見鄭千里老居士所繪聖像，微細精妙，巧逾天工，而恍悟「心作心是」之旨，〔註27〕即所謂「是心是佛，是心作佛」之意。他以栴檀木例，在隨心雕刻成佛像，並「朝夕禮拜瞻對，朝夕在心目中，心外無佛，豈非即心而是乎」，〔註28〕來說明「萬象萬行與音聲點畫」皆能「心作心是」。

智旭說「心之妙也」，能使三世佛依此成道，然而眾生因一念心顛倒妄想起惑造業，隨業感報十二類生依此輪轉，山河日月亦依此「心」幻現，文字音聲依此「心」發宣。故而，「心」不可以言語形容，然言語未嘗不即「心」也。他對「心之妙」是期以「隨一一語，必攬心之全體大用。然盡未來際，演無量

第十八冊（臺北：佛教出版社，2014年），頁11359。

〔註24〕〔明〕蕅益智旭：《梵室偶談》第四十七條，明學主編：《蕅益大師全集》第九冊（四川：巴蜀書社，2018年），頁368。

〔註25〕〔明〕蕅益智旭：〈題等韻〉《絕餘編》卷六，頁557。

〔註26〕〔明〕蕅益智旭：〈募造敬字菴疏〉《靈峰宗論》卷七之四，頁11359。

〔註27〕〔明〕蕅益智旭：〈贈鄭完德念佛序〉《靈峰宗論》卷六之四，《蕅益大師全集》第十七冊（臺北：佛教出版社，2014年），頁11205。

〔註28〕〔明〕蕅益智旭：〈孕蓮說(亦名求生淨土訣)〉《靈峰宗論》卷四之二，頁10840～10841。

言語，亦不罄一念心之妙也。而人各具妙心，得釋迦、老子、法華妙經，庶幾此一念妙心註腳」。〔註29〕

智旭在〈憨大師書唐修雅法師聽法華經歌跋〉舉法華妙經，得修法師聽法妙歌，此歌為絕妙好詞，又得憨山大師絕妙手筆，庶稱「二絕」。即使世間有不知自心妙、法華妙及此歌之妙者，但因珍視憨山大師妙筆而日夕玩之，因此妙筆之緣，安知不「因字知歌，因歌識經，因經悟心也哉」。然則，此妙字、妙歌、妙經，「無不從妙心流出，無不還歸妙心」，以此妙字、妙歌、妙經等法法銷歸本具真如實相：「誰謂心外有法。法外又別有心也」。〔註30〕

（二）但轉其名而不轉其實相本體

在《古今圖書集成》〔註31〕及《歷朝金剛經持驗紀》〔註32〕皆記載「唐氏女繡金剛經」之事，此事略說為，明天啟甲子年（1624），唐氏女想繡花鳥，親人勸曰：「汝既長齋，宜繡佛繡經，攝心三寶」。故其發願繡金剛經。但繡經一事，未有結果。唐氏女身體素來羸弱，在乙丑年（1625）正月十三日傍晚，其突然昏絕，遍體冰令，整晚鼻無出息。

至天快亮時。唐氏女忽然醒來並說：「我要繡。」親人問其原因，她說，在昏迷中見一金甲大神振錫一聲，問曰：「汝還能記繡經之願否？」我答：「還記得。」金甲神又振錫一聲問：「汝能繡經否？」。再答：「我要繡。」才得以清醒。唐氏女自此雖因繡經針工勞苦費神，但卻再也諸病不侵。至崇禎壬申年（1632），繡經一事始得圓滿。據載，唐氏女所繡金剛經之妙，為「精巧密緻，如筆寫綾上」觀者驟難辨其為繡也」。

智旭據此寫〈唐氏女繡金剛經跋〉，並以次第說明如何因繡經作品之文字般若起觀照般若，最後證實相般若。為容易從引文了解說明此「但轉其名而不轉其體」而證實相般若之次第，以文句分列如下：

世之繡花鳥者，曰綾與線也、手也、心也。

〔註29〕〔明〕蕅益智旭：〈憨大師書唐修雅法師聽法華經歌跋〉《靈峰宗論》卷七之二，《蕅益大師全集》第十八冊（臺北：佛教出版社，2014年），頁11286。

〔註30〕〔明〕蕅益智旭：〈憨大師書唐修雅法師聽法華經歌跋〉《靈峰宗論》卷七之二，頁11286～11287。

〔註31〕〔清〕《古今圖書集成選輯（上）》「博物彙編神異典第一百六卷」《大藏經補編》第15冊，CBETA, B15, no0088, p.0533a12。

〔註32〕〔清〕《歷朝金剛經持驗紀》下卷《卍新續藏》第87冊，CBETA, X87, no1635, p.0550c11。

以美綾細線、靈心妙手，而繡花鳥，則花鳥矣。轉而繡般若，則般
若矣。

謂般若與花鳥異，綾線心手果且有異乎哉。

謂花鳥與般若同，昇沉苦樂果且有同乎哉。

以美綾細線繡花鳥，猶云法身流轉，名眾生也。

即以此繡般若，猶云苦即法身，為實相般若也。

以靈心繡花鳥，猶云菩提即煩惱也。

即以此繡般若，猶云煩惱即菩提，為觀照般若也。

以妙手繡花鳥，猶云涅槃即生死也。

即以此繡般若，猶云結業即解。為文字般若也。

夫三般若只在一轉關間。而綾線不轉，心不轉，手不轉，謂轉三障
為三德可，謂即三障是三德可。六祖所云但轉其名，無實性也。

使無綾線，無心、手，不可繡般若，亦豈可繡花鳥。

謂花鳥非美綾細線靈心妙手所成，吾不信也。

知此則蚰蜒六即，思過半矣。〔註33〕

引文前二行說「全事即理」，繡花鳥此「事」之名相為「綾與線也、手也、心也」，在此以「靈心妙手」稱手和心，「靈心」即本體實相之名，也就是「理」，而全體「事」相來自實相「理」體，有如「水波之喻」所言：水為理本體而生種種波之事相，但種種波之事相皆來自水之理體。故而以美綾細線、靈心妙手來繡花鳥，則僅僅是花鳥而已。若現前介爾一念心轉而繡般若，則花鳥即成文字般若。

引文第三、四行講「差別和無差別不二」及「於無差中作差別說，於差別中作無差說」之理。以佛之知見來看，事相之「般若與花鳥」是不同的，但是，卻與那來自本體實相般若之「綾線心手」是不二的，所以智旭便問「果且有異乎哉」？但，「謂花鳥與般若」是本體理同，但有如各人業力之因不同，在世間所現事相還是會有昇沉苦樂之果的差異，以眾生情見所見繡像自有不同心境差異。

引文第五到十段，是以《大方廣佛華嚴經隨疏演義鈔》「賢首品」第十二之「聞圓法」：「聞生死即法身，煩惱即般若，結業即解脫」〔註34〕來論述繡

〔註33〕〔明〕蕅益智旭：〈唐氏女繡金剛經跋〉《靈峰宗論》卷七之二，《蕅益大師全集》第十八冊（臺北：佛教出版社，2014年），頁11288～11289。

〔註34〕〔唐〕清涼澄觀：《大方廣佛華嚴經隨疏演義鈔》卷第三十五《大正藏》第36

花鳥與繡般若之「雖有三名而無三體，雖是一體而立三名，是三即一相，其實無有異」。而引文第十一至十四段，智旭續發揮其文字般若，教我們如何將眾生情見轉換成佛之知見。為明上述所言轉識成智之妙，以表格顯示如下：

【表二十六】〈唐氏女繡金剛經跋〉「轉其名而不轉其體」之妙

以美綾細線	繡花鳥	猶云法身流轉，名眾生也	法身流轉五道，名曰眾生。報障
	繡般若	猶云苦即法身，為實相般若也	法身德
以靈心	繡花鳥	猶云菩提即煩惱也	煩惱障
	繡般若	猶云煩惱即菩提，為觀照般若也	般若德
以妙手	繡花鳥	猶云涅槃即生死也	業障
	繡般若	猶云結業即解，為文字般若也	解脫德

在引文第十一段因「三般若只在一轉關間」、「轉三障為三德可，謂即三障是三德可，提到「六祖所云但轉其名，無實性也」，《六祖壇經》原文後有註解：

> 如上轉識為智也。教中云，轉前五識為成所作智，轉第六識為妙觀察智，轉第七識為平等性智，轉第八識為大圓鏡智。雖六七因中轉，五八果上轉，但轉其名而不轉其體也。〔註35〕

智旭文中所引應為此註，所謂「轉其名而不轉其體」，即「全事即理，全妄即真」之「真妄元一」，故言「謂轉三障為三德可，謂即三障是三德可」。以水生波之例，水喻本體是真，因動生妄成種種波之事相，因「真妄同源，了妄無性」〔註36〕，波消失後還是回歸到水的本體之真。能知此理，則《妙宗鈔》蛣蜣六即修證之理，〔註37〕便可以了悟大半。

最後，智旭以唐善女在昏迷中所見之金甲神，闡發為即自心所具執金剛神，乃徹悟此妙明真心，來說明以此妙明真心所作之金剛經繡像文字般若，能令法界眾生因斯起觀照般若，而證實相般若：

冊，CBETA, T36, no1736, p.0266a13。

〔註35〕 〔唐〕惠能著，宗寶編：〈機緣第七〉《六祖大師法寶壇經》《大正藏》第 48 冊，CBETA, T48, no2008, p. 0356b15。

〔註36〕 〔明〕蕅益智旭：〈續與所忘往來諸柬〉第四則《淨信堂初集》卷四，明學主編：《蕅益大師全集》第七冊（四川：巴蜀書社，2018 年），頁 367。

〔註37〕 〔宋〕四明知禮：「又復應知，六即之義不專在佛。一切假實三乘人天，下至蛣蜣地獄色心，皆須六即辯其初後，所謂理蛣蜣名字乃至究竟蛣蜣。」《觀無量壽佛經疏妙宗鈔》卷第一《大正藏》第 37 冊，CBETA, T37, no1751, p.0198b22。《觀無量壽佛經疏妙宗鈔》，本文行文簡稱《妙宗鈔》。

唐善女，所見金甲神，即自心所具執金剛神，乃徹悟此心。三般若無
二體，而以同體大悲願力，護此文字般若，令法界眾生，因斯起觀照，
而證實相者也。覽者信唐女之感應，便可信自心感應，信自心感應，
便可信感應即非感應，非感應則無所不感，無所不應，是謂應無所住
而生其心，是謂感應道交難思議。是究竟般若，是究竟花鳥。〔註38〕

而三般若無二體，即妙明真心，實相本體。觀此金剛經繡像，信唐善女繡像
之心因至誠感應，便應信自心至誠亦有此感應，進而便可信感應即非感應，
非感應則無所不感，無所不應，即《金剛經》之旨「應無所住而生其心」，得
金剛般若之旨則「如人有目」，以此實相般若觀之則是究竟般若、是究竟花鳥！

（三）書寫之法尤可「自軌軌他，生解成觀」

其於〈蘊謙書法華經跋〉〔註39〕提到《法華經》所言修行此經的五種法
門：「受持、讀、誦、解說、書寫」，文中稱此五種修行方法為「五種法師」，
並說「書寫尤可自軌軌他，尤易生解成觀」，又闡發「書寫」之義為「一紙筆
墨也，一手腕也」，以此「寫婬辭豔曲，成三塗因。寫世間典籍，成人天因。
寫阿含三藏，成出世因。寫大乘方等，成菩薩因。寫妙法蓮華，則唯是佛因」。
〔註40〕說明書寫所成五因緣後，進一步又言：

> 儻紙墨筆手不能寫妙法者，亦必不能寫婬辭豔曲以溺人也。儻能寫
> 婬辭豔曲者，亦必能寫妙法以昭人也。是同一性靈也，一緣助也，
> 一功能也，十界升沉不分而分如此矣。且婬辭豔曲，雖三塗因，亦
> 具十界。如聞「他若無心我也休」，頓明心地，非佛因乎。佛尚具，
> 他可知矣。妙法蓮華雖佛界因，亦具十界。如經明謗斯經者，獲罪
> 無量，非地獄因乎。地獄尚具，他可知矣。〔註41〕

引文以《摩訶止觀》之「十界互具」、「一念三千」，〔註42〕來說明「是同一性靈

〔註38〕〔明〕蕅益智旭：〈唐氏女繡金剛經跋〉《靈峰宗論》卷七之二，《蕅益大師全
　　　　集》第十八冊（臺北：佛教出版社，2014年），頁11290。
〔註39〕〔明〕蕅益智旭：〈蘊謙書法華經跋〉《靈峰宗論》卷七之一，頁11255～11257。
〔註40〕〔明〕蕅益智旭：〈蘊謙書法華經跋〉《靈峰宗論》卷七之一，《蕅益大師全集》
　　　　第十八冊（臺北：佛教出版社，2014年），頁11255～11256。
〔註41〕〔明〕蕅益智旭：〈蘊謙書法華經跋〉《靈峰宗論》卷七之一，頁11256～11257。
〔註42〕《摩訶止觀》卷第五：原文為「夫一心具十法界，一法界又具十法界、百法
　　　　界」〔隋〕智者大師撰：《摩訶止觀》《大正藏》第46冊，CBETA, T46, no1911,
　　　　p.0052b01。

也，一緣助也，一功能也，十界升沉不分而分如此矣」之「真妄同源」、「真妄元一」之旨。也就是他在讀孟子中「舜盡事親之道」，突然頓明「現前介爾一念，全體即是無明，又全體即是法性」，如來藏「具有染淨善惡一切種子」，一切法不二，一切相不二，沒有分別對待，因而，一切相、一切無明也都是佛的法身，「諸佛法身，無處不現」。故而，智旭言「儻紙墨筆手不能寫妙法者，亦必不能寫婬辭豔曲以溺人也。儻能寫婬辭豔曲者，亦必能寫妙法以昭人也」。

他曾闡明「法華妙旨，惟令眾生開示悟入佛之知見。佛知見，現前一念心之實性是也」，指出「佛之知見」即其所發明之「現前介爾一念」。能具佛之知見者，境智互融，當知「吾人現前一念介爾之心，即是三般若」，所以「十界升沉不分」。智旭此文是教人如何以實相來看「萬象萬行與音聲點畫」，如「婬辭豔曲，雖三塗因，亦具十界」，舉樓子和尚聞曲「他若無心我也休」而頓明心地公案，來說明「非佛因乎。佛尚具，他可知矣」。反之，書寫佛經雖是佛界因，亦具十界。故而，若「經明謗斯經者」，獲罪無量，非成了地獄因乎？

智旭再深入說明如何以「書寫」達「自軌軌他，生解成觀」：

> 手腕功能一也，紙筆墨緣助一也。性靈知覺一也，十界非此俱不成。十界因此遂互具，既成而互具矣。則必有如是相性體力等。百界千如，炳然在一紙墨閒、一手筆閒、一性靈閒。性德三因，修德三因，性修相成，性修不二，可洞然於實相淵府矣。又示讀誦者，俾解成觀發，非自軌軌他之最勝者乎！〔註43〕

眾生本性清淨，從佛陀到歷來祖師宗匠之講經演法，只是要為眾生「解粘去縛，破盡凡夫心識」，還本來清淨自性，故言「性修相成，性修不二」。以此實相之心來書寫，又能以此示讀誦者，使人因此方式來解文字般若而成觀照般若，也就是「自軌軌他」之最勝法。

四、借詩說法〔註44〕：筆端三昧稱如夢

智旭曾言「詩偈可作也，儻侚套語不可襲也」〔註45〕，對著述更認為不

〔註43〕〔明〕蕅益智旭：〈蘊謙書法華經跋〉《靈峰宗論》卷七之一，《蕅益大師全集》第十八冊（臺北：佛教出版社，2014 年），頁 11257。

〔註44〕〔明〕蕅益智旭：〈八關齋戒勝會緣起〉《淨信堂初集》卷五，明學主編：《蕅益大師全集》第七冊（四川：巴蜀書社，2018 年），頁 384。

〔註45〕〔明〕蕅益智旭：〈復項居士〉《絕餘編》卷三，明學主編：《蕅益大師全集》第七冊（四川：巴蜀書社，2018 年），頁 565。

可循行數墨、索隱立異，而是要能「悟明文字三昧，似獨繭以抽絲，善能入理深談必敲骨而取髓」〔註46〕，則方可「悟入離文字法，而不離文字談解脫相」〔註47〕之文字著述理。

本文對「三昧」定義是「正定、正受」，「定」即「攝心為戒，因戒生定，因定發慧」之「定」。「定」有淺深，「三昧」亦有淺深，如《大佛頂萬行首楞嚴經》所講為「首楞嚴大定」。因「三昧」有淺深，故而在受用之果上也有種種不同程度之三昧。

智旭著作宏富，他對於語言文字的看法是：

> 語言文字，標月之指。神而明之，存乎其人。際明生平俔儡，全露筆端，斷不在筆端上安身立命。看得仙人手中扇，鷂子過新羅久矣。〔註48〕

他嘗言達磨大師稟單傳之印，猶以楞伽經印心。後世承虛接響，漫以「不通文字」為「不立文字」，遂成謗法之殃。其慨末法之弊，錯認單傳之旨，「爭向一機一境中弄精魂。撥經典為葛藤，棄文字於性外」，對經典文字「尚呵為拭瘡疣紙，奚望如法供養？尚不能尊重供養，奚望精其理暢其義」。

智旭深知「教外旨，終藉文字傳」、「儻非黃卷赤牘作標月指，開示真實修行出要，何由得證法性？」為免誤認指為月，還是要言明語言文字只是標月之指，目的在藉文字而得證法性，並舉「看得仙人手中扇」和「鷂子過新羅」二公案，直指「斷不在筆端上安身立命」。

他曾勸修學行人，「勿貪世間文字詩詞而礙正法」〔註49〕，對文稿皆自稱為「寱言」，期以「百世而後，有不寱者，未始不旦暮遇之」。因其自稱文稿為「寱言」，是以，在五十歲之後的文集則名為《西有寱餘》、《幻遊褋》及《幻住褋》。

智旭曾說「菩薩知一切惟心所現，如夢如幻，寧受幻夢勞苦，建立幻夢利益」〔註50〕，又言聖賢示現出世，為「覺悟群迷，不得已而有言」，而「言

〔註46〕〔明〕蕅益智旭：〈滅定業真言呪壇一百十日圓滿然香懺願文（丁丑）〉《絕餘編》卷一，明學主編：《蕅益大師全集》第七冊（四川：巴蜀書社，2018年），頁540。

〔註47〕〔明〕蕅益智旭：〈講金光明懺香文（乙亥二月）〉《淨信堂初集》卷二，頁310。

〔註48〕〔明〕蕅益智旭：〈與緒竺〉《靈峰宗論》卷五之一，《蕅益大師全集》第十七冊（臺北：佛教出版社，2014年），頁10955。

〔註49〕〔明〕蕅益智旭：〈示戒心〉其一《靈峰宗論》二之五，《蕅益大師全集》第十六冊（臺北：佛教出版社，2014年），頁10575。

〔註50〕〔明〕蕅益智旭：〈復曹源洵公〉《淨信堂初集》卷六，頁451。

此無言之旨即文字非文字，不離文字而說解脫，豈非實相觀照文字三般若。本非一異並別可思議哉」。〔註51〕智旭即自言因未完閱藏著述之願，姑而戮力幻住，一直未能戒筆，寧受幻夢勞苦，以文字般若為眾生建立幻夢利益。而對此「以語言文字而作法施」，他曾言：

> 予不能臻修世出世間功德，徒以語言文字而作法施，何異諸天說法
> 鳥耶！然一隙之明，弗忍自咎。藉此功德，回向西方，仍作迦陵頻
> 伽代彌陀廣宣法要可矣。〔註52〕

引文言己不忍自咎以一隙之明，故而願如諸說法鳥以語言文字作為法施供養。他秉「圓教行人，始自名字初心，便用佛知佛見修行」之旨，所作語言文字盡是引導閱者能從語言文字畫作書法等入觀自心實相，舉〈阿彌陀佛像讚〉為例：

> 畫師承此三昧力，紙筆為緣妙相生。此相即是因緣生，生即無生具
> 三諦。三諦三身既宛然，四德應知無缺減。所禮既即諦與德，能禮
> 應知即止觀。諦觀名別體復同，是故能所性空寂。稽首如空無所依，
> 是即自性無量覺。〔註53〕

智旭在題貫休〈十八應真像〉真跡讚曰「老僧手腕具神通，筆端三昧稱如夢」，亦可用來讚其為法忘軀，以其筆端三昧寫文字三昧，剖盡眾生迷執，在幻夢世事塵勞裡，作夢中利人之想的大願心。

第二節　靈峰片石舊盟新：訪北天目靈峰寺

在研究論文期間，除查找前述已亡佚之五本文集外，也因智旭著作甚豐，一直在尋訪其是否有留存之手跡，但二者均無所獲。後因讀李光一〈清秀雋永飄逸高遠──明高僧蕅益大師及其「靈鳥碑」〉一文，知靈峰寺在文革後還留有手書「靈鳥碑」及拓本，遂於 2019 年 6 月 28 日到智旭晚居之地──北天目靈峰寺參訪。

本文第貳章第三節「一、智旭與靈峰山：靈峰一片石，信可矢千秋」，探討

〔註51〕〔明〕蕅益智旭：〈較定宗鏡錄跋四則〉其一《靈峰宗論》七之二，《蕅益大師全集》第十八冊（臺北：佛教出版社，2014 年），頁 11312～11313。
〔註52〕〔明〕蕅益智旭：〈遺教解自跋〉《佛遺教經解》，《蕅益大師全集》第八冊（臺北：佛教出版社，2014 年），頁 5048。
〔註53〕〔明〕蕅益智旭：〈阿彌陀佛像讚〉《靈峰宗論》卷九之二，《蕅益大師全集》第十八冊（臺北：佛教出版社，2014 年），頁 111564。

智旭以「以欲普與法界有情同生極樂」之淨土法門道念持守靈峰山，選擇靈峰寺為示寂根本道場。本節將以在靈峰寺參訪所得資料，提出相關問題一同探討。

一、靈峰寺現存古物

靈峰寺現任方丈慈滿大和尚在訪談中表示，清朝順治至太平天國戰亂前，安吉這地區沒有大災難，《靈峰寺志》所載寺中文物之一智旭血書《法華經》和手書「靈鳥碑」刻，在文革前還保存完好。文革後僅存的「靈鳥碑」刻在寺修繕前也亡失，當時親見此碑刻之李光一先生所留拓本，後也遺失。以下分別說明靈峰寺現存古物及智旭手跡，現存古物僅作簡介，而對智旭現存手跡則作法書之分析。

（一）現存古物

寺中現有靈峰寺出土的蒼輝靈晟法師寫其師《蕅益大師碑記》殘片，毀於太平天國戰亂。在智旭著作中提到蒼輝法師是稱「靈晟」，釋慈滿在所作〈清初靈峰派傳成承的若干考證〉一文，提到蒼輝法師對靈峰寺之貢獻有三方面：「一是根據蕅益大師臨終所繪靈峰圖式，重建靈峰寺。二是傳承天台宗靈峰法脈。三是印行蕅益大師著作，並為大師建塔。」〔註54〕

《蕅益大師碑記》殘片如下圖：

圖一、蒼輝法師寫《蕅益大師碑記》殘片

〔註54〕釋慈滿：〈清初靈峰派傳承的若干考證〉，釋慈滿、黃公元主編：《蕅益大師與靈峰派研究》（北京：宗教文化出版社，2019 年），頁 389～399。

圖二、宋治平年間御賜玉印以鎮山門，印文「金闕玉璽」

圖三、元朝朱穎達古硯

「蕅益旭大師舍利塔」，如圖：

圖四、蕅益旭大師舍利塔

慈滿方丈還尋得乾隆時靈峰寺一方傳法印，印文：「傳靈峰性相教觀第五世住山行珠之印」，如圖：

圖五、乾隆時靈峰寺傳法印，印文：「傳靈峰性相教觀第五世住山行珠之印」

圖六、傳法印外觀

　　另外，靈峰寺慈滿方丈將明崇禎間十五年版本之《淨信堂初集》及《絕餘編》，以原刻板重新付梓輯為《靈峯蕅益大師文集》。在《淨信堂初集》第三冊卷六卷末「助刻芳名」出現「蕅益自補五錢」，頗為有趣，在此附記，如圖：

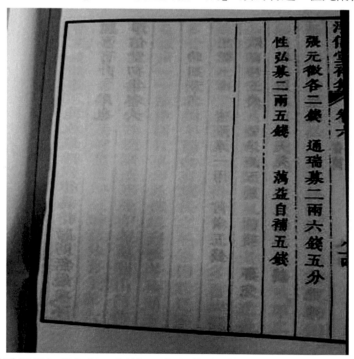

圖七、《淨信堂初集》第三冊卷六卷末「助刻芳名」之「蕅益自補五錢」

二、智旭現存手跡

有關智旭現存手跡,已確定者有四篇,依手書年齡依序列於(一)至(四),未能確定者二篇,列於(五)、(六):

(一)泉州大開元寺藏有智旭所贈之梵網經兩部,卷末有其親筆題識

據《年譜》記載:「梵網合註初刊之板,存金陵古林庵」,泉州大開元寺藏有智旭所贈之梵網經兩部,卷末有其親筆題識,文曰:「崇禎辛巳,古吳智旭,喜捨陸部。奉大開元寺甘露戒壇,永遠持誦。」,2007 年新編之《北天目山靈峰寺志》封面左邊,刊載此手跡,圖如下:

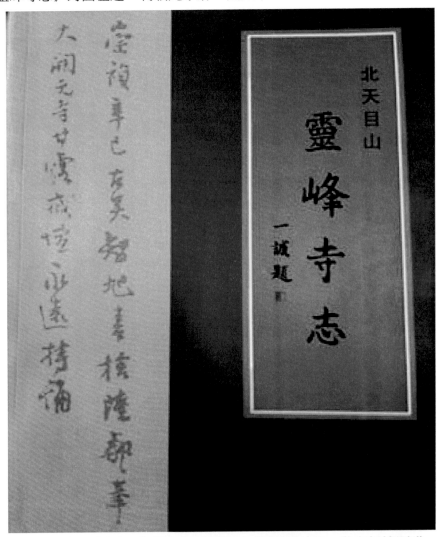

圖八、泉州大開元寺藏有智旭所贈之梵網經兩部,卷末親筆題識

（二）手書「靈鳥碑」拓本照片

「靈鳥碑」之名，是李光一先生於 1990 年正月見此碑刻，以蕅益大師於四十五歲在靈峰賦靈鳥古詩而名之。光一先生為現今親見此碑並為文記載者〔註55〕，故本文從其命名。拓本幾經流轉已遺失，現存於書所收照片，如圖：

圖九、「靈鳥碑」拓本照片（攝自 2007 年《北天目山靈峰寺志》）

〔註55〕李光一：〈清秀雋永，飄逸高遠——明高僧蕅益大師及其「靈鳥碑」〉，黃公元主編：《靈峰蕅益大師研究》（北京：宗教文化出版社，2011 年），頁 37～39。

明　蕅益大師手书《灵鸟赋》碑(局部)

圖十、「靈鳥碑」拓本照片（攝自 2012 年《安吉歷代碑刻》）

　　在本文第貳章第三節之「一、三篇補遺」【表十五】〈靈鳥碑〉、《靈峰宗論》、《北天目靈峰寺志》之〈靈鳥賦〉內容對照表，其中《北天目靈峰寺志》〔註56〕之〈靈鳥賦〉提到此碑刻所在位置：「按此賦並跋，有石刊於寺之東方丈室壁間」。2019 年 6 月 28 日至靈峰寺參訪時，李光一先生指出於 1990 年親見〈靈鳥碑〉的位置，在照片中白牆壁左邊下方的黑色片狀地方：

圖十一、〈靈鳥碑〉的位置，在照片中白牆壁左邊下方的黑色片狀區

〔註56〕《北天目靈峰寺志》影本，民國 24 年歲次乙亥春重印，頁 3。

（三）〈刻大乘止觀釋要序〉照片

第二篇是《蕅益大師文集》所收智旭手書〈刻大乘止觀釋要序〉〔註57〕照片，作於甲申年（1644，明崇禎十七年，清順治元年），年四十六歲時。照片如下：

蕅益大师手迹：刻大乘止观释要序（之一）

圖十二、〈刻大乘止觀釋要序〉（一）

〔註57〕智旭〈刻大乘止觀釋要序〉手稿照片，《蕅益大師文集》目錄後之頁。〔明〕蕅益智旭；于德隆、徐尚定點校：《蕅益大師文集》（北京：九州出版社，2013年）。

然。北齊大師性中論四句偈羲直接
龍樹心印。一傳于南嶽。再傳于天台。
天台还為摩訶止觀等書。竝足止觀
法门。始威行于世。稍漸不定。三輒並
圖顧南嶽，所示曲授心要。世皆圖圇今
試佃讀實頁為圖三止觀總網。文不繁而

溝益大師手迹：刻大乘止观释要序（之二）

圖十三、〈刻大乘止觀釋要序〉（二）

義已備矣慈雲懺主凡于五百年後序
而刊之迨今又將五百年。微言將
墜予愧不敏未能閳道姑敎盲人摸
象。述為釋要以助其傳稿脫已經二
載。適因弘法次留都李石蘭張孺含二
居士始集眾緣而付諸梓。有以知此

蕅益大師手迹：刻大乘止觀釋要序（之三）

圖十四、〈刻大乘止觀釋要序〉（三）

方人吉風植 大眾種子不沒也。故後序

其緣起以叉列簡端。

崇禎甲申季春望日蕅益智旭書

于普德講堂

蕅益大师手迹：刻大乘止观释要序（之四）

圖十五、〈刻大乘止觀釋要序〉（四）

（四）〈仁義院古佛堂改禪寮引〉行書真跡

在本文第貳章第三節之「（二）二篇補遺及『藕益』、『蕅益』之辨」，已說明靈峰寺慈滿方丈得北京故宮所尋得一幅智旭〈仁義院古佛堂改禪寮引〉行書真跡，此手書寫於「甲午燈節後二日」，為清順治甲午（1654），時年五十六歲。手書圖如下：

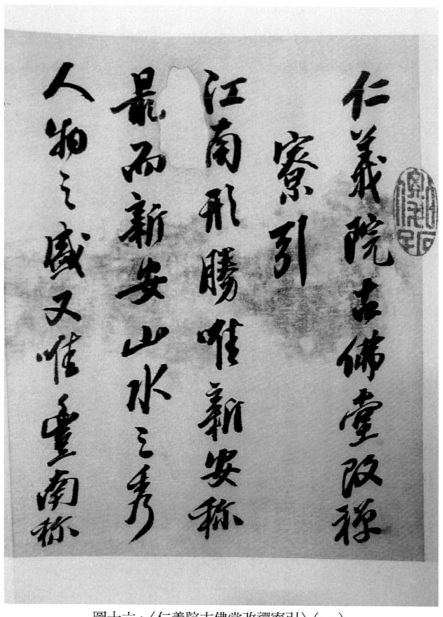

圖十六、〈仁義院古佛堂改禪寮引〉（一）

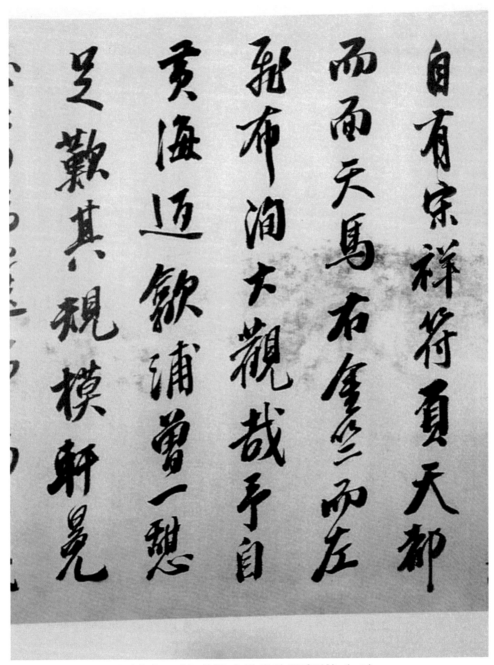

圖十七、〈仁義院古佛堂改禪寮引〉（二）

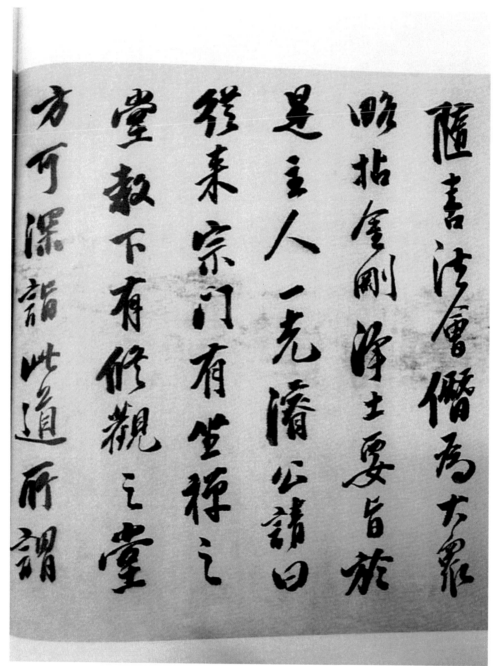

圖十八、〈仁義院古佛堂改禪寮引〉（三）

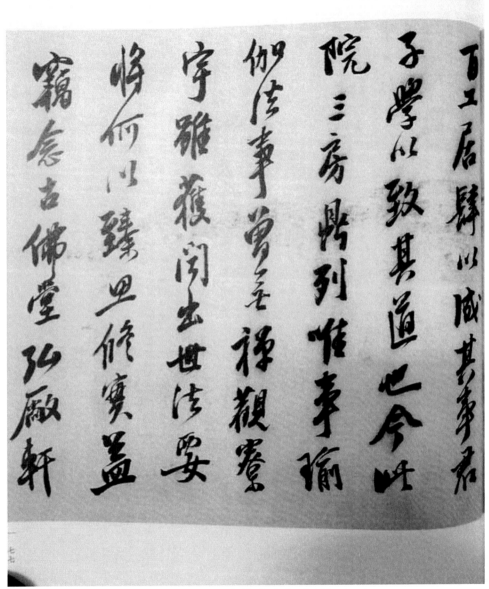

圖十九、〈仁義院古佛堂改禪寮引〉（四）

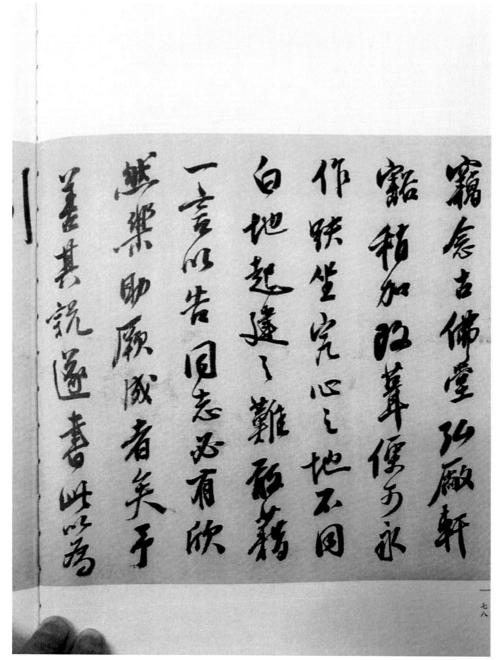

圖二十、〈仁義院古佛堂改禪寮引〉（五）

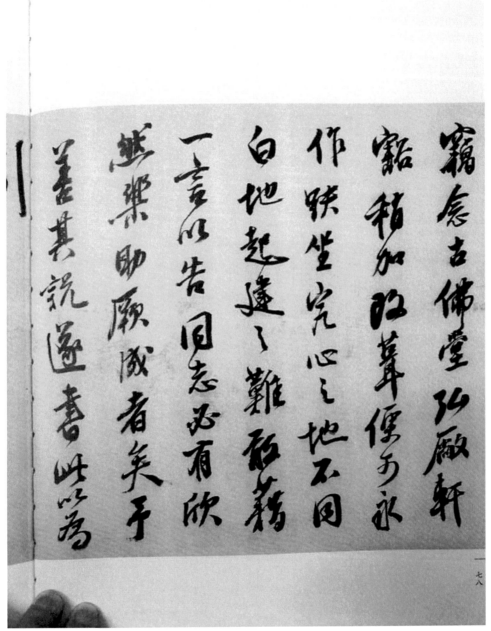

圖二十一、〈仁義院古佛堂改禪寮引〉（六）

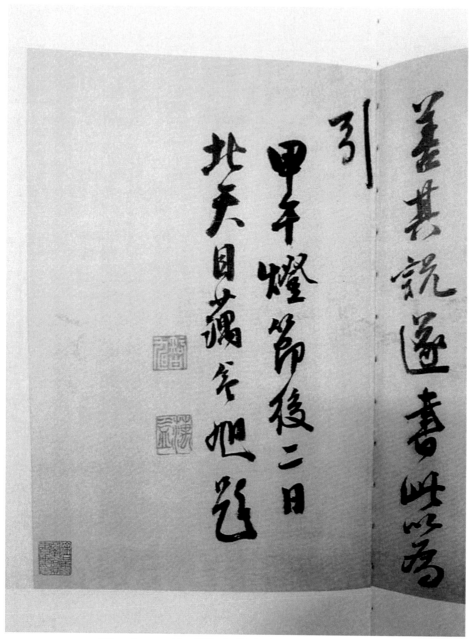

圖二十二、〈仁義院古佛堂改禪寮引〉（七）

（五）〈讚禮地藏菩薩懺願儀後序〉

　　第五篇手跡是臺北佛教出版社所出版之《蕅益大師全集》第十九冊所收〈讚禮地藏菩薩懺願儀後序〉，文末沒有落款，只是行書字跡與前面四幅手跡有些相似，但無其他資料可茲證實，僅列於此參考。

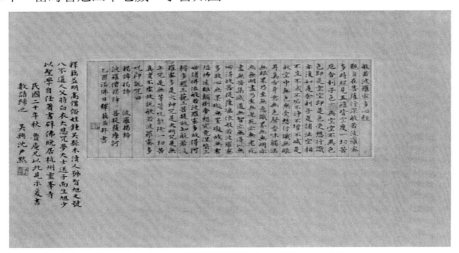

圖二十三、〈讚禮地藏菩薩懺願儀後序〉

（六）楷書《般若波羅蜜多心經》及疑竇

第六篇手跡是存於臺北何創時書法藝術基金會之楷書《般若波羅蜜多心經》，文末題「乙酉浴佛日釋蕅益拜書」，落款章「釋蕅益」，乙酉年是清順治二年，當時智旭四十七歲。手書如圖：

圖二十四、楷書《般若波羅蜜多心經》（全幅）〔註58〕

〔註58〕感謝臺北何創時書法藝術基金會吳國豪主任同意提供楷書《般若波羅蜜多心經》照片。

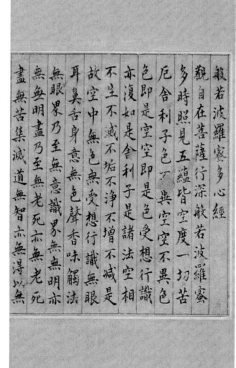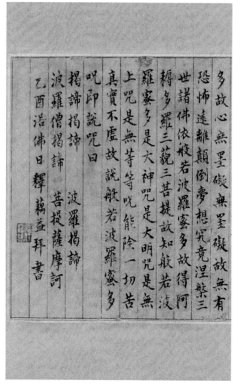

圖二十五、楷書《般若波羅蜜多心經》

本幅手書末後有清末民初浙江吳興書法家沈尹默（1883～1971）題記，內容提及「魯庵兄」應是清末民初浙江張魯庵，金石篆刻收藏家。

對於本篇楷書《般若波羅蜜多心經》，是否為智旭真跡疑竇，何創時書法藝術基金會吳主任表示本件是經過基金會顧問專家及科技辨識檢驗。對此疑竇，本文不論辯真偽，在此僅提出一觀點：依佛教慣例，釋後面是加「法名」，不能用字或號，而「智旭」是出家「法名」，「蕅益」是智旭的自號，所以，依佛家的稱謂應是「釋智旭」。本文在第貳章第三節之「（二）二篇補遺及「蕅益」、「蕅益」之辨」整理了【表十七】釋論署名整理，僅見「釋智旭」，並未有「釋蕅益」、或「釋蕅益」署名。

三、智旭書法：筆端三昧之感動

本文僅找到智旭上述五種傳世書法，除了《北天目靈峰寺志》所收之〈靈鳥賦〉資料曾對其書法提出評語：「書法鐫法俱極勁秀」，歷來只有李光一在〈「靈鳥碑」〉文章對其書法提出看法：

碑正文為楷書，題記落款屬行書，楷書取法于晉人，有鍾繇遺風，行
書得力於《聖教序》，從蕅益四十三歲《佛說梵綱經》的題跋墨蹟看，
早年受明末書風影響，用筆剛勁有力，有鐵骨錚錚之感。觀其《靈鳥
碑》用筆圓潤，剛柔相濟，更加成熟。結體隨字隨緣，輕鬆而不散，
行書緊湊而飛動，清新自然，章法嚴謹而疏遠，行距幽曠。統觀全域，
在清風明月之間，清秀而飄逸，功夫深邃，格調高遠，富有書卷味，
與其學問道行相益彰，是蕅益存世作品中的精品。〔註59〕

〈靈鳥碑〉一文首先平實的形容碑刻正文楷書取法于晉人，有鍾繇遺風，題
記落款之行書得力於《聖教序》。該文提到從智旭四十三歲《佛說梵網經》的
題跋墨蹟（本文圖）來看，早年受明末書風影響，作者並未細言其所認為之
明末書風為何，但也說智旭四十五歲所書「靈鳥碑」之字，是「用筆圓潤，剛
柔相濟，更加成熟」。作者在文中也用書法術語之筆法、結體及章法來形容此
碑書法「統觀全域，在清風明月之間，清秀而飄逸，功夫深邃，格調高遠，富
有書卷味，與其學問道行相益彰」。

　　一般人會在寫作時運用筆法、結體及章法的法則來謀篇布局，創造書法
作品的藝術性。而智旭對世間文字詩詞的觀點是「勿貪世間文字詩詞而礙正
法」、「應善用詩文不為詩文所用」，他曾言「每見人冗中偷閒，吟詩習字，作
種種清課。豈不能偷閒玩大乘，息心學定慧邪」，因為人若將精神時間用於詩
字，而非用於學大乘佛法，則僅得「少幻味」，未能於大乘定慧得「真法味」
也，而且，即使不能從大乘佛法之定慧得「真法味」，但亦為無上菩提而種下
「種子」，輪迴流轉中此無上菩提種子永在，待因緣成熟此種子即發芽成長，
可以讓人成佛出生死。是以，智旭說，人之精神用之詩字，「吾見右軍李杜，
不出生死」，倘用之佛法，「吾見散亂豔喜、愚癡特迦，大事已辦」。

　　故而，以智旭現存的書法作品及著作歷程觀之，除了「靈鳥碑」為碑刻
而寫，即使在題扇、題畫等文稿，其法書都是為人開示法語，且大多是為註
解佛經、為佛法而書寫，應不會刻意以書道法則來謀篇布局，特別寫成法書
作品。但，見其書法之字者，即使是不接觸佛法的人，都會自心裡對其書法
作品產生讚嘆和感動。而這種從心自然而生的感動，是對智旭筆端三昧的直
覺感受。

〔註59〕〔明〕蕅益智旭：《金剛般若波羅蜜經破空論》，《蕅益大師全集》第八冊（臺
　　　　北：佛教出版社，2014 年），頁 4874～4875。

（一）筆端三昧感人緣由

本章第一節已討論智旭以「筆端三昧寫文字三昧，剖盡眾生迷執，在幻夢世事塵勞裡，作夢中利人之想」，而此筆端三昧所來即「現前一念心中所現影」。西漢揚雄（前53～18）在《法言，問神》所言：「書，心畫也」，常為後世書法家在論書時所用。然而，就智旭「心影說」之一念心的實相真如義，是包含此「心畫」之義的。

以世間文學藝術思想而言，所謂筆端三昧感人之因為：

> 書畫的外形，也如人的面孔，各人有各人的特點。但書畫是藝術品，
> 作書作畫的人，除了他的作品形狀不同於他人以外；其作品之中，
> 都含有作者精神意念活動的跡象，寄託的境界；也正是這些東西，
> 引起觀者心中的共鳴，亦即所謂欣賞的怡悅。〔註60〕

引文所談感人之緣由，是因書畫作品含有「作者精神意念活動的跡象，寄託的境界」，而產生「引起觀者心中的共鳴，亦即所謂欣賞的怡悅」之感動人心的結果。而此段引文所言書畫作品有「作者精神意念活動的跡象，寄託的境界」之因，亦即智旭所言「一切相分，皆是心影」之義。

本文復引明代書法家李日華在《竹懶書論》之言，再論證「筆端三昧」如何給人感動：

> 「佛談般若，即是人心靈智。云：其體無外，而其用廣狹隨時。如
> 登高崗，俯察百里形勢，則此智彌漫百里：及穿針時，則束注針孔
> 中。寫字時，即於筆尖上透露，作無量神變。」余喜其語，可謂臨
> 池家三昧也。〔註61〕

李日華先引《吳都法乘》〔註62〕所言「般若」即是「人心靈智」，此實相之一

〔註60〕 王壯為：〈鑒賞漫話〉，《書法叢談》（臺北：國立編譯館中華叢書編審委員會，1982年），頁243。

〔註61〕 〔明〕李日華：《竹懶書論》，崔爾平選編點校：《明清書法論文選》上冊（上海：上海書店出版社，1994年），頁369。

〔註62〕 「佛談般若，即是人心中靈智。其體無外，而其用廣狹隨時。如登高崗，俯察百里形勢，則此智彌漫百里，及穿針時，則束注針孔中，寫字時，即于筆尖上透露，作無量神變。又如來十身相海品云：如來國度，身有大人相，名筆雲，用羊兔毛為體，常放黑摩尼光明，令諸眾生書寫善事。余深諦之世間種種建立，咸仗佛威光出現，誰云翰墨為小技？其神通變化，無非從黑摩尼光中證果而得者耶！」〔明〕周永年撰：《吳都法乘》卷第二十七〈拳手偈示周季華居士〉《大藏經補編》第34冊，CBETA, B34, no0193, p.0861b15。

念心,即本文所探討之智旭一以貫之的「現前介爾一心」之義,所顯「不變隨緣,隨緣不變」之事理,所以「其體無外,而其用廣狹隨時」,此實相一念心在「寫字時,即於筆尖上透露,作無量神變」,故能使觀者之心產生共鳴感動。此段文字道盡筆端三昧感人緣由,其義亦同智旭之「心影說」之意涵:筆端三昧是「現前一念心中所現影」。故而李日華言「余喜其語」,可謂「臨池家三昧」,是寫法書之三昧。

(二)介爾一念所流露之書法本色

智旭和憨山德清同為明末四大高僧,但對文字詩詞及書法的觀點,德清曾言:

> 余平生愛書晉唐諸帖,或雅事之。宋之四家,猶未經思。及被放海外,每想東坡居儋耳時,桄榔菴中風味,不覺書法近之。獻之云:「外人那得知此語。」殊有味也,書法之妙,實未易言。〔註63〕

雖然智旭謙稱自己只是「稍通文墨」,但從其現存弘富著述及幾篇法書手跡,智旭應非僅稍通文墨,但因他對文字詩詞及與士林人士交遊之看法與德清上述引文的觀點迥異,是以,智旭在詩詞書法之聲譽,不論在明代或後世,都不及德清。但論及明末四大高僧之佛學思想影響力,智旭則無疑是影響後世最深遠者。

當代書法名家啟功(1912~2005)在《論書絕句》第八十三首評明代僧人憨山德清(1546~1623)和破山海明(1597~1666)書作是「當機文董不如僧」〔註64〕,意即明朝書法大家文徵明(1470~1559)和董其昌(1555~1636)的書作也比不上德清和海明。在啟功自註中寫道:

> 先師勵耘老人每誨功曰,學書宜多看和尚書。以其無須應科舉,故不受館閣字體拘束,有疏散氣息。且其袍袖寬博,不容腕臂貼案,每懸筆直下,富提按之力。功後獲閱法書既多,於唐人筆趣,識解稍深,師訓之語,因之益有所悟。〔註65〕

〔註63〕〔明〕憨山德清:《憨山老人夢遊集》卷第三十九「雜說」《卍新續藏》第73冊,CBETA, X73, no1456, p.0745c10。

〔註64〕〈八三〉首:「憨山清後破山明,五百年來見幾曾。筆法晉唐原莫二,當機文董不如僧」。啟功:〈八三〉首,《論書絕句》(臺北:莊嚴出版社,1988年),頁168。

〔註65〕〈八三〉首:「憨山清後破山明,五百年來見幾曾。筆法晉唐原莫二,當機文董不如僧」。啟功:〈八三〉首,《論書絕句》(臺北:莊嚴出版社,1988年),頁168。

「勵耘老人」是指著名史學家陳垣〔註66〕（1880～1971），啟功記其師陳垣言「學書宜多看和尚書。以其無須應科舉，故不受館閣字體拘束，有疏散氣息。其袍袖寬博，不容腕臂貼案，每懸筆直下，富提按之力」，在啟功自註即說明德清懸筆作〈聖教序〉體是「觀其行筆之際，每有搖拽不穩處，此正袍袖寬博，腕不貼案所致」，所以「疏宕之處，備饒逸趣」。

啟功所引其師勵耘老人對僧人書法評論之「不受館閣字體拘束，有疏散氣息。且其袍袖寬博，不容腕臂貼案，每懸筆直下，富提按之力」等評論是對僧人書法評論通說。本文另外再加上佛法修持，雖明心見性層次不同，但自現前一念心所流露來至筆端，便形成個人獨有之書法或文學本色。

而智旭現前一念心所流出至筆端的是「名字位中真佛眼」之秘藏三昧，在本章第二節已論述其對世間之「萬象萬行與音聲點畫」，同名「文字般若」，因為「文字般若」可使人起「觀照般若」而達「實相般若」，此是其著述、書法及作詩等行世間法之究竟目的，都是為了讓見字之人感應此筆端三昧而心起感動，此亦即世間所謂美學之目的。

此外，作者有明心見性層次，閱者之三昧也有深淺。得三昧最深者是佛之知見，以實相般若所見是「心佛眾生三無差別」，見一切都是平等，對一切都是以三昧會，作實相般若解。若是眾生情見，則對世間文學藝術作品是以世間學問解。惟，不論此心目前知見為何，雖然所得感動不同，但以究竟義言，根本都是從現前一念心所流露。

第三節　智旭詩偈初探

錢謙益所輯《列朝詩集》和清代朱彝尊輯的《明詩綜》，在明末四大高僧的詩作，僅未收智旭詩作。另外，在查閱《中國文學批評匯編》所收明清二代的資料後，也未發現有任何關智旭之詩評。而當代有關研究其詩偈之期刊有二篇，一篇是 1976 年釋青峯所作〈藕益大師山居詩之園林思想〉〔註67〕，主要以智旭〈山居詩百八首〉分析禪師禪思。第二篇是李廣德在 2011 年作〈新

〔註66〕陳垣（1880～1971），字援庵，是當代著名的史學家、教育家，因其書齋名「勵耘書屋」故後人稱他「勵耘老人」。

〔註67〕釋青峯：〈藕益大師山居詩之園林思想〉，《佛教文化學報》第 5 期（臺北：中華學術院佛教文化研究所，1976 年），頁 11～30。

發現的蕅益智旭茶詩六首〉〔註68〕，作者是湖州陸羽茶文化研究會茶專家，是從〈卜居十八事（有序）〉第四首「點茶」，看到「蕅益大師是點茶行家」，因為詩句中「不僅『五沸』、『湯候』、『三投』是專用名詞」，而且茶的「『清逸味』是大師自己品味所得」。

智旭出家前，十二歲就是以「千古自任」之儒者，其行事之精神是以「窮源徹底」持之。對世間文字應非只是自謙的「稍通文墨」，而對世間其他學問亦應是精通者，如〈新發現的蕅益智旭茶詩六首〉一文所言，從智旭在詩句對茶之專業用語和品茶心得，可知他是「點茶行家」。本文在第肆章提到，他曾言對於著述能垂於千古者，「大底別有一段徹底精神以持之」，用此徹底精神於世出世間學問，都能成就當行本色。

但，智旭在決意出家時，就將此徹底精神「持此至妙至深正法」〔註69〕，更言「真正發心人，觸境逢緣，待人接物，一切作佛色佛聲佛香佛味佛觸佛法想，則念念與薩婆若海相應，不必商量修證工夫，而妙在其中」〔註70〕。是以，他在平常日用間之觸境逢緣或待人接物，一切皆「作佛色佛聲佛香佛味佛觸佛法想」，所以筆端流出之文字皆是為作佛事想，為佛法而「善用詩文不為詩文所用」。

一、本節研究之界定

在本章第一節已論證智旭之文學觀是一以貫之以佛知佛見而解，其對一切文學的看法是善用詩文而不為詩文所用，所以，對本節之文學面向研究，和世間所研究之佛教文學方式有些不同，先作界定。

（一）選擇詩偈為其文學研究範圍之因

在本文第貳章第二節已探討得知《宗論》所收說、文、論、辯、議、記等文體的三十三篇文稿，內容多被編輯者成時刪改。而現存文集只留二篇「文」、三篇「論」，以及二篇「記」原稿，對照《宗論》所收五篇文稿內容，皆被刪改。雖然所刪改者多為虛字、轉折語，或刪減編輯者認為無關緊要之句，但，

〔註68〕李廣德：〈新發現的蕅益智旭茶詩六首〉，《農業考古》第5期（江西：江西省社會科學院，2011年），頁193〜194。

〔註69〕〔明〕蕅益智旭：〈復陳旻昭〉《絕餘編》卷三，明學主編：《蕅益大師全集》第七冊（四川：巴蜀書社，2018年），頁561。

〔註70〕〔明〕蕅益智旭：〈示巨方名照南〉《靈峰宗論》卷二之三，《蕅益大師全集》第十六冊（臺北：佛教出版社，2014年），頁10474。

由對照的部分內容來看，這些被刪之虛字、轉折語、或編輯者認為無關緊要之句，其實對行文論述內容的理解具有關鍵用處。

【表二十七】《宗論》所收《淨信堂初集》五篇文稿內容刪改對照

	淨信堂初集原稿	宗論所收文稿
參究念佛論	雖復教網萬殊，無非欲醒九界之長夢，令其復還元覺，了三土之幻翳，令其冥契寂光耳。然求其了義中之最了義，圓頓中之極圓頓，方便中之第一方便，則無如淨土一門。何以言之？隨其心淨，則佛土淨。是以見思淨，則超同居。塵沙淨，則超方便。無明淨，則超實報。故曰：「惟佛一人居淨土。」尚何不了之義，眾生心念佛時，「是心作佛，是心是佛」，以一念頓入佛海。故曰：「一稱南無佛，皆已成佛道」。又曰：「若人專念彌陀佛，是名無上深妙禪」。豈不至圓至頓！	雖復教網萬殊，無非醒九界長夢，令復還元覺，了三土幻翳，令冥契寂光耳。然了義中最了義，圓頓中極圓頓，方便中第一方便，無如淨土一門。何以言之？隨其心淨，則佛土淨。見思淨超同居，塵沙淨超方便，無明淨超實報。故曰：「唯佛一人居淨土」。尚何不了之義，眾生心念佛時，「是心作佛，是心是佛」，以一念頓入佛海。故曰：「一稱南無佛，皆已成佛道」、「若人專念彌陀佛，是名無上深妙禪」。豈不至圓至頓！
慈悲緣苦眾生論	自佛性之理不明，同體之誼斯晦。但知好善而惡惡，罔知與樂而拔苦。異類傍生，固已藐若草芥。囹圄罪苦，亦復視作當然。誰知蠢蠢含生，知覺無別。貿貿惡黨，人類是齊。迷性靈而造業招愆，已為可憫。因夬障而無端罹網，尤屬堪哀。	自佛性之理不明，同體之誼斯晦。但知好善惡惡，罔知與樂拔苦。異類傍生，藐若草芥。囹圄罪苦，視作當然。誰知蠢蠢含生，知覺無別。貿貿惡黨，人類是齊。迷性靈而有意招愆，已為可憫。因夬障而無端罹網，尤屬堪哀。
非時食戒十大益論	客問杜多子曰：「吾聞殺盜婬妄，名為性罪。飲酒昏迷，失智慧種。食眾生肉，斷大慈悲。是以如來制戒，七種同遵，固無惑焉。至於飲食養身，有何過咎？而非時食戒，如此之嚴，豈以忍餓為修行耶！願聞其旨。」	客問杜多子曰：「吾聞殺盜婬妄，名為性罪。飲酒昏迷，失智慧種。食眾生肉，斷大慈悲。是以如來制戒，七眾同遵，固無惑焉。至於常食養身，有何過咎？而非時食戒，如此嚴邪！願聞其旨。」
戒婬文	人知殺生之業為最慘，而不知邪婬之業為尤慘也。人知殺生之報為最酷，而不知邪婬報為尤酷也。蓋種種受生無不肇端於婬欲，種種造罪無不托因於有生。	人知殺生之業最慘，不知邪婬業尤慘也。人知殺生之報最酷，不知邪婬報尤酷也。蓋種種受生，肇端婬欲。種種造罪，托因有生。婬為生本，生為罪本。是故三塗

	媱為生本，生為罪本。是故三塗之劇苦，人世之餘殃，媱意才萌，一切俱起。	劇苦，人世餘殃，媱意才萌，一切俱起。
介石居記	豈若圓頓初心，悟因緣即空假中，法本無住，物亦不遷，是則幾之微也，尚不容一瞬，況終日乎。無生剎那，名之為介。常自寂滅，喻之以石。融剎土於毫端，會古今於當念。以三無差別，而獲二殊勝。不諂不瀆，義極於此。誰謂宣尼心學僅在六合內，而牟尼法要不在日用間哉。權可居士，儒而釋者也。額其居曰介石，其有得於斯旨者多矣。予因充其說而記之。	豈若圓頓初心，悟因緣即空假中，法本無住，物亦不遷，是則幾之微也，不容一瞬，況終日乎。無生剎那，名之為介。常自寂滅，喻之以石。融剎土於毫端，會古今於當念。以三無差別，而獲二殊勝。不諂不瀆，義極於此。誰謂宣尼心學僅在六合內，而牟尼法要不在日用間哉。權可居士，額其居曰介石。因記之。

要能用文字貼切如意表達思想和情感，不是容易的事，通常是感覺下筆艱難。由堅密成時刪節其師文稿之例，可告訴後人，若自恃「智能圓照」而對原作者之文隨閱即節略，又不加複勘，就會產生詞不能達意的情形。〔註71〕

　　因現存之「文」、「論」、「記」原稿僅五篇，雖然從原文內容可看到論證脈絡清晰、用字遣辭敘述流暢，且善用修辭技巧，但此類文本篇章太少，難據以作為分析歸納論證。而其他文體，如序、跋等原稿雖然各有二十三篇、十四篇原稿，但，內容皆是為佛經和佛事而做，而有關以《宗論》及原稿分析智旭思想、文學觀，已在第叁章和第肆章和本章第一節已討論，爰本節不再就文章個別做思想之探討。故而依文本數量因素，本文選擇以《宗論》詩偈作為智旭文學之初探。

（二）所研究詩偈文本範圍

　　《宗論》所收《淨信堂初集》詩偈有五十首，其中二十八首內容或數量有刪減更改，刪改比例占 56%。而收《絕餘編》十一首詩偈，十一首詩句內容或數量都有刪改，刪改比例是百分百。以此二本文集之刪改比例來看，其他五本文集所收之一百零五首詩偈內容或詩句刪改比例應不低，又無法以原稿做對照。復依【附錄五】「《淨信堂初集》、《絕餘編》、《靈峰宗論》詩偈用韻對照表」觀之，被刪改之詩偈已無法完整呈現作者之原本樣貌。綜上原因，

〔註71〕釋印光：〈淨土十要序（民十九年）〉，《印光法師文鈔續編下冊》卷下（臺北：華藏淨宗學會，2008 年），頁 418。

爰本節以《淨信堂初集》的一百零一首詩題（數量共 268 首）和《絕餘編》二十七首詩題（數量共 149 首），以及第貳章第四節之二所討論之一篇〈靈鳥賦〉，共四百一十八首原詩數量為主，而《宗論》所收之一百六十六首詩題（數量共 368 首）作為輔助文本。

（三）詩偈研究方法

詩之形式研究有平仄、用韻、對仗和語言風格等，也有以題材分類、詩風溯源、風格特色、意境等研究方式。在《淨信堂初集》和《絕餘編》所收詩偈之體，有絕句、律詩、〈駐雲飛〉小曲、樂府、古詩、賦。詩偈主題則有送別、贈與、悼輓、寫懷、言志、題畫、詠物、山居、山水、和答詩等類別，其中有二首特別的是社會寫實詩〈農事難〉、〈喜雨歌〉。另外有十八首以「示」，二首以「警」為題之詩，在《宗論》則有十一首以「示」為題之詩，此類詩與文稿的「法語」性質相似，是出家僧或居士請求智旭對其個人在佛法修行予言警策之內容，爰本文將此詩題及內容主題之詩分類名為「法語詩」。還有律詩之和詩、分韻等用韻之法。

而以「著述須實從自己胸中流出」、「心影說」為創作觀之智旭，對一切「萬象萬行與音聲點畫」都是介爾一念心之影，而其觸境逢緣，待人接物，亦「一切作佛色佛聲佛香佛味佛觸佛法想」。他又說具有「超方之學問」，方有「蓋世之文章」，是故，其在書法、詩文創作，與其著述一樣，是自成一切皆「作佛色佛聲佛香佛味佛觸佛法想」之言。

是以，對於智旭，藝術文學皆是佛法，其「名字位中真佛眼」之心即於創作時影現於文字中，而有關其佛法思想研究已見於本文各章節，故本節不再重複討論，本節擬嘗試以用韻統計分析為主，據以歸納詮釋智旭詩偈用韻特色。

（四）非以詩僧定義智旭

覃召文《禪月詩魂》引「王夫之《薑齋詩話》稱衲子詩『源自東晉來』」，認為詩僧濫於東晉此說考究起來大致不錯，從康僧淵、支頓到慧遠，雖然大部分作品實為變相的偈頌，但有些作品已具有詩歌的意象性質。〔註72〕

而孫昌武則提出在「嚴格意義上的『詩僧』，應是到中唐才出現的。」原因在於，被稱為「詩僧」，「不僅因為這些人能詩，更重要的是他們在佛教發

〔註72〕覃召文：《禪月詩魂》（北京：三聯書店，1995 年），頁 35～36。

展的特殊情況下被培養出來，具有獨特的活動方式，顯示出特殊的創作風格，取得了特殊成就。」文中引白居易〈題道宗上人十韻詩序〉說明寫詩的僧侶有二種基本類型，「為宣揚佛法而作詩」和「為詩而作」。〔註73〕

　　本章第一節已探討智旭是真發生死心出家修行，志超佛祖，故而是以其「名字位中真佛眼」，視一切世法之藝術文學皆是佛法，對世法觀點是「善用詩文不為詩文所用」，勸人「勿貪世間文字詩詞而礙正法」，是故，其不可能是「為詩而作」之詩僧。不過，即使其詩作皆說佛法，且一直未因詩作而取得所謂詩僧名聲之特殊成就，所以，本文不以「詩僧」之名定義智旭。

（五）智旭之詩偈

　　其早期有幾首詩作出現「一往自情深」、「相期一世心」之句，或有「孤蹤雲外鶴，浪跡水中鷗。拄杖千山月，芒鞋萬裏秋。」之對偶句，但這些具有較深詩作意象、情感意蘊的詩句，僅是出現在早期的幾首作品。後來的詩作意象，都是說佛法之理，即使具有詩歌用韻、平仄、對仗等格律形式者，雖偶有「身棲碧霞外，目攝亂山峰。最是關情事，江帆萬里風」、「靈峰一片石。信可矢千秋」之情景句，但，其詩大抵都是「說理」和「言志」，為佛法而作詩。故而，將智旭之詩作，以「詩偈」名之，尚符其實。

　　另外，智旭之詩偈有一特點為，未見有「因悟道而作偈記之」，都是純粹的說一乘佛法和寫懷言其志，但從內容卻可見其證道境界。而在前面所分類之「法語詩」，則是特別針對請法之眾所寫。

　　一般「韻文」的概念，僅以詩、詞、曲為主，往往輕忽「詩偈」的存在。而在詮釋詩偈時，也多著眼於詩偈內容之意，很少人留意詩偈的藝術性，因此本文選擇從「用韻」來研究智旭詩偈，以凸顯這方面的認知，期能分析其偈語用韻的特色，並進一步探討其偈語透過押韻是否具有廣大的社會意義和傳播功能。

二、用韻分析

　　從形式來看，《淨信堂初集》和《絕餘編》所收詩偈之句式可分絕句、律詩、〈駐雲飛〉小曲、樂府、古詩、賦等。但是，再細察二本文集的一百三十七首詩題的四百一十八首詩，句式像律詩和絕句者，在押韻方面有的並非一

〔註73〕本段引文均引自孫昌武：《中華佛教史・佛教文學卷》（山西：山西教育出版社，2013 年），頁 235。

韻到底，而一韻到底者又非完全符合平仄要求，是以，本節用韻研究，除了
六首〈駐雲飛〉小曲之外，其他四百零九首詩偈則不再細分類，以《宗論》之
「詩偈」分類來統計押韻，以一韻到底、鄰韻通押、平上去通押和方音通押
之不同用韻來製表。

　　詩偈與正規詩歌不同，在用韻更為寬鬆自在，用詩韻、詞曲韻甚至口語
押韻都是說得通的。為一致性之考量，本文在查韻及整理歸類都使用「平水
韻」，在通押則依據王力先生之《中國詩律研究》分部為標準。

（一）一韻到底

　　在一百三十七首詩題的四百一十八首詩中，有三百三十一首是一韻到底，
佔79.2%。而上平聲韻一百一十四首，下平聲韻有一百四十八首，平聲韻共用
韻二百六十二首，在一韻到底的用韻統計中，平聲韻79%。「一韻到底」用韻
最多的是尤韻，次為先韻，第三名是真韻。

【表二十八】一韻到底

上平	首數	下平	首數	上聲	首數	去聲	首數	入聲	首數
東	9	先	28	董	1	送		屋	1
冬	4	蕭	2	腫	1	宋	1	沃	
江	3	肴	5	講	1	絳		覺	2
支	15	豪	5	紙	5	寘	2	質	
微	7	歌	4	尾	1	未		物	1
魚	3	麻	6	語	2	御		月	
虞	13	陽	17	麌	2	遇		曷	
齊	4	庚	17	薺		霽		黠	
佳	6	青	5	蟹	1	泰	4	屑	1
灰	7	蒸	5	賄	2	卦		藥	4
真	20	尤	30	軫	1	隊		陌	2
文	6	侵	13	吻	1	震		錫	1
元	4	覃	7	阮		問		職	1
寒	9	鹽	2	旱	1	願		緝	1

刪	4	咸	3	潸	1	翰	1	合	1
				銑		諫		葉	
				筱	3	霰	1	洽	
				巧	1	嘯			
				皓	1	效			
				哿	2	號			
				馬	2	箇	1		
				養	3	禡	1		
				梗	2	漾			
				迴	1	敬	2		
				有	1	徑			
				寢	1	宥	1		
				感	1	沁			
				琰		勘	1		
				豏		艷			
						陷			
	114		149		38		15		15

（二）鄰韻通押

　　四百一十八首詩中，有二十六首是鄰韻通押，佔 6.2%。而平聲鄰韻通押有二十四首，其中以「元、寒、刪、先」之通押最多，「支、微、齊、灰」次之。去聲的「寘、霽」和入聲「屋、沃」，各有一首通押，分別是〈警邃徵偈〉和〈示虞居士〉，這二首詩剛好為前述所定義之「法語詩」，內容是警策修行之言。

　　古體詩用韻除了本韻，為了少受拘束發展了「通韻」，又稱「鄰韻相通」，《中國詩律研究》〔註74〕列出唐人通韻歸納的平上去入四聲十五部，並說明古風的通韻，分為「偶然出韻、主從通韻、等立通韻」三種。

〔註74〕王力（王子武）：《中國詩律研究》（漢語詩律學）（臺北：文津出版社，1987年），頁 731。

【表二十九】鄰韻通押

平聲	首數	作品
東、冬	2	棲霞三景之攝山頂、淨土偈六十首之二十
江、陽	1	病中自歎並呈社友四首之三
支、微、齊、灰	5	送行四首之三、淨土偈六十首之十一、之二十五、之三十二、和不我二偈之二
魚、虞	2	淨土偈六十首之五十三、五十九
元、寒、刪、先	12	將欲出家與叔氏言別四絕之三、戊辰新正出關留別吳江諸友八首之三、之四、之五、之八、和皈一兄二首之一、贈壁如兄掩關用博山原韻、示章一行居士、示用恆薙髮、乞香三首之一、山居百八偈之一百〇五、幻寓華嚴庵四偈之二
蕭、肴、豪	1	留別四首之四
庚、青、蒸	1	無聊吟

去聲	首數	作品
寘、霽	1	警鍪徵偈

入聲	首數	作品
屋、沃	1	示虞居士

（三）平上去通押

十三首平上去通押約佔四百一十八首詩的 3.1%。在「平上去通押」，本文將詩和曲分別製表統計。

1. 詩之平上去通押

古體詩有鄰韻通押，王力先生在《中國詩律研究》第二十五節談到「上去通押」〔註75〕，因為「在四聲當中，上聲韻和去聲韻字數最少」，又因「這兩個聲調的字本來就有點兒流動不居」，且「有些字本有上去兩讀」，故而「詩人們偶然把上聲字和去聲字通押」。但是，這種上去通押情形「在盛唐以前幾乎沒有，直到中晚唐以後纔比較多些」。

〔註75〕王力（王子武）：《中國詩律研究》（漢語詩律學），頁348。

而宋朝的詞韻有各種情形的變例通押，發展至曲韻則是平上去三聲通押。智旭為明朝人，而明朝除了戲曲、小說，元代的小曲還發展了稱為「我明一絕」[註76]之民歌文學。在本段，對詩的平上去通押整理了「上去通押」、「平上通押」、「平去通押」三種類型。

【表三十】上去通押

韻	首數	作品
語、麌；御、遇	2	送智度歸松陵（麌遇）、隱思篇（語御）「偶然出韻」
梗、迥；敬、徑	1	山居百八偈之十（迥徑）

【表三十一】平上通押

韻	首數	作品
覃韻；儉	1	山居百八偈之十八（平上）
佳韻；賄	1	己巳結冬永慶再閱律藏賦似歸一諸兄四首之四（平上）
東韻；董	1	示費敬齋（平上）

【表三十二】平去通押

韻	首數	作品
魚韻；御	1	分衛歌答一心坦如二居士（平去）

以上三種類型的平上去通押，每首作品都僅有一個韻腳是出韻的，依上述三種鄰韻通押的類別，都是屬於「偶然出韻」。

2.〈駐雲飛〉曲之平上去通押

〈駐雲飛〉南曲小令上溯自元代即出現，到明朝時發展為成化初年最流行的民歌，且成為最早刊行的明代小曲選集。明末高僧雲棲袾宏依〈駐雲飛〉曲調填〈七筆勾〉七首明出家之志，而經比較袾宏〈七筆勾〉和原〈駐雲飛〉正格調譜，在最末句七字已增加「一筆勾」三字。本文第叁章曾論述智旭尊袾宏為「得戒和尚」，有私淑之師承關係，爰智旭受袾宏影響，亦於甫出家時作〈一筆勾〉明出家之心，且其〈一筆勾〉作品與袾宏的〈七筆勾〉形式一

[註76] 明末清初陳宏緒《寒夜錄》引卓人月說：「我明詩讓唐，詞讓宋，曲又讓元，庶幾〈吳歌〉、〈挂枝兒〉、〈羅江怨〉、〈打棗竿〉、〈銀絞絲〉之類，為我明一絕」。〔明〕陳宏緒《寒夜錄》（北京：中華書局，1985年），頁6。

樣，在最末句的七個字之後再加上「一筆勾」三字。〔註77〕

　　智旭依〈駐雲飛〉曲調作〈一筆句〉、〈乙丑年翻一筆句〉、〈丙寅季夏先慈捐世賦四念處以寫哀〉等六首。《中國詩律研究》第五十節曲韻（上）說：「曲韻是平上去三聲通押的」，上述作品通押情形整理如下表。

【表三十三】曲平上去通押

韻	首數	作品
江陽韻；養；漾	1	丙寅季夏先慈捐世賦四念處以寫哀之三（平上去）
支、微、齊韻；寘	1	丙寅季夏先慈捐世賦四念處以寫哀之二（平去）
真韻；軫、震、問	1	丙寅季夏先慈捐世賦四念處以寫哀之一（平上去）
先韻；銑	1	丙寅季夏先慈捐世賦四念處以寫哀之四（平上）
尤韻；有、宥	2	一筆句、乙丑年翻一筆句（平上）

（四）切韻同類及方音通押

　　在四百一十八首詩，還有二種用韻方式「切韻同類及方音通押」共十二首，其中「丙寅季夏先慈捐世賦四念處以寫哀之一」具有「平上去通押」和「方音通押」二種用韻形式，故而在此不計算數量，「方音通押」類型以九首計。本段二種押韻形式共十一首佔四百一十八首的 2.7%。王力先生在《中國詩律研究》「第三十九節」說明了「切韻同類及方音通押」之義，在「（一）變而不離其宗」項是指「雖在《詞韻》為不同部，然而在《切韻》系統中為同類者」〔註78〕，有四種通押，智旭的作品剛好有其中一種。

　　而有關「方音通押」，智旭作品是「-n-ng-m 相混」之南方方音用韻，王力先生指出在宋代，「-n-ng-m」三個系統仍是分明的，直到現在北方官話還保存「-n-ng-m」的分別，不過，「詞人既可純任天籟，就不免為方音所影響了。當時有些方音確已分不清楚-n-ng-m 的系統了，所以它們不能不混用了」。〔註79〕此系統的通押有二類，依智旭作品所適用者整理如下表。

〔註77〕本段引自拙作〈明末蕅益智旭〈一筆勾〉曲調研究〉研究成果。黃家樺：〈明末蕅益智旭〈一筆勾〉曲調研究〉（2020 年 7 月 2 日已獲《高雄師大學報》外審作業通過，編輯委員會業已接受，擇期刊登）。

〔註78〕王力（王子武）：《中國詩律研究》（漢語詩律學）（臺北：文津出版社，1987 年），頁 546。

〔註79〕王力（王子武）：《中國詩律研究》（漢語詩律學），頁 552～555。

【表三十四】方音通押

類型	韻	首數	作品
方音通押（-n-ng-m相混）之一：第六部第十一部第十三部通押	三部皆通		
	第六部與第十一部通	9	將欲出家與叔氏言別四絕之四（真庚）、乙丑結制吳江分韻寫懷（真蒸）、丙寅季夏先慈捐世賦四念處以寫哀之一（真庚蒸）、淨土偈六十首之十（真庚）、淨土偈六十首之三十（真庚）、淨土偈六十首之四十二（真庚）、淨土偈六十首之五十七（真青）、示智恆字鑑如（真文蒸）、入山四首之一（真青）
	第六部與第十三部通	1	淨土偈六十首之八（真侵）
	第十一部與第十三部相通		
方音通押（-n-ng-m相混）之二	第七部與第十四部通押	1	淨土偈六十首之九（刪覃）
切韻同類	第十七部第十八部第十九部通押	1	山居百八偈之九十二（葉洽）

（五）轉韻及無規律用韻

前面四種用韻法，共有三百八十一首，另外，依附錄「智旭詩偈平上去入押韻情況」表分析，有三十四首是古風之轉韻，佔四百一十八首之 8.1%，還有三首是無規律用韻，佔 0.7%。

（六）智旭詩偈用韻情形

經上述分析智旭詩偈用韻情形，整理如下：

【表三十五】智旭詩偈用韻情形整理表

用韻方式	詩偈總數	各用韻數量	佔百分比
一韻到底	418 首	331 首	79.2%
鄰韻通押		26 首	6.2%
平上去通押		13 首	3.1%
切韻同類及方音通押		11 首	2.7%
轉韻		34 首	8.1%
無規律用韻		3 首	0.7%

　　雖然智旭在〈戊辰新正出關留別吳江諸友八首（有引）〉之引言說自己作詩用韻是「既不修辭，並未知叶韻與否」，〔註80〕但由上表發現作詩「未刻意叶韻」之智旭，所作詩偈卻是用韻者佔 99.3%，未規律用韻者僅有 0.7%。

　　另外，整理《淨信堂初集》和《絕餘編》「一韻到底之未用韻」、「加上其他通押用韻後之未用韻」，以及「加上《宗論》五亡佚本詩偈後未用之韻」三種情形後，未用韻的對照表如下表：

【表三十六】《淨信堂初集》、《絕餘編》及《宗論》未用韻數量對照表

上聲			去聲			入聲		
一韻到底之未用韻	加上通押及轉韻用韻後之未用韻	加上《宗論》五亡佚本詩偈後未用之韻	一韻到底之未用韻	加上通押及轉韻用韻後之未用韻	加上《宗論》五亡佚本詩偈後未用之韻	一韻到底之未用韻	加上通押及轉韻用韻後之未用韻	加上《宗論》五亡佚本詩偈後未用之韻
薺	薺		送	送	送	沃		
阮			絳	絳	絳	質		
銑			未			月	月	
琰			御			曷		
豏	豏	豏	遇			黠	黠	黠
			霽			葉		
			卦			洽		
			隊					
			震					
			問					
			願					
			諫	諫	諫			
			嘯	嘯				
			效					
			號					
			漾					
			徑					
			沁	沁	沁			
			艷	艷	艷			
			陷	陷	陷			
5	2	1	20	7	6	7	2	1

〔註80〕〔明〕蕅益智旭：〈戊辰新正出關留別吳江諸友八首（有引）〉《淨信堂初集》卷八，明學主編：《蕅益大師全集》第七冊（四川：巴蜀書社，2018 年），頁493。

　　《淨信堂初集》和《絕餘編》的「一韻到底之未用韻」以去聲韻 20 個韻目數量最多，但加上通押及轉韻後，未用之去聲韻驟減為 7 個，推論其中原因，或因絕句和律詩用律甚嚴，以平韻為原則，必須一韻到底，而且不許通韻。〔註81〕在宋以前，近體詩之出韻，千首中難見一、二首，〔註82〕而鄰韻、通押和轉韻是用於古詩，又，古詩用上去入聲仄韻不限。

　　古體詩押韻，仄韻也許比平韻多些，而近體詩原則上只用平韻，仄韻罕見。〔註83〕而從本文所整理之用韻表，發現「一韻到底」在二十九個上聲韻目雖用了 24 個，但詩偈數量只有 38 首，入聲韻「一韻到底」在十七個入聲韻目雖用了 10 個，詩偈數量亦僅有 15 首，而「一韻到底」在上平聲及下平聲分別為十韻目，卻各有 114 首、148 首詩。綜上數據可說明，智旭所作之詩偈，即使在句式平仄、對仗格律規定上未能符合近體詩格律之全部條件，但在用韻卻是符合近體詩以平韻為原則之規定。

　　上表在加上《宗論》所收五本亡佚文集之一百零五首詩偈用韻數量後，重新統計用韻表結果，未用之上聲僅「豏」一韻，未用之去聲韻有「送、絳、諫、沁、豔、陷」等五韻，入聲韻未用者為「黠」一韻。顯示未用之上聲、去聲及入聲韻，又各減少一個。但，因《宗論》所收五本亡佚文集之詩偈內容及數量或有刪減，所以仍無法正確歸納智旭在未使用韻之結論。

三、用韻聲情統整

　　本段引用王頌梅老師在 107 學年度「詩詞韻部聲情教學實驗課程」所整理之「韻部聲情統整表」〔註84〕，配合本文統計之智旭「一韻到底」詩偈數量編制【表三十七】「智旭詩偈用韻聲情整理表」。雖然此表是以一般文學之詩作所表達之用韻聲情所整理，但仍有參考價值，可作為深入對照智旭各別詩偈用韻聲情之參考資料。

〔註81〕王力（王子武）：《中國詩律研究》（漢語詩律學）（臺北：文津出版社，1987年），頁 44。

〔註82〕王力（王子武）：《中國詩律研究》（漢語詩律學）（臺北：文津出版社，1987年），頁 50。

〔註83〕王力（王子武）：《中國詩律研究》（漢語詩律學），頁 40。

〔註84〕高雄師範大學國文系王頌梅副教授 107 學年度「詩詞韻部聲情教學實驗課程」，2019 年 5 月 3 日上課講義「韻部聲情統整表」。

【表三十七】智旭詩偈用韻聲情整理表

	平聲	韻	聲情一	聲情二	聲情三	聲情四	聲情五	聲情六	聲情七	聲情八	聲情九
1.	13	東冬	雄渾	雍容	朦朧	空虛	狀聲／鐘聲				
2.	26	支微	相思離別	幽微心事	傷感淒迷	恓惶不安	閒適淡然	微言隱語	富貴清逸	嘻嘻然	悲喜交集
3.	20	江陽	豪放	雄強	疏朗輕狂	富麗堂皇	漂亮／女性	悲傷淒涼			
4.	16	虞魚	憂鬱不舒	隱居情調	交際風度	糾糾武夫	模糊感	詢問	狀聲／蕭聲		
5.	13	佳灰	悲哀感慨	豪邁開心	笑意	悲歡交雜					
6.	25	真文	獨自沉吟	莊重矜持	語氣諷刺	清新出塵	狀聲／琴聲				
7.	13	寒刪	寒意襲人	傷感難消	空間開展	生活艱難	寬闊之情	亦足以歡			
8.	29	先天	纖細	綿延	仙氣						
9.	12	蕭豪	蕭騷寂寥	英雄豪傑	崇高感	風度瀟灑	女性之嬌貴妖嬈	狀聲／呼號			
10.	4	歌戈	溫和豁達	舒導勸慰	行樂之歌	女性之歌	人生之歌	鐵馬金戈	狀聲／笑聲		
11.	6	家麻	各色繁華	詠花	佻達大膽	誇耀讚美	意態瀟灑	狀聲／沙啞之聲如鴉啼			
12.	22	庚青	平靜理性	鎮重一方	冰冷感	狀聲／鐘聲					
13.	27	尤侯	憂愁	解憂	優游不迫	高貴優雅					
14.	12	侵	清淨幽深	傷感悲吟	狀聲／吟詩讀書聲						
15.	4	元	清幽純樓	冤吞愁結	渾沌大氣	隱晦不明					
16.	38	上聲	樂舞之婉轉搖曳	女性之柔美軟媚	文士之慵懶開適	人生之感傷悲苦	反諷調侃說笑解嘲	寫水之婉轉盤繞	寫山之沉穩永恆	勸世歌偈	
17.	15	去聲	明確堅定	俐落清俊	恢意快樂	惋惜悲憤	造景之藝術張力	戀情中的愛與恨			
18.	15	入聲	哭泣	幽咽抑鬱	慷慨沉鬱	輕約內斂	節奏感				

　　以上聲情整理表，特別的是「勸世歌偈」放在上聲韻，因上聲韻聲情具有「婉轉」的感覺，「勸世歌偈」以婉轉之聲情說理，較易讓人接受，達到說理目的。

　　依「【附錄五】《淨信堂初集》、《絕餘編》、《靈峰宗論》詩偈用韻對照表」，上聲韻的三十八首詩偈為：〈贈印海一還二方丈持梵網並念佛〉、〈題卓無量普觀圖〉、〈擬古〉、〈示存朴〉、〈示成廉剃髮二首之二〉、〈警初平〉、〈贈慧幢〉、〈護蓮偈四首之二示蔡拙勝〉、〈山居百八偈〉有三十首，分別是「之七、八、九、十五、十六、十七、二十四、二十七、三十四、三十五、四十六、四十八、四十九、五十、五十二、五十三、五十五、五十九、六十五、六十六、六十七、七十、七十六、七十七、七十八、八十五、八十六、九十八、九十九、百一」。

　　〈贈印海一還二方丈持梵網並念佛〉、〈題卓無量普觀圖〉、〈擬古〉、〈示存朴〉、〈示成廉剃髮二首之二〉、〈警初平〉、〈贈慧幢〉、〈護蓮偈四首之二示蔡拙勝〉這八首上聲韻的詩偈，其中有五首是「法語詩」，〈贈印海一還二方丈持梵網並念佛〉，是對印海、一還二位方丈能持戒念佛之讚嘆。〈題卓無量普觀圖〉是題畫詩，以畫中蓮花婉轉點出：持名念佛之「是心作佛，是心是佛」是花果同時之旨。〈擬古〉這首五古詩，寫人習以耳為目之流言傷人，引五個典故喻之。這八首用上聲韻詩，詩旨和上聲聲情是一致的。

　　而〈山居百八偈〉的三十首上聲韻佔百八首比重為 27.7%，倘在本文作討論，篇幅恐過重且不在本文研究目的，僅在此提出篇目並提出可另以專文整理詩偈作一分析之未來展望。

四、詩偈作品特殊之點

　　本段僅就智旭一詩偈之特別用韻、「靈峰有關之詩句」提出其詩偈作品特殊之點。

（一）〈病中寫懷三十首〉依序用三十平韻

　　〈病中寫懷三十首〉，從第一首到第三首，是依十五個上平聲及十五個下平聲順序而用韻：

【表三十八】〈病中寫懷三十首〉用韻

俄爾西山俄爾東，依依師友念何窮。長空雁影元無住，未肯終為舊阿蒙。	東窮蒙　一東
幾番結夏又經冬，杜口休談教與宗。歷盡炎涼心不改，千峰頂上自相逢。	冬宗逢　二冬
蘆花堆裏雁橫江，對影栖栖足一雙。塞外祇今音信斷，空餘月色照疏窗。	江雙窗　三江
病骨枯筋聊自支，半生心事許誰知。須摩國裏多相識，快著繩鞭遊寶池。	支知池　四支
志自沖天力自微。那須五十始知非。千峰萬峰驀直去。不斷生原誓不歸。	微非歸　五微
馮驩長歎食無魚，豈信門前有大車。勘破浮生千古夢，從今不復戀居諸。	魚車諸　六魚
每嗟逐鹿苦無虞，一卷殘經且自劬。了得目前無剩法。威音那畔卻成輸。	虞劬輸　七虞
一變何須較魯齊。五更夢斷曉鳴雞。孟嘗昨夜逃函谷。分付車轅莫向西。	齊雞西　八齊
嚶鳴相和久稱佳。誰信於今事復乖。莫怪田光終自刎。好將吾骨一同埋。	佳乖埋　九佳
功名富貴夢中灰。肉眼空勞孟浪猜。寄語靈山親付囑。夜光彈雀事堪哀。	灰猜哀　十灰
賣假從來不賣真。捫心何用鼓雙唇。獨知聊爾結千載。榔栗橫擔豈顧人。	真唇人　十一真
宣文伎倆愧迦文。吹散青雲附白雲。堪歎緇林名傑士。落花流水亂紛紛。	文雲紛　十二文
勇士非關徒喪元。觀瀾無術孰為援。高談名理超方便。之楚依然駕北轅。	元援轅　十三元
千思萬慮膽為寒。痛殺啼鵑血未乾。翻轉髑髏情識斷。卻憐捨步學邯鄲。	寒乾鄲　十四寒
葛藤多少不須刪。高駕長驅莫問關。飲器失聲猶未瞥。象王已過萬重山。	刪關山　十五刪
國手徒爭一著先。從來十九路多愆。早知勝負原無實。黑白空教迷悟偏。	先愆偏　一先
嚴冬葉落樹蕭蕭。企望雲山路轉遙。拼命一時須趁到。莫辜寒拾苦相招。	蕭遙招　二蕭
趨避何須問六爻。祝人原不代烹庖。應真有骨遺荒野。童子徒勞仔細敲。	爻庖敲　三肴
壯心俠骨未稱豪。舉世休誇夢語刀。消盡乘桴浮海恨。倚欄坐聽大江濤。	豪刀濤　四豪
涕泣聲殘發浩歌。悲歡從古事如何。莫知徒切宣尼歎。好辯於今譏孟軻。	歌何軻　五歌
漫云長老種芝麻。影響還看豆與瓜。送想樂邦成痼疾。閒情寧復付煙霞。	麻瓜霞　六麻
誰將鴉臭立當陽。惹得兒孫日夜狂。咄破本宗無實法。幾多趕鬧一時涼。	陽狂涼　七陽
啟明纔出復長庚。滅滅如何又滅生。坐斷劫波歸當念。春光歷盡不留情。	庚生情　八庚
黃花鬱鬱竹青青。般若真如語太鯹。見色聞聲隨分過。羞他矯強設門庭。	青鯹庭　九青
最苦婆婆邪見蒸。禪門如炭教如冰。生心無住金剛印。愧殺黃梅與惠能。	蒸冰能　十蒸
省身多悔更多尤。萬里秋風一葉收。戲水不嫌虧淨戒。應知意在習浮遊。	尤收遊　十一尤
誰言初志可全侵。一諾終須重萬金。事定蓋棺應有日。汗青久已照丹心。	侵金心　十二侵
幾人能曉菜根覃。獨愛當年童子南。煙水百城經歷盡。歸來重見老瞿曇。	覃南曇　十三覃
色裏膠青水裏鹽。依稀彷彿最堪嫌。黃連食盡無非苦。石蜜中邊盡是甜。	鹽嫌甜　十四鹽
玩辭觀象莫如咸。輔頰無端且自緘。五百饌難供一飽。修羅法爾未為饞。	咸緘饞　十五咸

　　《宗論》所收是〈病中寫懷十偈〉，刪了二十首，就無法顯現上表原詩驚人的用韻方式。智旭在三十歲時作〈戊辰新正出關留別吳江諸友八首（有引）〉，在引文自言作詩是「既不修辭，並未知叶韻與否」，可推論出家後之智旭作詩未刻意用韻。但此八首詩有四首是「先」韻一韻到底，其他四首是「先、刪、寒」鄰韻通押。再從〈病中寫懷三十首〉之特殊用韻來看，其作詩雖「非刻意叶韻」，但詩偈所表現出的用韻工夫，卻像是用心力構思的用韻高手。此非刻意卻顯巧思之用韻方式，只能說是超越天工之自然境界。

　　此〈病中寫懷三十首〉詩偈寫作時期背景，是智旭約三十六、三十七歲間，大病中所作。他於三十五歲退作沙彌誓，是年因歸一師負盟遠行，而如是師歸閩因事未能至，其餘不同志者，各自星散，使其第二次「五比丘如法住世」讓正法重興之願，遂成懸想。

　　故而，他自言因「每念正法日凋，魔風尚熾。眾生福薄，邪說易以入。人兼復世變紛沓，饑荒洊至，同分妄見，可懼可悲。而一二同志，又各數奇運蹇，非但莫遂弘護之功，抑且未得善守之策」，使「如來命脈，大似一絲懸九鼎，為之奈何？」〔註85〕其每一念及此時弊，惟有涕淚交流或痛哭不勝，只能「藉言笑以遣之」，但「遣之不足，仍復成病」，於病時無聊，「偶成三十偈，偈成病愈」。〔註86〕此即以依三十平韻順序，作首句入韻之〈病中寫懷三十首〉因緣。

　　從〈病中寫懷三十首〉寫作之病中因緣，復以「心影說」內涵，來分析此詩依序用盡三十平韻之用韻特點：可以說，智旭作詩超越三十韻聲情，更可言是包含三十韻目所有聲情，會通化成為智旭用韻氣魄：「任運自然、左右逢源用韻而不被韻用」。

（二）靈峰有關之詩文指歸淨土

　　智旭在提到靈峰時，迭有名句，三十三歲始入北天目靈峰山的靈巖寺百福院過冬，賦〈樂友偈〉有句云：「靈峰一片石，信可矢千秋」〔註87〕，稱靈峰法脈當傳千秋。並在〈寄唵嗑公〉書信中有句「靈峰片石，不讓東林」〔註88〕，

〔註85〕〔明〕蕅益智旭：〈寄如是兄〉《淨信堂初集》卷六，明學主編：《蕅益大師全集》第七冊（四川：巴蜀書社，2018年），頁443。
〔註86〕〔明〕蕅益智旭：〈寄文學陳旻昭〉《淨信堂初集》卷六，頁450～451。
〔註87〕〔明〕蕅益智旭：〈樂友偈〉《淨信堂初集》卷八，明學主編：《蕅益大師全集》第七冊（四川：巴蜀書社，2018年），頁4。
〔註88〕〔明〕蕅益智旭：〈寄唵嗑公〉《淨信堂初集》卷六，頁430。

讚靈峰淨社亦為不讓盧山東林寺之淨土祖庭。而四十六歲是年冬第六次返靈峰山，則有「靈峰片石舊盟新」〔註89〕之句。

　　除了以上佳句，據《靈峰宗論》，及現存《淨信堂初集》、《絕餘篇》二本文集所收與靈峰有關之詩文分析可見，智旭獨在提到靈峰時，與之相比擬的文句，都會和淨土有關，相關詩文整理如下：

有懷樂土，實多靈羽。羨此東林，式瞻西戶。送想功成，覿面斯覯。
〈中秋後二日群鶴集於靈峰賦靈鳥〉〔註90〕

靈峰山，古稱為北天目。辛未冬入山結制，即有偈雲：靈峰一片石。
信可矢千秋。甲申秋，從攜李入山，複有句雲：靈峰片石舊盟新。
不謂乙酉春，偶遊石城，直至己醜深秋，方獲歸臥也。俯仰泉石，
勝槩縱橫，紀其大者，略有二十，聊當化城，畢茲餘喘。自非樂土，
終弗與易矣。〈北天目靈峰寺二十景頌〉序〔註91〕

我有慈父。示安於西。我久逃逝。耳罔可提。今既悔矣。癡猶未刬。
載怨載慕。乃泣乃啼。

靈峰之麓。有室如穀。風巽於狀。雪沽於服。何怭何求。馬麥孔馥。
誰肩我劻。載脣及淑。〈迴者隱納之深痛也〉〔註92〕

近可忘靈峰之癖，遠可緩極樂之歸。乃如居士者，不可多得也。予
是以念念思極樂，時時憶靈峰也。予與居士不隔者學脈，居士縱不
能偕於靈峰泉石，必將同我極樂珍池也夫。〈贈張興公序〉〔註93〕

今年五十三，依然是具縛。損己以利人，古聖所嗟愕。深悔亦較遲，
靈峰聊暫托。一句阿彌陀，堪為良夜柝。〈自像贊三十三首〉〔註94〕

除了將靈峰喻為「東林」、「樂土」、「極樂」、「極樂珍池」，其淨土法門之意顯

〔註89〕〔明〕蕅益智旭：〈北天目靈峰寺二十景頌（有序）〉《靈峰宗論》卷九之二，
　　　　《蕅益大師全集》第十八冊（臺北：佛教出版社，2014年），頁11537。

〔註90〕〔明〕蕅益智旭：〈中秋後二日群鶴集於靈峰賦靈鳥〉《靈峰宗論》卷十之三，
　　　　頁11706。

〔註91〕〔明〕蕅益智旭：〈北天目靈峰寺二十景頌‧序〉《靈峰宗論》卷十之三，頁
　　　　11536。

〔註92〕〔明〕蕅益智旭：〈迴者隱納之深痛也〉《靈峰宗論》卷十之三，頁11716。

〔註93〕〔明〕蕅益智旭：〈贈張興公序〉《靈峰宗論》卷六之四，《蕅益大師全集》第
　　　　十七冊（臺北：佛教出版社，2014年），頁11187。

〔註94〕〔明〕蕅益智旭：〈自像贊三十三首〉《靈峰宗論》卷九之四，頁11623。

明外。在〈迴者隱納之深痛也〉，看到隱居在靈峰的智旭，在詩偈中說「我有慈父，示安於西。我久逃逝，耳罔可提」，提到西方慈父阿彌陀佛和念佛。

　　而在〈北天目靈峰寺二十景頌〉序所言「聊當化城」，淨土之意更是深遠。「化城」是在法華經第三之終說〈化城喻品〉，「化城者」，其喻意是，在到達一切眾生成佛之「寶所」前，因道途悠遠險惡，惟恐修行人在修行道路中疲倦退卻，所以於途中變作種種城郭，使之止息，在此處養精力，最後終能到成佛「寶所」。對於智旭心中「寶所」的定義，他在〈示寶所〉詩偈有云：

　　　著有落人天，著空墮三惡；惟有西方土，超出有無國。

　　　熾然求往生，莫複存疑想；設更謾躊踟，偏邪見日長。

　　　思量分別法，謗於真智慧；永劫沉深坑，諸佛無能救。

　　　好向事中求，勿從空中取；步步踐實地，疾得到寶所。〔註95〕

〈示寶所〉詩句的「惟有西方土，超出有無國」，即是寫念佛求生淨土成佛，才能超出人天三惡等輪迴道，因此勸人「熾然求往生，莫複存疑想」。是以，智旭對「寶所」所解之意即是念佛求生淨土，明心見成佛，他將靈峰比擬為到達「寶所」的修行休息之「化城」，喻意深刻，所以才會說「予是以念念思極樂，時時憶靈峰也」，其心心念佛求生淨土歸寶所，自然時時憶靈峰化城。他選擇靈峰為示寂歸臥根本道場，其因昭昭於此。

五、詩偈用韻密度高但卻未具易於傳播特質

　　俗諺、民謠、順口溜等都是把抽象的道理透過押韻來傳播，在社會上產生影響。所以，後人將佛法之理編成押韻的「勸世歌偈」，可以琅琅上口，再加上使用貼近生活之淺白詞語，讓想傳達的道理能容易接受和記誦而快速流傳，進而形成社會影響。

　　而在明朝由小曲發展出一種民間文學：民歌，有著稱為「我明一絕」〔註96〕的獨特地位。明末四大高僧的雲棲袾宏和智旭都曾依明初最流行民歌曲調之一的〈駐雲飛〉填詞。押韻加上流行曲調，確實是在民間傳播佛法的好方式。〈駐雲飛〉是最早刊行的明代民歌選集，且是民間流傳甚廣之流行曲調。而

〔註95〕〔明〕蕅益智旭：〈示寶所〉《淨信堂初集》卷八，明學主編：《蕅益大師全集》第七冊（四川：巴蜀書社，2018年），頁506。

〔註96〕明末清初陳宏緒《寒夜錄》引卓人月說：「我明詩讓唐，詞讓宋，曲又讓元，庶幾〈吳歌〉、〈挂枝兒〉、〈羅江怨〉、〈打棗竿〉、〈銀絞絲〉之類，為我明一絕」。〔明〕陳宏緒《寒夜錄》（北京：中華書局，1985年），頁6。

〈駐雲飛〉被編為佛曲，見於明太宗永樂十五年（1416）四月十七日所編制之《諸佛世尊如來菩薩尊者名稱歌曲》〔註97〕，收錄〈歸三寶之曲〉，即〈駐雲飛〉十首，其中一字句以「佛」字替代。〔註98〕

本節之前已整理分析智旭詩偈用韻密度高達 99.3%，但，其詩偈即使依民間流行曲調來填寫，仍是無法像「勸世歌偈」一樣達到易於傳播的社會意義。推論個中原因，是智旭作詩偈之目的不在容易傳播，在傳佛正法，二是借詩直說一乘佛法奧義，三是作品文字非用淺白通俗語，而是多用典故說佛理。

（一）詩偈用韻密度高但卻未具易於傳播特質之因

為論證上述所推論原因，本段試以智旭依〈駐雲飛〉曲調填詞所作之〈一筆勾〉、〈乙丑䤀一筆勾〉和〈丙寅季夏先慈捐世賦四念處以寫哀〉為例來分析。

1. 〈駐雲飛〉與袾宏〈七筆勾〉

袾宏〈七筆勾〉原文：

> 恩重山垠，五鼎三牲未足酬。親得離塵垢，子道方成就。嗏！出世大因由，凡情怎剖。孝子賢孫，好向真空究。因此把五色封章一筆勾。

> 鳳侶鸞儔，恩愛牽纏何日休。活鬼喬相守，緣盡還分手。嗏！為你倆綢繆，披枷帶杻。覷破冤家，各自尋門走。因此把魚水夫妻一筆勾。

> 身似瘡疣，莫為兒孫作遠憂，憶昔燕山竇，今日還存否？嗏！畢竟有時休，總歸無後。誰識當人，萬古常如舊。因此把桂子蘭孫一筆勾。

> 獨佔鰲頭，漫說男兒得意秋。金印懸如斗，聲勢非常久。嗏！多少杻馳求，童顏皓首。夢覺黃梁，一笑無何有。因此把富貴功名一筆勾。

> 富比王侯，你道歡時我道愁。求者多生受，得者憂傾覆。嗏！淡飯勝珍饈，衲衣如繡。天地吾廬，大廈何須構。因此把家舍田園一筆勾。

> 學海長流，文陣光芒射鬥牛。百藝叢中走，斗酒詩千首。嗏！錦繡滿

〔註97〕《諸佛世尊如來菩薩尊者名稱歌曲》《永樂北藏》第 179 冊，CBETA, J179, no1612, p. 0354a06。

〔註98〕本段引自拙作〈明末蕅益智旭〈一筆勾〉曲調研究〉。黃家樺：〈明末蕅益智旭〈一筆勾〉曲調研究〉（2020 年 7 月 2 日已獲《高雄師大學報》外審作業通過，編輯委員會業已接受，擇期刊登）。

胸頭，何須誇口。生死跟前，半字難相救。因此把蓋世文章一筆勾。

夏賞春遊，歌舞場中樂事稠。烟雨迷花柳，棋酒娛親友。喥！眼底逞風流，苦歸身後。可惜光陰，懍懼空回首。因此把風月情懷一筆勾。〔註99〕

袾宏依〈駐雲飛〉曲調填〈一筆勾〉七首，不是直說佛法，而是先從貼近人們的七件事「五色封章」、「魚水夫妻」、「貴子蘭孫」、「富貴功名」、「家舍田園」、「蓋世文章」、「風月情懷」來說起，而這七件事又可含括世人以眾生情見所執著貪愛的世間一切。從此七事來說明佛法之「貪愛即是生死輪迴之因，生死輪迴即眾生痛苦之因」道理，教眾生看清人世一切不過是因緣聚散，便會有不如一筆勾銷之嘆。

以親近人民生活的抽象佛法出世之理配上押韻之流行民歌曲調，自然達到勸世歌謠口耳相傳的快速傳播功能。袾宏此〈七筆勾〉之曲，因流傳及影響甚廣，原〈駐雲飛〉曲牌也有〈七筆勾〉或〈一筆勾〉之名，而後世弟子智達法師亦將原曲及文字收入《異方便淨土傳燈歸元鏡》戲曲。〔註100〕

2.〈駐雲飛〉與智旭〈一筆勾〉等三首作品

佛家有言：「須彌納芥子，芥子納須彌」〔註101〕，智旭應是亦如袾宏把「須彌佛法」納入〈駐雲飛〉曲調芥子中，但因其作品是直說「須彌佛法」，且文字非用淺白通俗語，而是多用典故說一乘佛法，所以，即使也用明代流行之民歌〈駐雲飛〉填〈一筆勾〉、〈乙丑飜一筆勾〉和〈丙寅季夏先慈捐世賦

〔註99〕〔明〕智達：《異方便淨土傳燈歸元鏡》「三祖實錄」卷之下「七筆勾塵分第二十九」《大藏經補編》第 18 冊，CBETA, B18, no0097, p. 0281b09、0281b13、0281b18、0282a03、0282a07、0282a16。

〔註100〕本段論述有關〈駐雲飛〉曲譜及研究成果論述均引自拙作〈明末蕅益智旭〈一筆勾〉曲調研究〉。黃家樺：〈明末蕅益智旭〈一筆勾〉曲調研究〉（2020 年 7 月 2 日已獲《高雄師大學報》外審作業通過，編輯委員會業已接受，擇期刊登）。

〔註101〕原出於《維摩詰所說經‧不思議品第六》：「若菩薩住是解脫者，以須彌之高廣內芥子中無所增減，須彌山王本相如故，而四天王、忉利諸天不覺不知己之所入，唯應度者乃見須彌入芥子中，是名住不思議解脫法門……」《大正藏》第 14 冊，CBETA, T14, no.0475, p. 0546b24。後於《宋高僧傳》〈唐廬山歸宗寺智常傳〉所載「及到歸宗李問曰。教中有言：『須彌納芥子，芥子納須彌』。如何芥子納得須彌？」常曰：「言博士學覽萬卷，書籍還是否耶？」李曰：「忝此虛名。」常曰：「摩踵至頂只若干尺，身萬卷書向何處著？」李俛首無言。」，CBETA,《大正藏》第 50 冊 T50, no.2061, p. 0817b11。

四念處以寫哀），且前二首是平上通押，第三首是平上去或平上通押之用韻，但此三首作品就不如袾宏〈七筆勾〉流傳及影響之廣。

以下分別解析智旭此三首詩偈蘊含之「須彌佛法」，期以深入淺出之言說明。

（1）〈一筆勾〉、〈乙丑飜一筆勾〉

〈一筆勾〉、〈乙丑飜一筆勾〉全文：

> 湛海浮漚，起滅無端何日休。目瞖空花有，瞖盡花存否，（嗏）莫更往迷流。酸辛獨受，知妄無因，當體元如舊。因此把世界身心一筆勾。

> 〈乙丑飜一筆勾〉

> 海湛漚浮。本自無端豈更休。目瞖空花有。瞖盡花亡否。（嗏）及早悟真流。安然正受，知幻即離，那有新和舊。把甚麼世界身心一筆勾。〔註102〕

智旭在二十五歲在徑山大悟後，洞徹性相二宗，知其本無矛盾。〔註103〕觀〈一筆勾〉和〈乙丑飜一筆勾〉作品，用了「一翳在眼，空花亂墜」禪門公案〔註104〕，可看到智旭於悟前悟後的不同之處。徑山大悟前所寫有如神秀禪師偈，是悟後在事上漸修，即雖有悟，但尚未達向上一著之明心見性前，要善加保任，此亦智旭「圓門漸修」之說。

而智旭大悟後所寫「海湛漚浮，本自無端豈更休」、「及早悟真流，安然正受，知幻即離，那有新和舊」等句，則是如惠能禪師偈之「本來無一物，何處惹塵埃」，是理上直指人心、明心見性之悟。

〔註102〕〔明〕蕅益智旭：〈一筆勾〉、〈乙丑飜一筆勾〉《淨信堂初集》卷八，明學主編：《蕅益大師全集》第七冊（四川：巴蜀書社，2018年），頁490。

〔註103〕弘一演音：《蕅益大師年譜》，明學主編：《蕅益大師全集》第十冊（四川：巴蜀書社，2018年），頁51。

〔註104〕福州芙蓉山靈訓禪師，初參歸宗問：「如何是佛」。宗曰：「我向汝道，汝還信否」。師曰：「和尚發誠實言，何敢不信」。宗曰：即汝便是」。師曰：「如何保任」。宗曰：「一翳在眼空華亂墜（法眼云：歸宗若無後語有什麼歸宗也）」師辭歸宗。宗問：「子什麼處去？」。師曰：「歸嶺中去」。宗曰：「子在此多年，裝束了却來，為子說一上佛法」。師結束了上堂。宗曰：「近前來」。師乃近前。宗曰：「時寒途中善為」。師聆此一言頓忘前解，後歸寂謚弘照大師，塔曰圓相。《大正藏》第51冊 CBETA, T5, no.2076,《景德傳燈錄》卷第十，p. 0817b11。

（2）〈丙寅季夏先慈捐世賦四念處以寫哀〉

智旭二十八歲作〈丙寅季夏先慈捐世賦四念處以寫哀〉，是年為天啟丙寅（1626）年六月初一日，因痛念母逝之生死大事而賦「四念處」，細說四種慧觀修行之法，教我們透過假藉不淨、苦、無常、無我四念處智慧觀照，來對治三界粗重的煩惱，破除煩惱的障礙。

另在〈示爾階〉法語中，其指出「四念處者，佛法之總綱，偏圓權實靡不由之。出生死要路，成菩提通塗也。」〔註105〕在此先就「四念處」做一解釋，「四」是法門數目，「念」是能觀的智慧有四種：不淨、苦、無常、無我；「處」是指所觀境，即眾生的身、受、心、法四個處所；能觀的智慧和所觀的處所合起來，就安立為「四念處」法門。因為眾生，對於現前的身、受、心、法四個處所，生起了「淨、樂、常、我四種顛倒」，因此該以不淨、苦、無常、無我四種法門來對治，這叫做四念處在事相上之對治觀。

如何以不淨、苦、無常、無我觀照身、受、心、法四處所，以對治常、樂、我、淨四種顛倒妄想，以「四念處」賦分析如下：

a. 觀身不淨

原文：

> 恩愛迷情，四大緣生妄有身。膿血交相潤，臭穢常無盡。（嗟）饒你會莊矜，畫囊盛糞。一旦神離，不復堪親近。切莫把未爛骷髏認作真。（觀身不淨）〔註106〕

所觀的處所是果報的五陰色身，可能是男性或女生的色身。一般人對於色身，會生起「淨」的顛倒想，所以往往深愛自己色身，用各種食物或飾物來滋養或裝扮，也會對對異性的果報體產生欲念的貪愛，且因此種種貪愛而產生種種煩惱。

在對治色身的貪愛的煩惱，應引導我們的心去看色身的真相，因而智旭先告訴我們色身的緣起：是「恩愛迷情，四大緣生妄有身」。我們死亡後的中陰身，由於過去的業力，而遇到父母行房之時，因心動了一念恩愛迷情，就隨業投胎了。最初的一念恩愛迷情，是雜染的心識，色身是依雜染的父精母

〔註105〕〔明〕蕅益智旭：〈示爾階〉《靈峰宗論》卷二之三，《蕅益大師全集》第十六冊（臺北：佛教出版社，2014年），頁10476。

〔註106〕〔明〕蕅益智旭：〈丙寅季夏先慈捐世賦四念處以寫哀〉之一《淨信堂初集》卷八，明學主編：《蕅益大師全集》第七冊（四川：巴蜀書社，2018年），頁491。

血四大而成，兩者都是不清淨的。

接下來的「膿血交相潤，臭穢常無盡」、「饒你會莊矜，畫囊盛糞」、「一旦神離，不復堪親近」，分別說明生時之內外在之不淨相，和死後之不淨相

（a）膿血交相潤，臭穢常無盡

生時的外相不淨最容易觀察，只要去注意自己色身的各種變化：長瘡、流膿、流血等傷，以及眼耳鼻口大小便處等九孔經常流出不淨物，臭穢常無盡，就很容易看出來色身外相真的不淨。我們過去一直認為色身清淨，其實是「一翳在眼，空花亂墜」之顛倒的想法。

（b）饒你會莊矜，畫囊盛糞

生時的內在不淨相雖不似外相容易觀察，但，還是可以透過以下的方式觀照：人們費盡心思用種種美妙的物事來裝飾色身、矜愛色身，一旦把外在的皮肉剝開後的內在，只是血膿、屎尿種種不淨的現象，有如是「畫囊盛糞」，所以，悟道高僧看色身，就是兩隻腳扛著一個糞桶，每天走來走去。

（c）一旦神離，不復堪親近

再來是觀照眾生死後的不淨相，死後之色身也會有變化。紅潤皮膚變成青黑，身軀四肢僵硬，然後開始膨脹破裂，腐爛流膿血，蟲蛆咬肉，最後把肉吃光，變成一堆白骨，這是死後的不淨相。

最後，以「切莫把未爛骷髏認作真」總結。眾生由於過去的業力，而感得此生的果報，若未能修行，身心就會被業力主宰，無法自己作主。因此，智旭告訴我們色身的真相不過是一個將爛未爛的骷髏，現在是裝滿了一堆膿血屎尿不淨物，外面再用一層皮肉把它包起來。教我們用「觀身不淨」來對治對色身的貪愛煩惱，用智慧觀照色身只是業力變現的果報，從緣起和果報都不是清淨的。從圓解之根本下手，自然放下對色身的貪愛執取，而不用壓抑的。

b. 觀受是苦

原文：

> 妄想驅馳，吸攬前塵作所依。業感原無意，苦樂隨因異。（嗏）苦果實堪悲，酸辛難比。世樂雖榮，享盡愁還至。切莫把五欲塵勞枉自迷。（觀受是苦）〔註107〕

〔註107〕〔明〕蕅益智旭：〈丙寅季夏先慈捐世賦四念處以寫哀〉之二《淨信堂初集》卷八，明學主編：《蕅益大師全集》第七冊（四川：巴蜀書社，2018年），頁492。

「受」之意，是指眾生的介爾一念心，在六根跟境界接觸的剎那。因為「受」要藉由我們的「六根」跟境界接觸，所以，智旭先講六根的緣起，是「妄想驅馳，吸攬前塵作所依」，也就是我們的眼、耳、鼻、舌、身、意六根，因一念妄想活動，去跟境界接觸之後產生「受」，之後接續對所接觸的境界產生好惡等徧計所執而成「用」。例如，眾生對於娑婆世界所接觸的某人事物有貪愛之欲，就會生起的貪愛的受用。

故而，「受」本身沒有自性，是假藉因緣而生，是虛幻的，沒有真實的體性。因此，當因緣消失，「受」也消失。倘執著所「受」而續成「用」，則生起種種好惡之妄念情執煩惱。此意即智旭所言：「六塵非能惑人，人自妄受」〔註108〕。

接下來是說明苦和樂的內涵：無法安立業力所感應的「受」的果報

（a）業感原無意，苦樂隨因異

「受」的本身是隨業力剎那剎那變化，有苦的果報，有樂的果報，變化無常無法安立久住苦或樂果報。倘常想執著安立樂果，不欲苦果，這種執著造成更大的煩惱，也是苦果來源。

（b）苦果實堪悲，酸辛難比

現生或來生三界眾苦，茫茫無際，實是辛酸難比。業力無盡，所招感的苦果，實不勝數。舉例而言，現生的苦有生老病死、愛別離苦、怨憎會苦、求不得苦、五陰熾盛苦等種種痛苦。來生的苦，有輪迴三惡道的苦、地獄各式各樣的苦等等，這些都是難以言喻之苦，辛酸難比。

（c）世樂雖榮，享盡愁還至

人們會因善業成熟，擁有各種榮華富貴、如意眷屬等樂果報。但是，智旭提醒我們「享盡愁還至」，這些五欲的快樂境界還是會因福報享盡而敗壞，會遭破壞而消失的。

最後，以「切莫把五欲塵勞枉自迷」作結，教眾生要去思惟，所費盡心思追求的五欲之樂，是含有煩惱過失的。意即，在追求和享受如夢如幻的五欲之樂時，是夾雜著「煩惱」和「造作業力」之因。其意思是，因貪求五欲之樂，所生之煩惱所造的罪業是後患無量，對未來會產生惡果報。

在《大智度論》對五欲之樂是以「譬如美食雜毒，食雖香美，毒則害人」

〔註108〕〔明〕蕅益智旭：〈示朗融〉《絕餘編》卷二，明學主編：《蕅益大師全集》第七冊（四川：巴蜀書社，2018年），頁542。

〔註 109〕為喻，來告訴我們世間五欲樂如美食雜毒，我們因貪愛食美食之樂，但同時也把毒藥吃下。有一天毒發作了，要受大苦惱、大痛苦。所以，智旭勸勉我們，要理智觀察：五欲之樂有煩惱的過失，切莫把五欲的塵勞當作快樂枉自迷。

c. 觀心無常

原文：

> 迷卻真常，緣氣紛紜集一腔。離彼前塵相，分別成何狀。（嗏）饒你會思量，終歸罔象。過未無踪，現在原長往。切莫把流注心機作主張。（觀心無常）〔註 110〕

第三個「觀心無常」，所觀者更微細，主要是以「無常」來觀察這介爾一念心，是剎那剎那生滅的，沒有一個常住不變的「心」，進一步來說，這世所現的「我」也不是剎那剎那生滅的，沒有一個常住不變的「我」。所以，智旭以「迷卻真常，緣氣紛紜集一腔」來說明我們現前迷惑的分別心緣起。

我們分別心的緣起是「迷卻真常」，是指眾生的介爾一念心本體是真如實相，但卻迷失了本具真實常住的真如佛性，一個寂而常照的一念清淨心。倘介爾一念心是安住在清淨真如實相本體，那就是顯現真如實相之寂而常照佛性。

「緣氣紛紜集一腔」，就是這迷卻真常的心動了妄想，相續不斷的向外攀緣，這種妄想相續的攀緣作用是「集一腔」，那力量太緊密了，以致於讓我們錯認妄念是恆常的，是堅固的。但，其實妄想是剎那生剎那滅的，只是有著相續的一種生滅相，那是我們本身產生錯覺，認為有一個常一不變的「心」，而錯認有一個恆常不變的「我」。但，人們已習於錯把「心」安住在這迷卻真常的生滅事相，以致於讓生命都是處在擾動不安的煩惱海，頭出頭沒的輪迴。

智旭續以三段說明如何「觀心無常」：

（a）離彼前塵相，分別成何狀

從能觀的心觀照，此觀法是根據《楞嚴經》佛陀教導阿難判斷真心或妄

〔註 109〕 龍樹菩薩造，〔姚秦〕鳩摩羅什譯：《大智度論》卷第十三《大正藏》第 25 冊，CBETA, T25, no1509, p. 0156b18。

〔註 110〕 〔明〕蕅益智旭：〈丙寅季夏先慈捐世賦四念處以寫哀〉之三《淨信堂初集》卷八，明學主編：《蕅益大師全集》第七冊（四川：巴蜀書社，2018 年），頁 492。

心的觀照，方法就是「若離前塵有分別性即真汝心」〔註111〕，即「離塵有體」
為真心；「若分別性離塵無體」〔註112〕，就是妄心。妄心離開六塵的所緣境，
此分別心就隨即消失了。所以，妄想一定是外境刺激才有的，只要時間一過，
所攀緣的境界拿掉，它就沒有自體了。

　　（b）從饒你會思量，終歸罔象

　　從所觀境的意義觀察，無量劫輪迴以來，我們在每次輪迴所得到生命的
時候，都在當世自己生命的本位的「我」來打妄想，是國王的時候就是以國
王的心態打妄想，放不下眼前名利恩愛等活計，是螞蟻的時候，就做螞蟻的
妄想，結果，到現在還是三界輪迴。

　　所以，智旭不斷提醒我們，「人之精神，用之詩字。吾見右軍李杜，不
出生死。用之佛法，吾見散亂豔喜、愚癡特迦，大事已辦」，說明以現在生
命對世間境界所做的任何妄想，所忙碌追求之世法名利等成就，對生命存在
的煩惱和生死問題是沒有任何實質效益，煩惱仍是叢生，生死問題永遠存在。
所以這種虛妄分別心的妄想，心中所緣的境界「終歸罔象」，只是虛幻相，
跟真實的境界，完全不同，看不清諸法實相為何，對解決煩惱和問題沒有實
質意義。

　　（c）過未無踪，現在原長往

　　從介爾一念本體觀照，對於這「現前介爾一念」之實相，智旭說是：「未
生無潛處，欲生無來處，正生無住處，生已無去處」〔註113〕，意即過去心不
可得，未來心不可得，還有這個現在心不可得，是沒有一個自體實際相貌的。

　　在我們未修學佛法之前，當我們生起煩惱時，會把煩惱當做有真實體性
的隨它轉來轉去，學習佛法後，就要反觀，若煩惱有實體，那煩惱生起前它
在哪裡？「未生無潛處，欲生無來處」啊！那生起了的它住在哪裡？「正生
無住處」，它剎那變化沒有住處。當煩惱消失後去哪裡呢？結果是：「生已無
去處」。這樣反觀到最後，原來「我」所生的「煩惱」是覓之了不可得的，是
如夢幻泡影的，沒有恆常相，自然對煩惱不生執著、顛倒、恐懼。

〔註111〕〔唐〕般剌蜜帝譯：《大佛頂萬行首楞嚴經》卷第一《大正藏》第 19 冊，
　　　　CBETA, T19, no0945, p.0109a01。
〔註112〕〔唐〕般剌蜜帝譯：《大佛頂萬行首楞嚴經》卷第一，CBETA, T19, no0945,
　　　　p.0109a01。
〔註113〕〔明〕蕅益智旭：〈示迦提關主〉《絕餘編》卷二，明學主編：《蕅益大師全
　　　　集》第七冊（四川：巴蜀書社，2018 年），頁 546。

　　所以，智旭告訴我們對境要先修空觀，「切莫把流注心機作主張」，意即不應該把剎那生滅，如瀑布般流動的心識，當做「本來面目」，也就是不應該隨這一念心隨外境因緣，剎那剎那變化、無常的妄想而去流轉。

　　d. 觀法無我

　　原文：

> 藏性周圓，循業隨心法法全。和合因緣舛，戲論須排遣。（嗟）外道枉糾纏，盲無慧眼。妙有真空，覓我同陽燄。切莫把十界依他作本然。（觀法無我）〔註114〕

「觀法無我」跟「(3) 觀心無常」一樣都是先修「空觀」對治，但在本段，智旭從圓教角度從佛知佛見來解「觀法無我」，以「一念心性：既舉體全空，亦復即假、即中」、「介爾一念為『理具、事造』二重三千」、「無住生心」。引文以三點分析如下：

　　（a）藏性周圓，循業隨心法法全

　　「法」，就是所見一切事造、全體法界。這一切「法」是怎麼生起的，智旭說是「藏性周圓，循業隨心法法全」，意即我們本來所具的如來藏妙真如性，是周徧、圓滿的，是清淨本然，是離一切相的，但受業力的熏習，而顯現十法界差別相。這就能解釋說，我們都具有如來圓滿智慧德相，但因每個人累世所熏習的業力不同，所以在這圓滿的心性當中，才形成每一個人不同的性格。不過，不管每一法所現的差別相如何，每一法都是「法法全」，即《宗鏡錄》言「法法全即真心」〔註115〕，每一法之差別相都是具足真如本性的。這也能說明我們本具真如佛性，可以經由修學佛法，去除這些差別相，回復本來佛性真如。

　　上段所論述的，意同於本文第叁章第三節探討智旭發明之「介爾一念」，所說的「如來藏性，不變隨緣，舉體而為一切心王心所。而此一切心王心所，隨緣不變，一一無非全體如來藏性」。

〔註114〕〔明〕蕅益智旭：〈丙寅季夏先慈捐世賦四念處以寫哀〉之四《淨信堂初集》卷八，明學主編：《蕅益大師全集》第七冊（四川：巴蜀書社，2018 年），頁492。

〔註115〕〔唐末五代〕永明延壽：《宗鏡錄》卷第三十四：「既是此心現諸法故，法法全即真心。如人夢所現事，事事皆人。如金作器，器器皆金。如鏡現影，影影皆鏡」。《大正藏》第 48 冊 CBETA, T48, no2016, p. 0615c05。

（b）和合因緣舛，戲論須排遣

要如何對治差別心呢？首先是「和合因緣舛，戲論須排遣」，「和合因緣」是智旭藉由《楞嚴經》所說的「非和合，非不和合」因緣觀，〔註116〕來說明我們的真如心和差別相的心，沒有真正和合，也不是完全分開，就像鏡子跟影像，影像離開，鏡面就恢復原來乾淨的樣子，是「非和合，非不和合」。由此「非和合，非不和合」因緣觀可知，我們現前的個性，是可以改變的，業力顯現一切的法，我們是有權選擇接受與否的，更可選擇以選放下的。我們心中原來認為很多堅固的觀念（法），都是可以因為修學佛法而打破自己重新再造的。

「戲論須排遣」是從大乘的角度來看，小乘的因緣觀只看到緣生緣滅之「空」相，沒有看到諸法實相，而凡夫的因緣觀認為「我」就是此世所見是堅固恆常，此是「假」相，而這些都是不圓滿的戲論。至於其他對「心」跟「法」之間的關係，如和合、不和合、因緣、自然等論點，只是「外道枉糾纏，盲無慧眼」的錯誤理解。

（c）妙有真空，覓我同陽焰

智旭說此「介爾一心」所生這無量無邊的一切法，是「妙有真空，覓我同陽焰」。他曾言：「心性無法不具、無法不造，而所具所造一切諸法，皆悉無性」，「介爾一心」本性即是我空、法空，所以這些因緣所生的假相法則猶如「陽燄」。「陽燄」指天氣炎熱之際，日光照射浮塵，遠望如水而實非水的現象，太陽消失後，陽焰也會消失。智旭以「陽燄」之虛幻不實來譬喻「諸法」和「我執」，是告訴我們，十方法界的種種「法」，是因為隨著我們自身業力因緣，才表現出來。故而，當我們依佛法而修習，將業力改變了，這個「法」也會改變，所以「切莫把十界依他作本然」，不應該把十法界依他起之偏計所執的現象，錯認做是法界和我的本來面目。

（d）切莫把十界依他作本然

六祖惠能言：「不識本心，學法無益」〔註117〕。所以，「但得本，莫愁末」之智旭教學人也從根本下手：「先開圓解，而從解起行」。故而在「四念處」小

〔註116〕〔明〕蕅益智旭：《大佛頂萬行首楞嚴經玄義》，《蕅益大師全集》第六冊（臺北：佛教出版社，2014年），頁3562。

〔註117〕〔唐〕惠能著，宗寶編：〈行由第一〉《六祖大師法寶壇經》《大正藏》第48冊，CBETA, T48, no2008, p.0349a12。

乘思想提出「本然」之「本來面目」大乘的生命思想，是以圓教佛知佛見，教我們了達此現前介爾一心，除了應以空見「無住」於這一切法界「假」相，更應在「無住」生起「大菩提妙心」，此即「介爾一念心性，既舉體全空，亦復即假、即中」之意。

3. 智旭詩偈芥子具須彌佛法

雖然本文以五百多字略解〈一筆勾〉、〈乙丑飜一筆勾〉之佛法思想，但分析〈丙寅季夏先慈捐世賦四念處以寫哀〉的一百九十六字「四念處」思想，則用了五千多字，若要細解，會用更字數篇幅。由此可見，智旭之詩偈芥子實蘊含須彌佛法，這也是本節未對詩偈作義理分析之原因。

以上分析可說明智旭作詩偈之目的不在容易傳播，是為借詩說法，且作品文字非用淺白通俗語，而是多用典故。故而，雖然詩偈有99.3%用韻，其中又以明代流行民歌〈駐雲飛〉填詞說法，但仍無法像「勸世歌偈」般，具有社會性傳播功能。即使詩偈未具傳播功能無法在當代廣為流行、如「勸世歌偈」般運用押韻琅琅上口，不過，智旭種種著述，確實是續佛慧命，傳佛道種，與天下後世結般若緣，是流傳深遠。

第四節　智旭文學特色：以佛法為詩文

用文字、藝術展現出來的鏡頭，稱為「意象」。在分析智旭之文學觀、法書、及詩偈之後，發現智旭之思想、修學，和文學內涵所表現之「意象」是一以貫之的，此「意象」即「一法異名」之一乘佛法、實相本體或佛之知見。另外，再以三點說明本章研究所發現之智旭文學特點和本色。

一、人之精神用之詩字，不出生死

「不能頓盡者，塵緣之累」，而人的生命、精神和時間有限，要多用於世間法，還是出世間法，智旭作了比較：

> 每見人冗中偷閒吟詩習字，作種種清課，豈不能偷閒玩大乘，息心學定慧邪？彼於詩字得少幻味，未嘗於大乘定慧得真法味也。然縱不得味，亦為無上菩提而作種子，且幼時詩字亦向不得味中來，安知佛法漸熏習，不於現身得受用耶？嗟嗟！人之精神用之詩字，吾見右軍李杜，不出生死；用之佛法，吾見散亂艷喜，愚

痴特迦大事已辦。〔註118〕

因為世間法是依止眾生情見，攀緣六根塵境，是一種「幻味」。而出世佛法是合於真如實相，此實相真如是隨生死流轉仍在聖不增、在凡不減之「真法味」。而且，修習佛法倘於現世不得真法味，未能成就佛道，但卻已種下無上菩提種子，即使長劫流轉，此無上菩提佛種子不會消滅，終會在因緣成熟時發芽而成佛。所以，佛法薰習是現世和未來世都可受用。但，學習世間法只有在當世受用，死後就消滅了。

故而，智旭說「人之精神用之詩字，吾見右軍李杜，不出生死」，把有限之精神時間專注學習世間法，即使像王羲之、李白、杜甫分別成為詩字領域之書聖、詩仙和詩聖的成就，但這些世間法的成就，沒有解脫煩惱的力量，無法解脫生死。而修習佛法是向內安住真如本性，所以，兩位善根最差的佛弟子孫陀利難陀和周利槃陀伽，長久以佛法薰習，分別調伏對治散亂和愚痴的障礙，成就阿羅漢果。

因此，眾生這介爾一念是用在世間法或是用於佛法，結果不同。專注於佛法，現世能脫塵緣之累，來世解脫生死。是以，智旭勸勉修學行人「不可習者，世間之事；不可忘者，出世之懷」。〔註119〕

二、佛法仍不壞世法，名難中之難

智旭對行世法佛法之難易有言：「佛法中行佛法，非難也。世法中行佛法，乃為難事。又佛法，仍不壞世法，名難中之難」〔註120〕。在出家修行的佛法環境中行佛法，非難之道理，易於了解。而「世法中行佛法，乃為難事」之理，則是，對於眾生而言，世法為熟境，佛法為生境，而眾生又易於被情欲牽去，被熟境迷去，故智旭曾言「若要熟處漸生，先須生處漸熟」〔註121〕。因此，在世法中修學佛法，是要在本來就熟悉的世情熟境中行較為生疏之佛法，要讓佛法由「生處漸熟」，故稱為「難事」。

〔註118〕〔明〕蕅益智旭：〈示遜集〉《靈峰宗論》卷二之一，《蕅益大師全集》第十六冊（臺北：佛教出版社，2014年），頁10451～10452。

〔註119〕〔明〕蕅益智旭：〈寄邵僧彌居士〉《淨信堂初集》卷六，明學主編：《蕅益大師全集》第七冊（四川：巴蜀書社，2018年），頁431。

〔註120〕〔明〕蕅益智旭：〈示朝徹〉《靈峰宗論》卷二之四，《蕅益大師全集》第十六冊（臺北：佛教出版社，2014年），頁10519。

〔註121〕〔明〕蕅益智旭：〈戒心戒方銘〉《靈峰宗論》卷九之二，頁11556。

又，「佛法，仍不壞世法，名難中之難」，名「難中之難」之關鍵原因在於尚未能通達實相法性。此即智旭所言，對於行世法佛法，有難易別之患的原因在「認佛法不真不親切耳。世法佛法，何嘗不同一緣起哉」〔註122〕。世法佛法，本是同一實相緣起，是以，要行於世間如蓮花不染，亦不壞世法，須先通達法性實相，才能做到世法佛法不二，即「世間行世間，不知是世間」之無分別境界。

故而，在還未能通達實相法性之平等境界時，則是先從「世情淡一分，佛法自有一分得力。娑婆活計輕一分，生西方便有一分穩當」〔註123〕做起。因為，人的時間精力有限，而世法佛法「如秤兩頭，低昂時等」，世法佛法之天平一頭低，一頭必昂。多用時間精神在佛法，讓「生處漸熟」，則能用在娑婆活計的時間精神就變少，便能使「熟處漸生」，自然趨向佛道之路。倘能真發生死心而修學佛法，則是「大乘緣種，不可思議。勉強力行，功無虛棄。出世善根漸勝，世間漏種漸消。如明破暗，亦決不誣也」。

故而，智旭勸人「勿貪世間文字詩詞而礙正法，勿逐慳貪嫉妒我慢鄙覆習氣而自毀傷。日新其德以詣於成，一生如此，則生生亦復如是」。在世間行法佛之難，在於「若稍涉世間名利之心，則佛法亦止成世法」〔註124〕。倘能了達無論世法佛法，皆緣於實相法性，則行佛法於世間，亦不壞世法。

三、以實相介爾心行世出世法

智旭約三十九、四十歲間作《性學開蒙》曾言「若得法華開顯之旨，則治世語言、資生產業、乃至戲笑怒罵、艷曲情詞尚順實相正法」〔註125〕，所謂「若得法華開顯之旨」，其言：

> 法華一乘妙旨，惟令一切眾生開示悟入佛之知見。然佛之知見非他，
> 即諸法實相是也。諸法實相非他，即現前一念心性是也。〔註126〕

「法華開顯之旨」為「令一切眾生開示悟入佛之知見」，「佛之知見」為「諸法

〔註122〕〔明〕蕅益智旭：〈示朝徹〉《靈峰宗論》卷二之四，頁10519。

〔註123〕〔明〕蕅益智旭：〈示朗然〉《靈峰宗論》卷二之四，頁10517。

〔註124〕〔明〕蕅益智旭：〈復程季清居士〉《淨信堂初集》卷六，明學主編：《蕅益大師全集》第七冊（四川：巴蜀書社，2018年），頁432。

〔註125〕〔明〕蕅益智旭：《性學開蒙》第八條，明學主編：《蕅益大師全集》第九冊（四川：巴蜀書社，2018年），頁532～533。

〔註126〕〔明〕蕅益智旭：〈示迦提關主〉《絕餘編》卷二，明學主編：《蕅益大師全集》第七冊（四川：巴蜀書社，2018年），頁546。

實相」，而「諸法實相」即「現前一念心性」，此「現前一念心性」亦同「現前介爾一念」之名。

故而，能通達「現前介爾一念」之實相真如，則「則治世語言、資生產業、乃至戲笑怒罵、艷曲情詞尚順實相正法」，此意亦同於前段所論之「倘能了達無論世法佛法，皆緣於實相法性，則行佛法於世間，亦不壞世法」。

智旭在〈題等韻〉也提出相同看法：

> 文字性空，緣生故有。一音一字，咸即法界。所以眾藝童子唱字母時，一一無非般若波羅蜜門。而今於因緣所生法中，尚未知其端的，況能知此音性字性，皆悉即空即假即中，頓成三般若耶。〔註127〕

引文所言「般若波羅蜜門」、「即空即假即中」、「三般若」，都是指實相真如、「現前一念心性」、「現前介爾一念」之義，亦為智旭一以貫之在著述中所言圓教大乘之體，此在第叁章已論述，不再重複。

智旭在〈題等韻〉對「三般若」之實相、觀照及文字續說明次第：「觀照為實相之門，文字又為觀照之門」，是以，對此《等韻》文字一帙，智旭認為「未始非諸佛智母」。故而此眾生本具真如實相，「縱令習而不察，如貧女寶藏，雖未受用，不可謂無」。最後，以「況今書者讀者，又孰非善財眷屬哉」總結，再顯示本章所探討的：智旭對世間一切音聲文字書畫等皆視為文字般若，視書者、讀者為「善財眷屬」。〔註128〕

本文分析智旭文字著作至第伍章，從思想、修學、到文學藝術，發現他在觸境逢緣，待人接物，實是一以貫之皆以佛陀說法本源為旨，念念與薩婆若海相應，以其「名字位中真佛眼」之心所作文字、法書、聲韻之影皆為引導眾生「作佛色佛聲佛香佛味佛觸佛法想」，入佛法大海。

爰本章研究發現為：智旭以自身所示之文學藝術境界告訴我們的是「以實相介爾心行世出世法」，則行佛法於世間，亦不壞世法，且所行世法會有佛法味。

〔註127〕〔明〕蕅益智旭：〈題等韻〉《絕餘編》卷三，頁557。
〔註128〕〔明〕蕅益智旭：〈題等韻〉《絕餘編》卷三，明學主編：《蕅益大師全集》第七冊（四川：巴蜀書社，2018年），頁557。

第陸章　結　論

印光大師詩讚智旭為「宗乘教義兩融通，所悟與佛無異同」〔註1〕，而智旭在〈自像讚〉卻自述「不必學他口中，爛翻五宗八教。且先學他一點，樸樸實實心腸」〔註2〕。因法無彼此，機有差別，「藥應病與，乃方便智門」〔註3〕，故「化他必須貫通諸法，自行惟貴信受奉行」〔註4〕，且初心修習學人不兼餘行，庶易成功。〔註5〕是以，智旭此言直指佛法修學最重要者在備「樸樸實實心腸」以篤信力行正法，非做口耳活計且別無奇巧方便。

本文研究發現智旭文稿是大乘實相正印所現，對一乘圓頓佛法玄妙之理的闡釋是淋漓盡致，在對日用生活間事相修行之法的開示則是循續善誘。是以，不論何種根機之人，都能從其著作文稿得到相應對機的法益。故而，智旭著述確為印光大師所讚之「靈峯老人言句理事具足，利益叵測，隨人分量，各受其益」。

〔註1〕〈清九祖北天目靈峯智旭大師〉：「幼即信佛，隨母禮誦。入塾宗宋遂放縱，讀竹窗自訟。力弘大乘，冀同出陷阱。宗乘教義兩融通，所悟與佛無異同。惑業未斷猶坏器，經雨則化棄前功。由此力修念佛行，決欲現生出樊籠。苦口切勸學道者，生西方可繼大雄」。釋印光：〈清九祖北天目靈峯智旭大師〉，《印光法師文鈔續編下冊》卷下（臺北：華藏淨宗學會，2008年），頁658。

〔註2〕〔明〕蕅益智旭：〈自像讚三十三首〉第十八首《靈峰宗論》卷九之四，《蕅益大師全集》第十八冊（臺北：佛教出版社，2014年），頁11631。

〔註3〕〔明〕蕅益智旭：〈擬答白居易（問在林間錄）〉《淨信堂初集》卷四，明學主編：《蕅益大師全集》第七冊（四川：巴蜀書社，2018年），頁366。

〔註4〕〔明〕蕅益智旭：〈續答卓居士十問〉第八答《淨信堂初集》卷四，頁358。

〔註5〕〔明〕蕅益智旭：〈續答卓居士十問〉第八答《淨信堂初集》卷四，頁358。

因末世修學「錯認源流，倒置本末」﹝註6﹞，學人誤認達實相真如之法門為修行目的，於門庭工夫諍論不休，以葛藤解葛藤，忘失歸家了生死才是佛法修學目的。故而，智旭思想核心是教學人因地發心要正，在最初先開圓解，以佛知佛見修行，方能歸根得旨，左右逢「源」。

倘陳見橫於胸中，則「一芥翳天，一塵覆地，失如來妙旨多矣」。﹝註7﹞而「字經三寫，烏焉成馬」，是以「佛法之蝕，其所由來者漸矣，非天魔外道能破正教」，﹝註8﹞而修行能否跟佛相應，是摻不得一點假，所以，智旭之著述文字，與後世結般若緣，其目的是期讀者能「由文悟理，從解起修」﹝註9﹞，庶使正法再興。

而智旭對經典或著作的看法，是學人標月之「指」，亦如從生死凡夫此岸到成佛清淨彼岸之「筏」喻。是以，他更期學人在「解行雙圓」時能將種種文字「歸諸筏喻」，因捨筏才能真正登成佛彼岸。

爰本章結論將以「補闕救殘」、「釐正學風」和「研究心印」三節分別說明本文之研究發現、研究特色及未來展望。

第一節　補闕救殘

因《宗論》所輯之七本文集《淨信堂初集》、《絕餘編》、《閩遊集》、《西有寱餘》、《幻遊襍集》和《幻住襍編》，其中《淨信堂初集》文集於 1999 年再現，現存《淨信堂初集》、《絕餘編》二本原稿提供明崇禎戊寅年，智旭在四十歲是年秋天之前的史料，二本文集的完整原稿資料，不但能讓本文重新探討其思想，也釐清一些疑竇。

另，為搜尋其他五本亡佚文集和智旭法書等實物文本，曾造訪智旭示寂根本道場浙江安吉靈峰講寺，整理六種智旭手跡，完成三篇文稿補遺，又將智旭法書併同《淨信堂初集》、《絕餘編》原稿詩偈，提出對智旭創作觀、書法藝術及詩偈首次較全面的研究。

﹝註6﹞〔明〕蕅益智旭：〈擬答劉心城又上博山四條（附原書）〉第三答，《淨信堂初集》卷四，頁363。
﹝註7﹞〔明〕蕅益智旭：〈示萬韞玉〉《淨信堂初集》卷三，頁325。
﹝註8﹞〔明〕蕅益智旭：〈寄文學陳旻昭〉《淨信堂初集》卷六，頁438。
﹝註9﹞〔明〕蕅益智旭：〈募刻較正梵本諸大乘經引〉《淨信堂初集》卷七，明學主編：《蕅益大師全集》第七冊（四川：巴蜀書社，2018年），頁475。

一、原稿與史事

在第貳章《靈峰宗論》之輯成，以文本編製各種對照表格，探討「《宗論》所集七部稿集」、「《西有寱餘》等文集是否成書及成書時間推論」、「成時所輯《靈峰宗論》之刪改問題」等有關《宗論》、《淨信堂初集》、《絕餘編》對照比較研究，釐清七部稿集、稿集是否成書、成書時間及刪改者、以及在第肆章對智旭「參究與念佛」淨土思想論點等疑竇。又，二本原稿文集之出現，提供了智旭在四十歲前相關史料之補充。

（一）有關《宗論》所集七部稿集

本文推論《宗論》所集之七部稿集應為《淨信堂初集》、《絕餘編》、《閩遊集》、《西有寱餘》、《幻遊襍集》和《幻住襍編》

（二）《西有寱餘》等文集是否成書及成書時間推論

1. 推論自戊子孟春，始集《西有寱餘》文稿
2. 推論壬辰秋，集《西有寱餘》成書
3. 甲午仲春晦日幻住靈峰後，始集《幻住襍編》

（三）有關成時所輯《靈峰宗論》之刪改問題

本文依據文本及編制表格之對照等資料，用以釐清歷來疑點，並提出推論及二本文原稿文集和《宗論》間之特點。

1. 探討「《宗論》文稿刪改者為誰」之公案

《宗論》文稿刪削和精簡者為誰，至今沒有直接資料可證明。歷來多是舉幾篇原稿和《宗論》文章來比對，論證是成時所改。惟邱高興和張忠英的〈蕅益智旭《靈峰宗論》的成書與刪改考辨〉中以三點來論證「現存單行本和《宗論》有別，最主要的原因是因為智旭晚年又做了修改」，爰本文先對邱，張二人之說提出反證分析，再提出推論

為論證刪改者為誰，首次編製【附錄二】「淨信堂初集、絕餘篇和靈峰宗論詩內容完整比較表」及【附錄三】「淨信堂初集、絕餘篇和靈峰宗論詩內容刪改比較表」，並分別以「刪改」和「未刪改」做論證，推論《宗論》文稿刪改者為成時。

（1）以四個論點對「是智旭晚年大量刪改《宗論》所收文稿」之說提出反證。

（2）分析二點原因論證《宗論》文稿刪改者為成時。

（3）推論《宗論》有少數文稿為歷來寫刻之譌。

2. 本原稿文集與《靈峰宗論》對照分析之特點

本文首將《宗論》、《淨信堂初集》及《絕餘編》全部目錄做完整對照，編製【附錄四】「《淨信堂初集》、《絕餘編》和《宗論》全文目錄比較表」（簡稱「全文目錄比較表」），並將此表整理為表各項數據統計表。從二種表格分析出二本原稿文集與《靈峰宗論》二者之特點。

（1）《宗論》在七本文集選文有代表性和比例原則。

（2）《宗論》在編輯時，有「合數文為一文」之原則。

（3）《宗論》應按七文集出版先後收錄。

（4）智旭修持所撰之願文等多在出家至三十八歲期間。

（5）《宗論》所留智旭史料內容資料為真，仍具可信度。

（四）三篇文稿補遺及「藕益」、「蕅益」之辨

在研究之初便開始尋找智旭手跡，因所找到之手書落款有「藕益」、「蕅益」之寫法，一般研究智旭之著作文章也見此二種寫法，爰本文試整理相關文獻探討之。

1. 三篇補遺

智旭五十六歲所作〈仁義院古佛堂改禪寮引〉行書真跡，依此文寫作時間，應是收在亡佚之《幻遊襍集》，但《宗論》未收錄，故列為補遺。

第二篇是《蕅益大師文集》所收四十六歲，在留都（江蘇南京）普德講堂演法之手書〈刻大乘止觀釋要序〉照片，此原稿應收於《淨信堂續集》，雖在《靈峰宗論》亦有收錄，但內容有刪減爰本文做對照表之補遺。

第三篇是四十五歲所作之〈靈鳥賦〉，依據所收三種版本：《靈峰宗論》、李光一所著〈清秀雋永，飄逸高遠——明高僧蕅益大師及其「靈鳥碑」〉和《北天目靈峰寺志》，作對照補遺。

2.「藕益」、「蕅益」之辨

本文依推論約在四十二歲左右，智旭已使用「蕅益」之號。至於是先寫「藕益」，還是先寫「蕅益」，因現存手書資料太少，無法論斷，但再加上他四十三歲所述《妙法蓮華經綸貫》署名「古吳藕益道人智旭述」，跋為「藕益智旭謹識」的資料，可推論「蕅益」和「藕益」寫法或許並行五、六年，但之後推論應只有「蕅」字寫法，而智旭弟子成時在其師示寂後所編《宗論》，就是

以「蕅益」為寫法。

另外，本文更推論，因其曾自言「蕅益」之名來由為「賴有一串數珠，卻是生平祕訣，所以喚作蕅益」，是為顯示念佛法門如蓮之花果同時深意，意即念句阿彌陀佛名號之因，就同時召來阿彌陀佛無量劫來萬德果之益，以表持名念佛是自他俱念之「全他即自」、「自他不二」之果教門。

3. 研究所發現之史料論點

提出二個史料推論，其一為，在壬午年（1642），即智旭四十四歲由溫陵月台寺返回吳興之鐵佛觀堂時，是年仲夏由釋普滋等人募款一起刊刻為《淨信堂初集》和《絕餘編》之初版，之後重刊版才加上五十一歲之後記。

第二個推論是，因甲申（1644）年，即明崇禎十七年三月，李自成攻破北京，崇禎帝煤山自縊，同年四月清兵入山海關，是歲十月清順治帝北京即位。因連年戰亂及改朝換代，使得原先壬午年（1642）刊刻一事未能全部完成，直至七年之後才刊刻完成而流通，因而《淨信堂初集》所收之〈退戒緣起並囑語〉，才會有己丑年（1649）夏之後記。

由以上二個推論或可明白智旭現存文集是最早刊刻發行流傳的《淨信堂初集》和《絕餘編》，而非四十歲後自輯之五本文集留存於今的原因。

由前述完稿集成到出版歷時多年之論證，在智旭五十七歲示寂前二年歸臥靈峰時所輯之《幻遊襍集》、《幻住襍編》，雖於輯文稿時已為文集寫序，但有可能未及付梓。倘現今亡佚之《閩遊集》、《西有寱餘》、《幻遊襍集》和《幻住襍編》四本文集，也因戰亂而使《淨信堂初集》和《絕餘編》刊刻完成之事延至七年後，則有可能在當年均未及付梓流通。若當時四本文集只留手書，因靈峰寺歷經戰亂，文集原稿再現之機會就希微了。

（五）對智旭「參究與念佛」淨土思想論點等疑實

聖嚴法師《明末中國佛教之研究》是研究智旭著作之典範，在本書第伍章之「四、智旭之淨土思想」，其中「參究與念佛」段對智旭淨土思想三十年代的論點是根據〈荅卓左車彌陀疏鈔三十二問（原問附）〉，四十年代的淨土思想則引自〈參究念佛論〉，而五十年代的淨土理念是引自〈答印生四問〉。

惟上述三種文本都是收在智旭三十八歲春自輯文集《淨信堂初集》，爰此三篇文稿應為其三十八歲以前所作，而非寫於四十、五十年代，爰上開引文論點有誤。是以，「禪者淨土之禪，淨土者禪之淨土」和「是權非實，是助非正」等見解都是在三十歲左右即有。

另外，聖嚴法師書中指出「及至五十年代時，又轉變為「淨不須禪」，並且主張「禪決須淨」的理念，徹底否定了參究念佛之說」的觀點。在《淨信堂初集》的〈答印生四問〉第四答原稿，並沒有「淨不須禪」及「禪決須淨」這二句觀點，此是編輯者成時所改寫。就原稿和《宗論》所收內容對照，二者差異甚大，成時對第四問已完全改寫，非原文之意。

又本文在第叁章即提出智旭的文字中並沒有「是一非餘」之謗佛言論，只因有學人對參究念佛頻提出疑問，智旭只是擔心學人不能一門深入下功夫，若在參禪不肯下死心而理不究，但念佛之事功又不成，結果會遭兩頭落空之禍，故而細說二者在行法之差別，及提出如何補缺而能生西有功之穩當法，以期學人能辨明法門修學關鍵。

（六）「不肖弘法利生，自有遠局」：相關史料之發現

經本文第貳章第二節及第三節探討後發現，成時編《宗論》所刪文稿內容多是自己在當時認為不重要，但對後世研究卻相當重要且豐富之相關史料。爰本文之相關論證，也是源自《淨信堂初集》和《絕餘編》二本原稿為主。本文所整理之幾段史實，恰好可證智旭自言「不肖弘法利生，自有遠局」之語。

1. 有關智旭與靈峰講寺之史實

智旭自言行蹤如「雲鶴孤蹤，本無適莫；一來一去，總不敢自作主張，惟佛是聽而已」〔註10〕、「緣會則來，麾之不得；緣盡則去，留之不能，貧納大似浮雲萍梗」〔註11〕、「其跡似違佛命，而其實皆奉佛敕，不敢以私心適莫也」〔註12〕。本文所探討相關史料之補充，整理如下：

（1）探討智旭九次出入靈峰之因緣，編制「智旭九次出入靈峰行跡年表」，可補《蕅益大師年譜》記載。

（2）「智旭九次出入靈峰行跡年表」在靈峰完成的文稿和著作，以文題、內容、時間有明顯記載者或可明確推論為限，可補充《年譜》和聖嚴法師在《明末中國佛教之研究》第肆章所做之「《宗論》所錄文獻編次年代一覽表」內容。

（3）本文首次整理出有關「靈峰請藏因緣，六具沙彌發心，歸一受籌為尋藏

〔註10〕〔明〕蕅益智旭：〈復程季清居士〉《淨信堂初集》卷六，明學主編：《蕅益大師全集》第七冊（四川：巴蜀書社，2018年），頁432。
〔註11〕〔明〕蕅益智旭：〈寄文學萬轀玉〉《淨信堂初集》卷六，頁434。
〔註12〕〔明〕蕅益智旭：〈寄志隆泰公〉《淨信堂初集》卷六，頁446。

經，智旭與歸一師一起送藏入靈峰山，但只住三天即離山」之事蹟。

（4）推論出石篑頤禪師卒年為明崇禎五年、靈峰淨社起社及辛未年復社之史。

（5）靈峰裝藏九年之因，推論是「孝豐之案未終」之公案。

（6）智旭在〈寄如是兄〉提及五比丘如法住世為歸一受籌師、緣幻師，徹因
　　　果海、慧幢及如是道昉師（誦帚師），並未把自己算在五比丘之內。又，
　　　在《北天目靈峰寺志》卷四「僧侶」頁33，載有「緣幻禪師，手裝靈峰
　　　藏經成冊，築樓藏之」，目前尚未有其他資料證明與「緣幻師」是否為
　　　同一人。

2. 智旭持戒因緣及淨土因緣

為明智旭復興戒律之志，以及其「印彌陀之願璽，滿自在之悲心」，在第
肆章第二節和第三節分別以《淨信堂初集》、《絕餘編》所發現新史料，配合
其釋論，重新梳理智旭持戒因緣、及淨土因緣等相關史實。

3. 史料補充之文本限制

因智旭七本文集現僅存《淨信堂初集》和《絕餘編》，而這二本文集所收
是他四十歲那年秋天之前的文稿，爰現依二本原稿所能補其年譜之史料限制，
只有在智旭四十歲秋天之前，之後相關史料補闕，有待其他五本亡佚文集因
緣再現。

但，倘五本亡佚文集的情況果如本文第貳章第三節之（二）「2、「藕益」、
「蕅益」之辨」所發現之論點：「倘現今亡佚之五本文集，也因戰亂而使《淨
信堂初集》和《絕餘編》刊刻完成之事延至七年後，則有可能在當年均未及
付梓流通。若當時四本文集只留手書，因靈峰寺歷經戰亂，文集原稿再現之
機會就希微了」。則，有關智旭之史料研究，就有五本文集原稿亡佚之文本限
制。

二、法書與文學

因智旭之思想所顯文字般若光芒奪目，當代後世讀其著述多僅於探討義
理。本文係嘗試首次研究智旭作品所蘊含之文學藝術，探討智旭之著述文學
觀，以所收集之僅存手書，探討其法書，並對其詩偈作研究。

（一）創作論為「心影說」

「心影說」之內涵有以下四點：

1. 一切相分，皆是心影。

2. 當念之性，即十世古今之性。

3. 應善用詩文不為詩文所用。

4. 一切文字音聲點畫皆心影。

（二）其他文學藝術論點

1. 萬象萬行與音聲點畫，同名文字般若

此為智旭對文字般若的定義。當人見本性後，能如實知自心本地風光，了達「真妄同源」、「心佛眾生三無差別」，因此，見一切「萬象萬行與音聲點畫」，均作圓解。故而讀智旭文字，不能依文解義，被文字所縛，才能見其文字中之般若旨。

2. 以實相來看「萬象萬行與音聲點畫」

（1）見巧逾天工聖像，恍悟心作心是之旨。

（2）但轉其名而不轉其實相本體。

（3）書寫之法尤可「自軌軌他，生解成觀」。

3. 借詩說法：筆端三昧稱如夢

本文對「三昧」定義是「正定、正受」，「定」即「攝心為戒，因戒生定，因定發慧」之「定」。「定」有淺深，「三昧」亦有淺深，如《大佛頂萬行首楞嚴經》所講為「首楞嚴大定」。因「三昧」有淺深，故而在受用之果上也有種種不同程度之三昧。

智旭在題貫休〈十八應真像〉真跡讚曰「老僧手腕具神通，筆端三昧稱如夢」，亦可用來讚其為法忘軀，以其筆端三昧寫文字三昧，剖盡眾生迷執，在幻夢世事塵勞裡，作夢中利人之想之大願心。

（三）智旭書法：筆端三昧之感動

1. 筆端三昧感人緣由

本段分二種方式分析，第一種以世間文學藝術思想而言，所謂筆端三昧感人之因為，作品含有「作者精神意念活動的跡象，寄託的境界」，而產生「引起觀者心中的共鳴，亦即所謂欣賞的怡悅」之感動人心的結果「作者精神意念活動的跡象，寄託的境界」之因，亦即智旭所言「一切相分，皆是心影」之義。

第二種方式，是以佛法分析，此實相一念心在「寫字時，即於筆尖上透露，作無量神變」，故能使觀者之心產生共鳴感動。義同智旭之「心影說」之

意涵：筆端三昧是「現前一念心中所現影」。

2. 當機文董不如僧

啟功所引其師勵耘老人對僧人書法評論之「不受館閣字體拘束」應可作為對僧人書法評論通說。本文另外再加上佛法修持，雖明心見性層次不同，但自現前一念心所流露來至筆端，便形成個人獨有之書法或文學本色。

（四）智旭詩偈研究

1. 用韻分析：發現作詩「未刻意叶韻」之智旭，所作詩偈卻是用韻者佔99.3%，未規律用韻者僅有 0.7%。
2. 用韻聲情統整表：分析智旭在此表上聲韻的詩偈，而此表可作為深入對照智旭各別詩偈用韻聲情之參考資料。
3. 詩偈作品特殊之點：發現智旭用韻本色：「任運自然、左右逢源用韻而不被韻用」。
4. 論證其詩偈用韻密度高但卻未具快速傳播功能之因，不過，智旭種種著述，確實是續佛慧命，傳佛道種，與天下後世結般若緣，流傳深遠。

（五）智旭文學特色：以佛法為詩文

用文字、藝術展現出來的鏡頭，稱為「意象」。在分析智旭之文學觀、法書、及詩偈之後，發現智旭之思想、修學，和文學內涵所表現之「意象」是一以貫之的，此「意象」即「一法異名」之一乘佛法、實相本體或佛之知見。另外，再以三點說明此部分之研究發現：

1. 人之精神用之詩字，不出生死

眾生這介爾一念是用在世間法或是用於佛法，結果不同。專注於佛法，現世能脫塵緣之累，來世解脫生死。是以，智旭勸勉修學行人「不可習者，世間之事；不可忘者，出世之懷」〔註13〕。

2. 佛法仍不壞世法，名難中之難

「佛法，仍不壞世法」，名「難中之難」之因在於未能通達實相法性。此即智旭所言，對於行世法佛法，有難易別之患的原因在「認佛法不真不親切耳。世法佛法，何嘗不同一緣起哉」。世法、佛法，同一實相緣起，是以，要行於世間，如蓮花不染，亦不壞世法，須通達法性實相，才能明「世間行世

〔註13〕〔明〕蕅益智旭：〈示邵僧彌居士〉《淨信堂初集》卷三，明學主編：《蕅益大師全集》第七冊（四川：巴蜀書社，2018 年），頁 431。

間，不知是世間」之無分別境界。意即，倘能了達無論世法佛法，皆緣於實相法性，則行佛法於世間，亦不壞世法。

3. 以實相介爾心行世出世法

智旭在觸境逢緣，待人接物，是念念與薩婆若海相應，以其「名字位中真佛眼」之心所作文字、法書、聲韻之影皆為引導眾生「作佛色佛聲佛香佛味佛觸佛法想」，入佛法大海。爰本文研究發現為：智旭以自身所示之文學藝術境界告訴我們的是「以實相介爾心行世出世法」，則行佛法於世間，亦不壞世法，且所行世法會有佛法味。

第二節　釐正學風

智旭於徑山大悟後，徹見末世禪病，「正坐無知無解，非關多學多聞，與唐宋學人厥症相反」〔註14〕，是以流俗習於「著相計名，尋行數墨，附葉攀枝，以徒資口耳」，遂成「尋章逐句，入海算沙，全墮葛藤窠臼」之風。爰，其以「大帽禪和口頭三昧」、「口頭禪」、「鸚鵡禪」，來說明當世「未得曰得，未證曰證。承接虛響，竊掠古人現成大話，當作自己門庭」重名不重實之流弊。而當代人心世道之壞，則是「三日賣不得一擔真，一日賣得三擔假」，學人是以虛假之心修行。

對於上述學風之偏，其憂心若學人不深自省察，力加刳除，則愈趨愈下，無救無歸，正法之眼將滅。故而他徧閱大藏，期以「戒」和「教」，補偏救弊，釐正當代學人非以真為生死心，求證菩提心修學，而是以欺心、偷心修學之邪風，以及攀尋枝葉之習。

因「圓解之人，既達如來藏性，故能即流是源」，可解末世「競逐枝葉，罕達本源」之弊，是以，智旭「釐正學風」之根本思想及修學法要，本文建構為「重本源心地」、「重因地發心」、「嘗徧神農百草丸，彌陀一句成安宅」、「為末法持戒修淨土者擇占察及持名二門」。

一、重本源心地：以「攝末歸本」治「競逐枝葉」之弊

如來出世說法本源惟一乘，因眾生機有殊異，故「從本垂末」，發展出各

〔註14〕〔明〕蕅益智旭：〈靈峰寺請藏經疏〉《淨信堂初集》卷七，明學主編：《蕅益大師全集》第七冊（四川：巴蜀書社，2018 年），頁 472。

宗各派。但至末世卻產生「競逐枝葉，罕達本源」之鳥空鼠唧、以葛藤解葛藤等流弊，而使當代「佛法名雖大盛，實則大壞」，其因在「正法之眼已滅，徒有門庭施設」。故智旭與時流相反，即使數十年來行腳觸向多乖，但堅持以「攝末歸本」之法，閱藏著述，復興「戒」、「教」正法，力挽時流狂瀾。

智旭「攝末歸本」之法，分析如下：

（一）「名字位中真佛眼」之智旭解

「名字位中真佛眼」之智旭解，即「圓教行人，始從名字初心，便用佛知佛見修行」，此義為「名字位中初修觀行之法」：

> 圓教行人，於名字位中，能知如來祕密之藏，肉眼即名佛眼。故能學習真如實觀，了知現前心性，本自不生，不復更滅，所謂法界一相，雖三千歷然，而究竟平等。

「名字位中真佛眼」之智旭解，即「圓教行人，始從名字初心，便用佛知佛見修行」，此義為「名字位中初修觀行之法」。

（二）但得本何愁末：三學一脈相傳本源心地之「一法異名」

智旭曾指出當代佛法是「末世競逐枝葉，罕達本源」，為解決「競逐枝葉」之，他在著述即以「本源」為藥治之。其文字般若皆是以圓解之旨，「會通諸經異名」，一以貫之。

本文以其三十九歲所述《梵網合註》，四十一歲所作《大佛頂玄義文句》，五十二歲所著《占察疏》，五十四歲所草《楞伽義疏》，曾對大乘實相之「會通異名」、「一法異名」整理佛法本源，【表十八】大乘實相本體之「一法異名」，在讀智旭著作及諸經佛典，因「宗本既同，則諸名義，自不相違」，即可貫通得解悟，不再有矛盾，不再說之則名相紛然。

（三）發明「介爾一心」之名為圓融絕待佛法之根本

智旭有言「惟達心外別無佛法，方可熾然求於佛法」，爰以「介爾一心」入天台、華嚴（賢首）、法性、慈恩（法相、唯識）各宗之「堂奧」，使各宗各教互攝互融，讓千經萬論同條共貫。他立此「介爾一心」之名為圓融絕待佛法之根本，且一以貫之的在文稿及著述中表現。

並以「介爾一念心」含藏「佛之知見」與「眾生情見」，以及「眾生知見佛知見，如水結冰冰還泮」之性具，將此思想入生活日用間，教眾生如何離顛倒執著、妄想煩惱。

（四）於無差中作差別說，於差別中作無差說

智旭說「佛法如大海，潛流注百川。達者知浩浩，昧者泥涓涓」，以三學本源之實相融通三教，而是開顯圓解，以實相照之則海印炳現，可「達者知浩浩」，得以自在於世出世法「於無差中作差別說，於差別中作無差說」，如宗眼圓通者，圓融之中，一切平等，而知有差別，隨拈皆得，灼然無過。如此可避免如「昧者泥涓涓」，認一漚而遺大海。

二、重因地發心

古人修學因痛念生死事大，無常迅速，故而能真發生死心，立「此身不向今生度，更向何生度此身」之志。智旭「生平每以古人自期，兼欲腳踏實地」，故依諸佛語，為設出生死三妙藥：「要真為生死、要具足剛骨、要開發見識」。此出生死三妙藥首要即是發心真為生死，且指出「菩提大心，決與為生死心不二」之關捩子。學人因地發心之重要的原因為：

（一）因地不真，果招紆曲

「成佛作祖，墮坑落塹，所爭只一念間」，倘因地發心真為生死，則不論是修禪、教、律何法？若真為生死持戒，「持戒亦必悟道」。真為生死聽經，「聽經亦必悟道」。真為生死參禪，「參禪亦必悟道」。真為生死營福，「營福亦必悟道」。「專修一法亦悟道，互相助成亦悟道」，全是「因地真正」緣故。

（二）學道所最嚴者，在毫釐心術之辨

智旭引智者大師云：「為利名發菩提心、是三塗因。」是以，倘發心是為了想做律師而受戒、為了想做法師而聽經、為了想做宗師而參禪、為了想有權勢而營福，則「受戒、聽經、參禪、營福，必皆墮三惡趣」。故而，發心「毫釐有差」，則修行結果是「天地懸隔」。錯認發心之定盤星，以名利修學受戒、聽經、參禪、營福，反而使醍醐成毒藥。

三、取法乎上：「圓門漸修」之說

本文依智旭著作所研究之智旭，其一生確為己所言「圓教行人，始自名字初心，便用佛知佛見修行」之圓解圓行，在著述係以「介爾一心」做到「三藏十二部，言言可以互攝互融」，文稿著述確是一以貫之為闡明「一乘佛法」及「生死本分事」本源而作。

因凡夫修行得少為足，是以智旭教學人取法乎上，提出「圓門漸修」之

說，以「圓教行人，始自名字初心，便用佛知佛見修行」在著作中教學人修行之法：應以圓教之佛知佛見為修行根本為高度，而在事修應當以離自己最近的為下手處，且念念持之以恆而行。

而其所發明之「圓教行人，始自名字初心，便用佛知佛見修行」，因圓教行人「初心便觀諸法實相」，此思想亦出自《華嚴經》「十住初心即同諸佛」、「一位一切位」之理。他在文稿一以貫之以此理提點學人，能先開圓解而修，則是以般若為導，得以「全性起修，全修在性」之殊勝，且不落流俗盲修瞎練之誤。

而提出此「圓門漸修」說之旨，是為避免現在後世學人因執理而輕事，誤墮坑塹，結果參禪不成，念佛不就，而遭二頭落空之禍之大菩提心。另外，此說另一義同宗門古偈：「頓悟雖同佛，多生習氣深。風停波尚涌，理現念猶侵」之理：學人修行在理上雖可頓悟，見與佛齊，但在事上對曠劫以來的雜念習氣，則有如「風停波尚涌」，須要漸次消除。

四、嘗徧神農百草丸，彌陀一句成安宅〔註15〕

智旭是第一位提出淨土法門為一切方便法門之中「至直捷至圓頓」者，並判「念佛求生淨土」是「方便中第一方便，了義中無上了義，圓頓中最極圓頓」之法，又直言此法門是「《華嚴》奧藏、《法華》祕髓、一切諸佛之心要，菩薩萬行之司南，皆不出於此矣」。〔註16〕智旭此說，影響後世至今。

其為治末世禪病，因而發心徧閱大藏，以「備採眾藥，庶得自療療他」。在閱藏備採眾藥，〔註17〕且躬身力行如「讀徧神農本草書，根莖花果辨無餘」〔註18〕，在其數十年行履「幾翻鼓翼欲騰空，幾翻又向荒原蹶」之後，只有「一句阿彌陀佛認得真，源泉畢竟歸滄渤」。〔註19〕並在臨終前多次示現此

〔註15〕〈誦帚律師像贊〉：「嘗徧神農百草丸，彌陀一句成安宅」。〔明〕蕅益智旭：〈誦帚律師像贊〉《淨信堂初集》卷七，明學主編：《蕅益大師全集》第七冊（四川：巴蜀書社，2018 年），頁 472。

〔註16〕〔明〕蕅益智旭：《佛說阿彌陀經要解》，《蕅益大師全集》第四冊（臺北：佛教出版社，2014 年），頁 2190。

〔註17〕〔明〕蕅益智旭：〈靈峰寺請藏經疏〉《淨信堂初集》卷七，頁 472。

〔註18〕〔明〕蕅益智旭：〈大方廣佛華嚴經頌一百首〉「全部總頌」《靈峰宗論》卷九之一，《蕅益大師全集》第十八冊（臺北：佛教出版社，2014 年），頁 11510。

〔註19〕〔明〕蕅益智旭：〈自像贊三十三首〉第二五首《靈峰宗論》卷九之四，頁 11636～11637。

法之妙，直願眾生能從自性發起善根，堅信願持名念佛而捨此界塵土升極樂剎土。

印光大師是智旭知音，能知智旭苦心示現持名念佛之旨。因為智旭念眾生修學有「證斷之難」和「解悟之難」之「二難」，〔註20〕而此「修行二難」會產生「惑業未斷猶坯器，經雨則化棄前功」之危。智旭以其「嘗徧神農百草丸」之功行明指末法只能「由此力修念佛行」，才可「決欲現生出樊籠」，了生死輪迴桎梏。所以，其「苦口切勸學道者，生西方可繼大雄」。〔註21〕

智旭提醒學人，「蓋以立一法，必伏一弊，有一利必具一害」〔註22〕，然而，對於持名念佛，其直言是「真禪至圓至頓，了義上乘寧復過此？」，並說明此中原因為「蓋論器，則不揀五道。論機，則普潤三根。論修證，則不歷僧祇。論超越，則直階不退」，是以持名念佛此法「但有大利，而無大害。較西來祖意，豈不更直捷更穩當！」。整理本文所分析其淨土思想及修學法要如下：

（一）提出淨土思想：「淨戒為因，淨土為果」及「般若為導，淨土為歸」。

（二）於難中之難信持名念佛法，以真實信心生決定深願。

（三）「諸法平等」之關鍵在「真實信心」：以佛在《觀經》所說「上品上生者」之「迴向西方法門」，指出以「真實信心」行諸善法和懺悔，信得「現前一舉一動，一行一善」，皆可迴向發願生彼佛國。

（四）發明持名念佛之「即事持達理持，即凡心是佛心」法鑰，顯茲此門「雖下愚者皆可登其閫，而上智者終莫踰其閫。三根普資，四悉咸備」，卻非世之「駕言直指者，輒以西方為鈍置」或「學語大乘者，復以淨土為退休」之言。

（五）重視平時念佛之功，因臨危臨終，唯持名念佛。

（六）以「西方即是惟心土」六十首詩偈，破「以理奪事」、「執理廢事」之所知障。點出淨土之勝異方便係「妙在同居第一關」，只要「直以信願相

〔註20〕〔明〕蕅益智旭：〈復陳旻昭〉《靈峰宗論》卷五之二，《蕅益大師全集》第十七冊（臺北：佛教出版社，2014 年），頁 472。

〔註21〕〈清九祖北天目靈峯智旭大師〉：「幼即信佛，隨母禮誦。入塾宗宋遂放縱，讀竹窗自訟。力弘大乘，冀同出陷阱。宗乘教義兩融通，所悟與佛無異同。惑業未斷猶坯器，經雨則化棄前功。由此力修念佛行，決欲現生出樊籠。苦口切勸學道者，生西方可繼大雄」。釋印光：〈清九祖北天目靈峯智旭大師〉，《印光法師文鈔續編下冊》卷下（臺北：華藏淨宗學會，2008 年），頁 658。

〔註22〕〔明〕蕅益智旭：〈評參究初心方便說〉《淨信堂初集》卷七，明學主編：《蕅益大師全集》第七冊（四川：巴蜀書社，2018 年），頁 461。

導，感應道交，五濁之習稍輕」，即能生同居淨土，則三界之苦斯脫，此亦為淨土法門三根普資、四悉咸備之因。

（七）闡明自他俱念之持名念佛是能念所念無二，是「全他即自」、「自他不二」之果教門，更是一法攝萬德、攝萬法。倘能深信力行持名，即是「全事即理」、「全妄歸真」，即為「禪淨不二」、「性修不二」。

五、為末法持戒修淨土者擇占察及持名二門

「教觀功難剋，橫超念最賢」〔註23〕，佛陀因見五濁惡世眾生必為種種五濁之苦難而困逼、纏惑、陷溺，如無「帶業橫出之行，必不能度」。而淨土所以名「橫出三界」者，以「凡聖同居淨土帶惑得生，非同諸餘法門，必須斷惑。蓋是如來不可思議攝受之力也」，且「唯持名一法，千穩百當」。

而此《占察善惡業報經》誠「末世多障者之第一津梁，堅淨信菩薩所以殷勤致請，釋迦牟尼佛，所以珍重付囑。良由三根普利，四悉咸風，無障不除，無疑不破故也」。

是以，《占察善惡業報經》和「持名念佛」皆是至圓至頓、普利三根、「全依理以成事，故可即事而達理。全即事而入理，未嘗執理而廢事」，爰，智旭為末世眾生持戒、修淨土者擇《占察善惡業報經》及持名念佛二門。

第三節　研究特色和貢獻

研究者在相同文本，以不同的研究方法，發現不同的研究成果，這是研究的樂趣和貢獻。故而，本文構思不同的研究方式，嘗試從不同研究方法和思考角度來深入探討本文各章節所研究主題與相關問題。

筆者的研究基礎，是以反覆地細讀、精查現存智旭著述所得到的結果為基礎，用以做為出發點去思考撰寫，本文另外構思之研究方法和思考角度是從以下的角度切入，來深入探討本文各章節所研究主題與相關問題，旨在盡研究所能貼近作者的原意，不失其真：

（一）對智旭思想作根本之建構研究。

（二）以較客觀和科學方法作為論證。

〔註23〕〔明〕蕅益智旭：〈戊辰新正出關留別吳江諸友八首（有引）〉第七首《淨信堂初集》卷八，頁 493。

（三）遵循智旭對佛法和文字關係之見解。

　　1. 著述目的：達如來出世說法本源

　　2. 道不在文字，亦不在離文字

　　3. 執迹以言道，則道隱

（四）舉世不知真，吾獨不愛假

（五）著述須從胸中流出：「名字位中真佛眼」之智旭解

（六）言必有源

　　因以上開不同之研究方法研讀文本，爰能發現前述之研究成果及本章第四節之研究心印，得以在學術海中貢獻一滴研究所得。也期本文之研究方法，可提供佛法思想研究之另一蹊徑。

第四節　研究心印

　　本節「研究心印」，「心印」一詞僅借用禪宗不立文字、以心印心傳法之語詞，在本節之「心印」內容，則是筆者在「研究發現之智旭思想特色」、「個人研究智旭文字般若之心得」、「研究限制及未來展望」。

一、研究發現之智旭思想特色

　　本段是在研究過程中發現之心得，說明智旭思想之特色。

（一）智旭元是智旭

　　在多次徧閱文本論證過程中發現二個智旭自述動人之語：第一個是「讚毀一任諸方，智旭元是智旭」，第二個是「只因沒有的確師承，到底只是個八不就」。〔註24〕其自言以「孤孽之身」，抱「嬰杵之任」，立頓超佛祖之志，欲「易世俗所難。而緩時流之急」，爰寧使「千日賣不得一擔真，不願一日賣得千擔假」。數次逃名於萬死，深懼名過於實，以「名利不過半生，殃報遺於累劫」自警，更嚴以律己須達「捨今之有餘，企古之不足」之出家本願。

〔註24〕智旭自言「只因沒有的確師承，到底只是個八不就」，本文對「八不道人傳」之「八不」義，提出一個看法：佛法是離四句絕百非，而「四句」遮照之用法，「不」之義或有、或無、或無或有、非有非無。故而，歷來對「八不」之義可以為文再做討論。〔明〕蕅益智旭：〈自像贊三十三首〉第四首、第十七首《靈峰宗論》卷九之四，《蕅益大師全集》第十八冊（臺北：佛教出版社，2014 年），頁 11624、11631。

是以，倘不能深入閱讀智旭著作文本，真正了解智旭與時流相反之「以古人自期」、「重實輕名」的堅持和「忘身為法」之大願，以及其著述目的和「著述須從胸中流出」之觀點等真實智旭，在研究過程則不免容易以自心來臆測而使結論有待商榷。如本文第二章所釐正之「智旭是為隱藏自己對諸宗派評論之目的所以不假手他人而對內容作刪改」的論點，以及第三章深入分析智旭禪淨思想後，發現其本意並未批判蓮池大師，反而在著述中處處為《疏鈔》釐正辨析，明大師弘淨土之心。

有關歷來對智旭禪淨思想之論點，本文在深究後亦明其對八萬四千法門，未有「是一非餘」之謗佛論，未曾主張「消禪歸淨」，也未有反對「禪淨雙修」論點。只是提醒修學者，古人本意原欲「攝禪歸淨」以為淨土助行，開此參究權機。但是今人錯會，多至「捨淨從禪」，翻成破法。倘不能明參究念佛有大利亦有大害，最後參禪不成，念佛不就，二頭落空之禍，誰代受之？

另外，今有學者文章稱「綜觀其生涯，如果用現代流行語來形容就是一個宅字，便可完全概括」，從〈復曹源洵公〉書信中看到智旭「手不停書」著述宏富，在〈自像贊三十三首〉答蒼雲師，他一生是苦且長之行腳。在社會動盪的明末清初，其出家三十四年幻遊五省四十地行法，只因捨己從人之大菩提心，即使行腳常有暫入旋出、席不暇暖之累，仍損己利人忘身為法，五十六歲才得圓其歸臥靈峰之願。其生涯怎會是一個「宅」字，便可完全概括？

（二）智旭思想即如來說法本源

智旭了達如來出世本懷，「惟為一乘」，因眾生根性不等，才方便說三乘。其又言「法華一乘妙旨，惟令一切眾生開示悟入佛」、「事非徒事，全事即理。因果圓彰，自他不二。貴向頭頭法法中徹見法界源底，只是一法界更無二法界」，復言「十方如來一門超出妙莊嚴路，不過了妄想無性，悟常住真心，性淨明體而已」。

是以，其「求圓解為起行之本」，因達得如來出世說法本源，可「攝末歸本」、亦明「從本垂末」。爰以「圓教行人，始從名字初心，便用佛知佛見修行」之旨，一以貫之於著述弘法中開顯。

（三）有除翳法，無與明法

修學佛法切莫痴狂「向外求」，佛法「不過為人解黏去縛，令達妄想無性」，

佛法是為人解去世間一切外在黏縛，使能了達本性所具真如實相。所以，修學佛法不是要加上什麼神通或東西，而是要學習放下妄念執著，和種種習氣。

　　而智旭言「終日在妄之性靈，即終日恆真之性靈」，故而，欲使妄念盡而還真如實相本源，只有「但盡凡情，別無聖解」、「有除翳法，無與明法也」，此意即「凡情盡處即頓顯本具佛之知見」，有如除去眼翳，則現本具之眼明性，其並引《大佛頂萬行首楞嚴經》所云：「狂心頓歇，歇即菩提」證明此理。而使凡情盡之法，就是觀現前介爾一念心緣起無生，妄念自涸。

（四）求圓解為起行之本，佛號千聲匯歸淨土為歸趣之地

　　智旭自述「人知其貶古斥今，不思忌諱。不知其談教說禪，不立文字」〔註25〕，他上法座時口若懸河，下法座則目無所視。從朝至暮稱阿彌陀佛，矻矻孳孳將數記，「三十年來不改弦。從茲堪盡未來際」〔註26〕。是以，其一生修學「求圓解為起行之本」，並以「佛號千聲匯歸淨土為歸趣之地」，並以此法教化眾生。

二、個人研究智旭文字般若之心得

　　筆者對於研究智旭著述之態度，可援引憨山注《道德經》所言「每參究透徹，方落筆。苟一字有疑而不通者，決不輕放」明之。為盡全力參究透徹《宗論》、《淨信堂初集》、《絕餘編》文稿，筆者除反覆研讀，並依智旭所言「法法消歸自心」力行。

　　而在遇有疑而不通之處，必查找佛典和智旭其他著述，互相參照讀至無疑問，才敢下筆。從整理、分析至歸納結論、發現心得，要求不能前後矛盾，不敢妄用自身世俗所知胡亂臆寫，必尋到智旭有此言，方能放心寫出。

　　雖然盡全心力建立研究本文之方法，並以慎重如見佛之心字字斟酌，惟筆者尚未有「名字位中真佛眼」境界，所寫之《靈峰宗論》研究，仍是筆者研究之《靈峰宗論》，尚未能達百分百「智旭之《靈峰宗論》」。但，能在研究過程中得智旭《靈峰宗論》之心印於一二，即是得大利益。所得佛法大利益，簡述如下：

〔註25〕〔明〕蕅益智旭：〈自像贊三十三首〉第二十三首《靈峰宗論》卷九之四，《蕅益大師全集》第十八冊（臺北：佛教出版社，2014 年），頁 11634。

〔註26〕〔明〕蕅益智旭：〈自像贊三十三首〉第二十三首《靈峰宗論》卷九之四，頁 11634。

（一）戮力幻住，在世出世法中皆不應有頭無尾

智旭所言「在世出世法中皆不應有頭無尾」之語，能激勵身處困阨之人，再振奮心志學習智旭「戮力幻住」之大菩提心，並以「知一切惟心所現，如夢如幻」佛之知見，寧身受「幻夢勞苦」，而拼命捨身，惟為「荷擔正法」、為眾生「建立幻夢利益」。真有大菩提心、大慈忍心，為公不因私，則不論外在境緣順逆，都能做到「在世出世法中皆不應有頭無尾」。

（二）非佛法無靈驗，而是人辜負自己

智旭自言是博地凡夫而真實受用佛法為例說明「能以佛知佛見觀現前一切事礙，無有一微塵許不是不思議境，故能當千難萬之中而身心無恙」。要真實受用佛法須不將佛經祖語以語言文字著眼、不能只向義理上體會，而須當下法法觀照自心，躬行實踐。而此實踐力行，關鍵在於「真實信心」。

是以，筆者在依智旭文字般若實踐過程所得，可證智旭所言「大乘緣種，不可思議。勉強力行，功無虛棄」之言不誣。且在力行後重新精讀文本，都能得到更進一步的解悟，在對照研讀佛經祖語時，即能印證智旭之言與諸佛諸祖無異。

又，祖師因恐少根少福之人因障深慧淺，或發心念佛，皆未獲功效時，會「不歸罪於工力之淺薄，而反疑佛法無靈驗」〔註27〕，故而在著述中會引其他法門語供當機學人修習，以「勸人少多皆種善根，亦萬不得已之苦心」。〔註28〕

（三）惟吾學佛，然後知儒

「世出世學問，固不可判作兩橛，亦不可混作一事。蓋真儒與真佛，其下手同，其要歸異」。故而，惟真儒乃能學佛。佛之根本智，即「始本不二，理智一如。徹證三無差別之性，亦無能證所證可得。而佛之後得智，謂「佛果後普賢行，乃盡未來際常然大用之門。能同流九界，廣度含識」〔註29〕。

因「但得本莫愁末」，不論真如本性開顯多少，以根本之智學習枝葉之世

〔註27〕〔明〕蕅益智旭：〈答卓左車彌陀疏鈔二十四問（原問附）〉第二十三答《淨信堂初集》卷四，明學主編：《蕅益大師全集》第七冊（四川：巴蜀書社，2018年），頁 354～355。

〔註28〕〔明〕蕅益智旭：〈答卓左車彌陀疏鈔二十四問（原問附）〉第二十三答《淨信堂初集》卷四，明學主編：《蕅益大師全集》第七冊（四川：巴蜀書社，2018年），頁 355。

〔註29〕〔明〕蕅益智旭：〈白牛頌〉第十頌《淨信堂初集》卷七，頁 487。

法，自然不愁，且「根益深而枝益茂」。在研究本文後，可證所東坡云：「惟吾學佛，然後知儒」之言，實為肺腑。

（四）學人第一要務，貴在克除習氣

智旭有言：「倘染習不除，談玄說妙，終屬有名無實」、「學道別無實法，變化氣質，尅除習氣而已」、又言「學道之人，第一要克除習氣。習氣不除，終無出生死分。然習氣熏染，本非一朝一夕之故。若不痛加錐拶，何由頓革？」本文在第肆章已分析智旭文稿中有關事修及理觀之法，但不論以事修或理觀去習氣，倘福慧不足，便會有障難而使其不相信佛法，或於解行時有力不從心之感，故而「欲彰修德，莫先除障：福慧二輪，不可暫廢」實為關鍵助力。

（五）藉修行而脫塵緣之累，而非待無累才修行

塵緣之累，無法頓盡，與其等待完全沒有外在境緣的干擾才修行，不如依修行來轉妄念，減少對境界執取。因「一切業障海，皆從妄想生」，依佛法修學減少妄念，心中正念真如漸顯，外在境緣自然會隨心改。

（六）先立定盤星在正，而後興隆幻事皆屬普賢行門

智旭在復程季清居士書信中指出，主持法門，先須「立定盤星在正」，即華嚴經所謂：「忘失菩提心，修諸善根，是為魔業」，是以因地要發大菩提心，然後「隨時隨力，興隆幻事，皆屬普賢行門」，禮拜、持誦、作諸善事，皆名普賢行門。若因地稍涉世間名利之心，則佛法亦止成世法。〔註30〕

（七）法無迷悟，迷悟在人

智旭闡發「如來藏性雖非迷悟所能增減，而本覺真心實以背合成其迷悟」、「萬法本自融徹，由迷情封執而成隔礙。如一指能蔽山岳，如認漚必遺大海」之理，是以，「法無迷悟，迷悟在人」，故而不惟埋沒自己本具佛性靈光，亦且冤屈六塵境界，詎思六塵非能惑人，人自妄受六塵所惑」，此即智旭所言「紅塵堆裏學山居，風塵何能染人？只恐人自染風塵耳。」〔註31〕之理。

（八）二種「難中之難」的關係

本文發現智旭所指之二種「難中之難」，一為「持名號徑登不退，奇特勝

〔註30〕〔明〕蕅益智旭：〈寄程季清居士〉《淨信堂初集》卷六，頁432。

〔註31〕〔明〕蕅益智旭：〈復項居士〉《絕餘篇》卷三，明學主編：《蕅益大師全集》第七冊（四川：巴蜀書社，2018年），頁565。

妙超出思議第一方便，更為難中之難」。另一則是，「佛法仍不壞世法，名難中之難」。

「佛法仍不壞世法，名難中之難」之因在於未能達實相真如佛性，而具不可思議功德之持名念佛法門，正是五濁惡世眾生達佛性真如實相之第一勝異橫超方便法。是以，此難中之難信持名念佛法門，即「佛法仍不壞世法，名難中之難」之解方，讓眾生可以了達世法佛法，本是同一實相緣起，能達到「世間行世間，不知是世間」之無分別境界。

（九）我佛遺法否極泰來之機，其終藉手於居士乎

「祖意不明，則出世無正眼。教法不講，則修行無正路。齋戒不持，則踐履無正功」384，因末法通弊其來久矣，使如來命脈大似一絲懸九鼎，智旭見末世種種矯亂，觸目傷心，雖大廈將傾非一木所支，仍以「中興正法不避斧鉞之心」荷擔如來正法，以其「一義一法，咸符聖教」〔註32〕之著述，惟教人一乘攝末返本，教以圓教初心即以佛知佛見修學之法。

智旭平生懷有「人定亦能勝天」期得傳法道友以續佛正法之念，故而文稿常見其「名字位中真佛眼，未知畢竟付何人」〔註33〕之思，但，其亦謂「壞法門者，皆由於撐法門人」。在數年匡復正法苦心，未能砥流俗弊病狂瀾於萬一，復見陳旻昭居士所處頗艱，卻道念益固，智旭深以為慰而言「或我佛遺法，將來不至永墜，尚有否極泰來之機，其終藉手於居士乎！」。〔註34〕是以，凡我在家學佛居士，應以此自期。

（十）愁人莫向無愁說，說向愁人總不知，俟之子期而已

雖然筆者撰寫本文，「一文一字，罔敢師心」，期所寫之一義一法，咸符旭師之意，但筆者只是具縛凡夫，是以本文所研究之智旭《靈峰宗論》，能達旭師之意幾何，知我者，唯智旭師乎？罪我者，亦唯智旭師乎？〔註35〕

〔註32〕〔明〕蕅益智旭：〈退戒緣起並囑語〉《淨信堂初集》卷五，明學主編：《蕅益大師全集》第七冊（四川：巴蜀書社，2018 年），頁 387。

〔註33〕〔明〕蕅益智旭：〈病間偶成〉《靈峰宗論》卷十之四，《蕅益大師全集》第十八冊（臺北：佛教出版社，2014 年），頁 11762。

〔註34〕〔明〕蕅益智旭：〈復陳旻昭〉，《絕餘篇》卷三，頁 561。

〔註35〕本段最後五句係引用自〈八不道人傳〉「是故舉世若儒、若禪、若律、若教，無不目為異物，疾若寇讎。道人笑曰：知我者，唯釋迦、地藏乎？罪我者，亦唯釋迦、地藏乎？孑然長往，不知所終」。〔明〕蕅益智旭：〈八不道人傳〉《靈峰宗論》卷首，《蕅益大師全集》第十六冊（臺北：佛教出版社，2014 年），頁 10226。

三、研究限制及未來展望

本文在各章節曾分別提出一些研究限制和未來研究展望：

第壹章第三節「由一封〈復錢牧齋〉書信，理出兩段歷史，可知智旭文本除文字般若還充滿史料寶藏，若能細讀，可研究之處實多」。

第貳章第三節從【表八】「《靈峰宗論》所收《淨信堂初集》、《絕餘編》詩偈被刪改內容對照表」所整理之資料，應可另以專文作研究，分析原詩和刪改之詩內容思想及詩句、用韻、平仄、對仗等，可得出二者優劣得失之研究成果。第四節則是「再三詳讀其願文，發現實可另以專文研究，應可得到對智旭大菩提心及某些史料之研究成果」。

第伍章第三節「〈山居百八偈〉的三十首上聲韻佔百八首比重為 27.7%，倘在本文作討論，篇幅恐過重且不在本文研究目的，僅在此提出篇目並提出可另以專文整理詩偈作一分析之未來展望。」

除了以上從本文所整理之四點研究展望，本段再以三點說明本文研究限制及未來展望。

（一）將佛法善用於世法

本文在第參章第三節之四，將介爾一念「真妄同源」之思想融入生活日用間，教以如何以佛法離顛倒執著、妄想煩惱。又在第肆章第一節之一，提出以「假觀事修」之待人處事和面對境緣的應急方來對治粗重煩惱妄想。待粗重妄想煩惱漸消，心漸趨定靜，則進一步說明應學習大乘法門之性真妙體之理觀。此「理觀」法，在初機者則先以空觀入門，再以假觀，最後達即空即假即中之一心三觀之圓成實相、性真妙體。此是智旭一以貫之所談「學道工夫，但期與本分相應」，即大乘法門以生死大事本分為修學之要。

智旭常言佛法非是談玄說妙，且出世要法實無奇特，「正在平常用之間」，不可離事覓理，是以」佛法修學之真實工夫在「日用動靜間」，因修學倘真與本分相應，對外在境緣則無動靜順逆之別，也就不會對境生好惡之煩惱妄念。另外，他更教人在處惡緣逆境時，應思「吾人本地風光，埋藏蘊宅，潛伏根門，無時不煞煞欲現。稍藉外緣一擊，便當迸裂騰湧，輝爍古今，照天燭地」，則此惡因緣轉變成煉磨心性，透露本具有之真常實相心相的一大助緣，即「惡因緣是好因緣」之證。

本章結論再以「重因地發心」來看世間法，嘗試再提出一些未來延申議題之展望。在佛法之因地發心，以持名念佛為例，一句佛號在因地倘發大菩

提心，信願真切的持念可以出生死，但若念佛只是發心求人間福報，不啻拿「摩尼寶珠貿一衣一食」，有如將「無量功德善根」，枉作「人天生死資糧」，實為可惜。

將此「重因地發心」之內涵類推來看世間的教育為例，當學生學習的發心只為了參加國中會考、學測統測指考，則往往在大考結束，認為學習就結束了。為了考試而讀書、學習，是被動的，無法得到樂趣而主動且持續的學習。古人會以成為聖賢而學習，今人呢？或許可先由幫助學生提升學習發心的層次開始思考，以幫助孩子們對學習能從自性升起好樂精進之心，認識學習的重要性。

智旭在〈性學開蒙跋〉〔註36〕指出，對於佛儒之學，「世罕兼通」，原因在於「以習儒者未必習佛，雖習亦難窺堂奧。習佛者未必習儒，雖習亦不肯精研」。而智旭正是能兼通儒佛之道，而成為世出世間學問橋樑，善用二者。筆者目前並無兼通儒佛之學力，爰在此拋磚引玉，提出此未來展望之議題。

（二）三教門庭融通之法：「五句融會法」

在本文第叁章第二節提出，智旭為讓歷代三教融會戲論永滅，諍論亦消，爰提出「五句法」以融會之，並在《性學開蒙》，以儒典和佛法對「性學」作「五句融會法」解之示範。「五句融會法」內涵為：「名同而義異者」、「名義俱同而歸宗異者」、「須知對待絕待二種妙義」，然後「約跡約權以揀收之」，「約實約本以融會之」。而以此法之對儒、道、釋三教的各人融會，就是屬於自己之融會著作。

因本文研究主旨不在三教融會，且因學力所限，爰僅提出此法以作為未來在三學融會之研究方法。

（三）《淨信堂初集》、《絕餘編》之詩偈箋證研究

智旭通五宗八教，又精於儒道典籍，所用文字內涵深厚，儒釋道用典豐富，在本文第伍章第三節即論述其詩偈芥子實蘊含須彌佛法，有些原稿即可研究成一篇期刊論文，所以在本文未能對《淨信堂初集》、《絕餘編》之詩偈逐一做箋證研究，未來展望即是期能完成此二原稿詩偈之箋證。

〔註36〕〔明〕蕅益智旭：〈性學開蒙跋〉《性學開蒙》，明學主編：《蕅益大師全集》第九冊（四川：巴蜀書社，2018年），頁533～534。

參考文獻

（一）傳統文獻：（依朝代先後順序排列）

1. 〔漢〕許慎撰，〔清〕段玉裁注：《說文解字注》，高雄：高雄復文出版社，2000 年。

2. 〔明〕蕅益智旭；于德隆、徐尚定點校：《蕅益大師文集》，北京：九州出版社，2013 年。

3. 〔明〕蕅益智旭：《蕅益大師全集》，臺北：佛教出版社，2014 年。

4. 〔明〕蕅益智旭；明學主編：《蕅益大師全集》，四川：巴蜀書社，2018 年。

5. 〔清〕朱彝尊編：《明詩綜》，臺北：世界書局，1970 年。

6. 〔清〕盧元駿輯校：《詩詞曲韻總檢》，臺北：正中書局，1973 年。

7. 〔清〕錢謙益：《有學集》，《續修四庫全書》第 1391 冊（據民國 8 年上海商務印書館四部叢刊本影印原書版框），上海：上海古籍出版社，1995 年。

8. 〔清〕錢謙益撰集；許逸民、林淑敏點校：《列朝詩集》，北京：中華書局，2007 年。

9. 〔清〕馮班著；〔清〕何焯評；李鵬點校：《鈍吟雜錄》，北京：中華書局，2014 年。

（二）近人論著：（先依姓氏筆畫排序，再依出版先後順序排列）

1. 丁敏等：《佛學與文學——佛學會議論文彙編 2》，臺北：法鼓文化，1998 年。

2. 太虛:《太虛大書全書》,臺北:善導寺佛經流通處,1980 年。

3. 王子武(王力):《中國詩律研究》(漢語詩律學),臺北:文津出版社,1987 年。

4. 王文龍編撰:《東坡詩話全編箋評》(重慶:西南師範大學出版社,1996 年。

5. 王壯為:《書法叢談》,臺北:國立編譯館中華叢書編委會,1982 年。

6. 王易:《詞曲史》,臺北:廣文書局,1971 年。

7. 王紅蕾:《憨山德清與晚明士林》,北京:中國社會科學出版社,2010 年。

8. 王頌梅:《明代性靈詩說研究》,臺北:花木蘭文化出版社,2007 年。

9. 王國維:《王國維戲曲論文集》,臺北:里仁書局,2005 年。

10. 巴壺天:《禪骨詩心集》,臺北:東大圖書股份有限公司,1990 年。

11. 中國文哲研究所集刊編委會:《中國文哲研究集刊第八期》,臺北:中央研究院中國文哲研究所,1996 年。

12. 〔日〕加地哲定,劉衛星譯《中國佛教文學》,高雄:佛光出版社,1993 年。

13. 皮朝綱:《禪宗的美學》,高雄:麗文文化,1995 年。

14. 朱文光,《佛學研究導論》,臺北:文津出版社,2008 年。

15. 吳正榮:《佛教文學概論》,昆明:雲南大學出版社,2010 年。

16. 吳汝鈞:《佛學研究方法論》,臺北:臺灣學生書局,1983 年。

17. 吳光正、高文強主編:《《中國宗教文學史》編撰研討會論文集》,黑龍江:北方文藝出版社,2015 年。

18. 李季箴等:《大戲劇論壇》,北京:廣播學院出版社,2003 年。

19. 李幸玲:《廬山慧遠研究》,臺北:萬卷樓圖書股份有限公司,2007 年。

20. 汪涌豪、駱玉明主編:《中國詩學》第一卷至第四卷,上海:東方出版中心,2008 年。

21. 汪經昌:《南北曲小令譜》,台北:中華書局,1965 年。

22. 汪經昌:《曲學釋例》,台北:中華書局,1971 年。

23. 李豐楙、廖肇亨主編:《聖傳與詩禪:中國文學與宗教論集》,臺北:中央研究院中國文哲研究所,2008 年。

24. 竺家寧：《語言風格與文學韻律》，臺北：五南圖書出版股份有限公司，2005 年。

25. 周玉波：《明代民歌研究》，南京：鳳凰出版社，2005 年。

26. 周玉波、陳書錄：《明代民歌集》，南京：南京師範大學出版社，2009 年。

27. 周玉波：《月上荼䕷架》，南京：南京師範大學出版社，2009 年。

28. 周偉民：《明清詩歌史論》，長春市：吉林教育，1995 年。

29. 周裕楷：《禪宗語言》，杭州：浙江人民出版社，1999 年。

30. 周裕鍇：《夢幻與真如：佛教與中國文學論集》，北京：中國社會科學出版社，2016 年。

31. 季羨林：《禪和文化與文學》，臺北：臺灣商務，2003 年。

32. 俞為民：《宋元南戲考論》，台北：臺灣商務印書館股份有限公司：1995 年。

33. 俞為民：《宋元南戲考論續編》，北京：中華書局，2004 年。

34. 俞建章、葉舒憲：《符號：語言與藝術》，西安：陝西師範大學出版社，2018 年。

35. 〔日〕荒木見悟著；廖肇亨譯：《佛教與儒教》，臺北：聯經出版社，2008 年。

36. 〔日〕荒木見悟著；廖肇亨譯：《明末清初的思想與佛教》，臺北：聯經出版社，2006 年。

37. 夏清瑕：《憨山大師佛學思想研究》，高雄：佛光山文教基金會出版，2001 年。

38. 徐徵等：《全元曲》第九卷，河北：河北教育出版社，1998 年。

39. 孫昌武：《中華佛教史：佛教文學卷》，太原：山西教育出版社，2013 年。

40. 孫昌武：《佛教文學十講》，北京：中華書局，2014 年。

41. 〔日〕望月信亨著；釋印海譯：《中國淨土教理史》，臺北：華宇出版社，1987 年。

42. 〔日〕望月信亨著；釋印海譯：《淨土教概論》，臺北：華宇出版社，1988 年。

43. 陳允吉：《佛教與中國文學論稿》，上海：上海古籍出版社，2010 年。

44. 陳援庵（陳垣）：《中國佛教之歷史研究》，臺北：九思出版社，1977 年。

45. 陳垣：《中國佛教史籍概論》，北京：中華書局出版，1988 年。

46. 陳書錄：《明代詩文創作與理論批評的演變：明清雅俗文學創作與理論批評交叉研究之一》，南京：鳳凰出版社，2013 年。

47. 啟功：《論書絕句》，臺北：莊嚴出版社，1988 年。

48. 曹逢甫：《從語言學看文學：唐宋近體詩三論》，臺北：中央研究院語言學研究所，2004 年。

49. 陸侃如、馮沅君，《南戲拾遺》，哈佛燕京學社出版，台北：進學書局，1969 年。

50. 郭沫若主編《中國史稿地圖集》上、下冊，北京：中國地圖出版社，1996 年。

51. 崔爾平選編點校：《明清書法論文選》，上海：上海書店出版，1994 年。

52. 國立編譯館主編：《中國文學批評資料彙編》，臺北：成文出版社，1979 年。

53. 覃召文：《禪月詩魂：中國詩僧縱橫談》，北京：生活.讀書.新知三聯書店，1994 年。

54. 傅申：《書史與書蹟：傅申書法論文集.（二）》，臺北：國立歷史博物館，2004 年。

55. 張國淦編撰：《中國古方志考》，臺北：鼎文書局，1974 年。

56. 黃永武：《中國詩學：思想篇》，臺北：巨流圖書公司，1996 年。

57. 黃永武：《中國詩學：考據篇》，臺北：巨流圖書公司，1996 年。

58. 黃永武：《中國詩學：設計篇》，臺北：巨流圖書公司，1996 年。

59. 黃永武：《中國詩學：鑑賞篇》，臺北：巨流圖書公司，1996 年。

60. 黃仕忠、〔日〕金文京、〔日〕喬秀岩編：《日本所藏稀見中國戲曲文獻叢刊·第一輯》第十二冊、第十三冊，桂林市：廣西師範大學出版社，2006 年。

61. 黃節：《黃節詩學詩律講義》，天津：天津古籍出版社，2007 年。

62. 馮國棟：《佛教文獻與佛教文學：中國佛教學者文集》，北京：宗教文化出版社，2011 年。

63. 曾永義：《中國古典戲劇的認識與欣賞》，臺北：正中書局股份有限公司，2006 年。

64. 曾永義：《戲曲源流新論》，北京：中華書局，2008 年。

65. 張高評：《自成一家與宋詩詩風：兼論唐宋詩之異同》，臺北：萬卷樓圖書有限公司，2004 年。

66. 張高評：《金元明文學之整合研究》，臺北：新文豐出版有限公司，2007 年。

67. 張高評：《創意造語與宋詩特色》，臺北：新文豐出版有限公司，2008 年。

68. 張高評：《苕溪漁隱叢話與宋代詩學典範：兼論詩話刊行及其傳媒效應》，臺北：新文豐出版有限公司，2012 年。

69. 張高評：《論文選題與研究創新》，臺北：里仁書局，2012 年。

70. 張高評：《宋詩特色之發想與建構》，臺北：元華文創出版，2018 年。

71. 曾議漢：《禪宗美學研究》，臺北：花木蘭文化出版社，2009 年。

72. 聖嚴法師：《比較宗教學》，臺北：法鼓文化，1999 年。

73. 聖嚴法師：《念佛生淨土》，臺北：法鼓文化，1999 年。

74. 聖嚴法師：《明末佛教研究》，臺北：法鼓文化，2000 年。

75. 聖嚴法師：《天台心鑰：教觀綱宗貫註》，臺北：法鼓文化，2002 年。

76. 聖嚴法師：《大乘止觀法門之研究》，臺北：法鼓文化，2005 年。

77. 聖嚴法師：《寶鏡無境》，臺北：法鼓文化，2008 年。

78. 聖嚴法師：《禪門修證指要》，臺北：法鼓文化，2008 年。

79. 聖嚴法師；釋會靖譯：《明末中國佛教之研究》，臺北：法鼓文化，2009 年。

80. 聖嚴法師：《華嚴心詮：原人論考釋》，臺北：法鼓文化，2017 年。

81. 聖嚴法師：《聖嚴法師學思歷程》，臺北：法鼓文化，2018 年。

82. 楊惠南《禪史與禪思》，臺北：東大圖書公司，2008 年。

83. 楊晉龍：《治學方法》，臺北：萬卷樓圖書股份有限公司，2014 年。

84. 楊維中：《心性與佛性》，高雄：佛光山文教基金會出版，2001 年。

85. 葛萬里編：《清錢牧齋先生謙益年譜》，臺北：臺灣商務印書館，1981 年。

86. 趙景深：《宋元戲文本事》，上海：北新書局，1934 年。

87. 廖肇亨：《中邊‧詩禪‧夢戲：明末清初佛教文化論述的呈現與開展》，臺北：允晨文化出版社，2008 年。

88. 廖肇亨：《巨浪迴瀾：明清佛門人物群像及其藝文》，臺北：法鼓文化，2014 年。

89. 鄭騫：《北曲新譜》，台北：藝文印書館，1973 年。

90. 魯立智：《中國佛事文學研究：以漢至宋為中心》，北京：中國社會科學出版社，2015 年。

91. 錢天善：《明三家畫題畫詩研究》，臺北：花木蘭文化出版社，2008 年。

92. 錢鍾書：《談藝錄》，臺北：書林出版有限公司，1988 年。

93. 錢鍾書：《七綴集》，臺北：書林出版有限公司，1990 年。

94. 〔日〕鎌田茂雄撰；關世謙譯：《中國佛教史》，臺北：新文豐出版公司，1982 年。

95. 顏崑陽：《李商隱詩箋釋方法論》，臺北：里仁書局，2005 年。

96. 羅積勇：《用典研究》，武漢：武漢大學出版社，2005 年。

97. 譚桂林：《現代中國佛教文學史綱》，安徽：安徽教育出版社，2015 年。

98. 釋印光：《印光法師文鈔上冊》，臺北：華藏淨宗學會，2008 年。

99. 釋印光：《印光法師文鈔續編下冊》，臺北：華藏淨宗學會，2008 年。

（三）單篇論文

說明：因有關本文所參考研究蕅益智旭之單篇論文，已列於【附錄一】「蕅益智旭著述前人研究成果分類統計表」之 192 種文獻資料，爰此不重複列出。

1. 王頌梅：〈謝榛《四溟詩話》的特色〉，《高雄師大國文學報》第 3 期（2005 年 12 月），頁 45～74。

2. 王頌梅：〈從兩組作品看杜甫的表現策略〉，《高雄師大國文學報》第 6 期（2007 年 6 月），頁 1～33。

3. 王頌梅：〈律詩與古建築的美學關係〉，《高雄師大國文學報》第 12 期（2010

年 6 月），頁 33～76。

4. 王頌梅：〈失落的體裁——唐代折腰體新探〉，《高雄師大國文學報》第 17 期（2013 年 1 月），頁 87～128。

5. 李光一：〈清秀雋永，飄逸高遠——明高僧蕅益大師及其「靈鳥碑」〉，黃公元主編：《靈峰蕅益大師研究》，（北京：宗教文化出版社，2011 年），頁 37～39。

6. 李廣德：〈新發現的蕅益智旭茶詩六首〉，《農業考古》第 5 期（江西：江西省社會科學院，2011 年），頁 193～194。

7. 林義正：〈儒佛會通方法研議〉，《佛學研究中心學報》第 7 期（2002 年 7 月），頁 185～211。

8. 杜保瑞：〈蕅益智旭溝通儒佛的方法論探究〉，華梵大學第七屆儒佛會通暨文化哲學學術研討會論文集（2003 年 9 月），頁 340～350。

9. 何孝榮：〈論萬曆年間葛寅亮的南京佛教改革〉，《成大歷史學報》第四十號（2011 年 6 月），頁 61～92。

10. 高婉瑜：〈從模因論看禪門詩句的發展與傳播——以《景德傳燈錄》為中心〉，《師大學報・語言與文學類》（2015 年 3 月），頁 31～57。

11. 張高評：〈破體與創造性思維——宋代文體學之新詮釋〉，廣州：《中山大學學報（社會科學版）》第 49 卷（總 219 期）（2009 年第 3 期），頁 20～31。

12. 張高評：〈禪思與詩思之會通——論蘇軾、黃庭堅以禪為詩〉，《中文學術前沿》2011 年 01 期（2011 年 11 月），頁 20～31。

13. 釋青峯：〈藕益大師山居詩之園林思想〉，《佛教文化學報》第 5 期（臺北：中華學術院佛教文化研究所，1976 年），頁 11～30。

14. 釋慈滿：〈清初靈峰派傳承的若干考證〉，釋慈滿、黃公元主編：《蕅益大師與靈峰派研究》，（北京：宗教文化出版社，2019 年），頁 389～399。

（四）學位論文（依完成論文先後順序排列）

說明：因有關本文所參考研究蕅益智旭之學位論文，已列於【附錄一】「蕅益智旭著述前人研究成果分類統計表」之 192 種文獻資料，爰此不重複列出。

1. 楊晉龍：《錢謙益史學研究》，高雄：國立高雄師範大學國文學系碩士論

文，1989 年 6 月。

2. 邱敏捷：《袁宏道的佛教思想》，高雄：國立高雄師範大學國文學系碩士論文，1990 年 5 月。

3. 吉廣輿：《宋初九僧詩研究》，高雄：國立高雄師範大學國文學系博士論文，2001 年 6 月。

4. 黃家樺：《雪竇重顯禪學研究》，高雄：高雄師範大學國文研究所碩士論文，2009 年 6 月。

（五）網路資源

1. 中央研究院近代漢語語料庫，http://lingcorpus.iis.sinica.edu.tw/cgi-bin/kiwi/pkiwi/kiwi.sh?ukey=-1573322748&qtype=-1（2018.09.24 上網）

（六）光碟資源

1. 「CBETA 電子佛典集成」光碟，台北：中華電子佛典協會，2016 年。

2. （七）北天目靈峰寺志及安吉縣歷代碑刻：

3. 《北天目靈峰寺志》影本，民國 24 年歲次乙亥春重印，1935 年。

4. 北天目靈峰寺志編輯委員會：《北天目山靈峰寺志》，2007 年。

5. 安吉縣史志辦公室編：《安吉歷代碑刻》，2012 年。